谨以本书献给我挚爱的
父亲张杰先生、母亲史惠英女士

·昆明理工大学法学文库·

地役权研究：在法定与意定之间

DIYIQUAN YANJIU: ZAI FADING YU YIDING ZHIJIAN

张　鹤／著

中国政法大学出版社

2014·北京

昆明理工大学法学文库、法学译丛总序

改革开放以来，中国经济实现了腾飞，中国社会正经历着一场史无前例的大变革，中国法律与法学研究也随之发生了沧海桑田般的变化。经过30多年的努力，中国社会主义法律体系已基本建成。中国法律的发展完善与法学研究者的努力密不可分，是他们的执着，使法律从野蛮走向文明；是他们的坚毅，使恣意的权力受到束缚；是他们刻苦的钻研，使法律从粗疏转向细腻；是他们的批判与检讨，使法律走出了误区，趋向理性。

自20世纪80年代开始，中国法学教育和研究机构如雨后春笋般在神州大地生根发芽，现已有650多所高校设置了法学教育和研究机构。另外，各级法学会、各级人大、各地社会科学院等机构也设置了无数专门的法学研究机构。法学研究正呈现出欣欣向荣、五彩缤纷、百家争鸣之势。“好雨知时节，当春乃发生。随风潜入夜，润物细无声。”唤醒神州大地的春雨也滋润了地处西南边陲的昆明理工大学。昆明理工大学于1994年开始设置法学专业，并于1997年成立了法学院。昆明理工大学法学院依托昆明理工大学的学科优势，着重发展刑法学、环境与资源保护法学、质量法学等优势学科，同时又不断地充实、提升其他学科。2010年秋季，学院正式成为一级学科硕士学位授权单位，下设环境与资源保护法、刑法、民商法、经济法、国际法、理论法、宪法行政法学、质量法学（设于质量研究院）等八个硕士点。2014年，法学院又获得法律硕士学位授予权。此外，学院还可以招收挂靠在环境工程学院、国土资源学院的环境规划与管理、矿产资源保护与法治两个专业的博士研究生。2012年6月，学校与云南省人大法制委、省人大常委会法工委合作建立了全国高校第一个实体性质的地方立法研究院。

学院的快速发展得益于长期坚持的人才强院战略。法学院高度重视师资队伍的培养和优化，经过不懈的努力，逐步形成了云南省内一流的教师队伍和学历、职称、年龄结构合理的学术梯队。截至2014年1月，全院有教职工78人，其中专任教师68人，教授11人，副教授27人，博士生导师3人（兼职博导1人），具有博士学位的教师40人，另有8人在读博士，专任教师的博士率达到70%（含在读博士）。教师队伍阵容强大、治学严谨，部分教师还在中国法学会、中国环境学会、中国行为法学会、中国环境法学研究会、中国刑法学研究会、中国刑事诉讼法学研究会、中国犯罪学研究会、中国警察法学研究会、中国法学教育研究会等学术团体中担任副会长、理事等职务。在众多来自国内外名校优秀青年才俊的努力下，近年来法学院的科研成果节节攀升，在《中国法学》、《法商研究》、《法律科学》、《法学家》、《现代法学》、《环境法律评论》等刊物上发表论文600余篇，出版了专著、教材70余部，主持各类研究课题150多项。

昆明理工大学法学院有一大批来自国内名校的青年学者，他们年富力强、精力充沛，且富于创新、勤于思考。为了形成团队合力，实现强强联合，产出更多高水平的研究成果，法学院根据教师的特长成立了七个研究中心。例如，本院有27%的专职教师具有留学背景，他们专注于外国法学研究和比较法学研究，法学院结合教师的专长和云南“桥头堡”建设的实际，设立了“国际法与东南亚研究中心”。优秀的研究工作者和良好的科研平台，必将会产出一大批相关研究成果。为了进一步繁荣法学研究，帮助学院教师顺利出版相关研究成果，法学院与中国政法大学出版社经过研究协商，决定结合昆明理工大学法学院的学术优势和中国政法大学出版社的出版力量，出版“昆明理工大学法学文库”和“昆明理工大学法学译丛”两套丛书。“昆明理工大学法学文库”主要出版昆明理工大学法学院教师的理论研究成果。该套丛书强调理论创新，突出可读性和实用性，力求实现“紧跟理论前沿，服务法治实践”的目标。“昆明理工大学法学译丛”主要翻译出版国外有代表性的法典和国外前沿性的理论研究成果，特别是翻译出版东南亚国家的法典，以便促进中国与东南亚国家的合作。

我们期望并相信，在昆明理工大学法学院青年才俊和中国政法大学出版社的共同努力下，一批较高质量的著作将会陆续面世。

曾粤兴*

2014 年 4 月 15 日

* 法学博士、博士后，昆明理工大学法学院院长暨云南省地方立法研究院院长、教授。

序

自罗马法以来，大陆法系国家均把地役权作为民法的一项重要物权加以规定，而英美法系国家在司法实践上又具弹性地丰富了地役权制度。虽然各国民法对地役权的概念和行使范围有着不同的界定，但总的来说，是把地役权视为不动产关系的一种权利扩张方式，即利用他人土地而便宜有效地使用或经营自己土地的权利。

新中国成立后，由于土地公有制的确立，我们在立法上重视所有权，而忽视了对土地和其他不动产资源的高效率利用，包括地役权在内的用益物权被废止。直至改革开放后，《民法通则》也仅规定了相邻关系，并没有规定地役权。针对我国民法中这一重要缺陷，在21世纪初酝酿和制定《物权法》的过程中，是否设置和如何设置地役权的问题成为法学界讨论的热点。此时，本书作者张鹤正在清华大学法学院攻读民商法学博士学位，而地役权正是她的研究课题，并最终作为她的博士论文选题。显然，这一课题的选择具有重要的理论和立法实践意义。

张鹤博士结合我国《物权法》关于地役权的相关规定，以及近七年来地役权制度的适用状况，对其原博士论文进行了较大的修改和完善，形成了《地役权研究：在法定与意定之间》这部专著。该著作以追溯罗马法地役权的缘由为研究的起点，以梳理地役权在诸多国家民法中的发展路径为研究的基础，通过对两大法系地役权制度的深入比较，探讨和解读了不同法系国家设置地役权的基本立场和功能。作者特别考察了地役权在我国土地权利发展史上的兴起和衰落，进而深入论述了《物权法》设置地役权的根本动因。本书强调，地役权制度在我国的确立，并不限于重拾地役权的传统理念和规则，而是将地役权的功能拓展到本来属于公法调整的部分领域，如环境保护、公益事业和公共设施建设用地等的土地利用中，这才是设置地役权的重要意义所在。作者指出，为了解决城市化建设中土地利用的立体化、纵深化等现实问题，一方面完善法定的民法规范，疏通解决土地纠纷的民事渠道，突破私法实现公共利益的困境；另一方面扩展地役权的适用范围，使其从意定成为游离于法定与意定之间的物权。从这一角度审视我国现行地役权制度，就会发现《物权法》的相关规定还不能全面反映社会发展的趋势和需求。有鉴于此，该书进一步采用解释论和立法论的方法对其不足，以及就地役权的分类、内部结构、变动与保护等内容提出了修改建议，这是对我国完善地役权立法的重要贡献。

张鹤是我在清华大学任教期间指导的博士生，现在是昆明理工大学法学院的教授。她在我的指导下做了一年半的国内高级访问学者，后来她又考取了清华大学的全脱产博士生。我们前后相处近五年。她在攻读博士学位期间勤学好问、刻苦钻研，曾获得清华大学明理奖学金。又参与我主持的“可再生能源法律制度创新研究”科研课题，工作积极主动，认真负责。她为人正直、谦虚、助人为乐，与我和曹老师（我的夫人）结下了深厚的师生友情。现在，由她著述的《地役权研究：在法定与意定之间》一书即将出版，我由衷地高兴。

值该书出版之际，我欣然为之作序。

马俊驹

2014 年 5 月 15 日

于蓉城光华村

目 录

第一章 导 论

第一节 研究背景和意义

一、研究背景

一部以“构建完善的私有财产保护法律制度，依法保护私有财产，最终促使一切创造社会财富的源泉充分涌流”为宗旨的，在中国法治进程中具有里程碑意义的《中华人民共和国物权法》（以下简称《物权法》）已颁布实施了近七年了。在这近七年的施行、适用期间，《物权法》对中国改革开放更深层次的发展，中国人权保护事业的进步以及中国民法法典化的最终实现等，起着举足轻重的作用。而《物权法》设置的地役权，为中华人民共和国成立以来的首次，填补了立法空白。然而，地役权在实践中却不如其他物权制度那样活跃，甚至处于休眠状态，大有形同虚设之感。

地役权缘于古罗马法，是“商品生产者社会的第一个世界性法律，”〔1〕以至于后来的法律都不能对它做实质性修改的罗马法所明定

〔1〕 中共中央马克思恩格斯列宁斯大林著作编译局：《马克思恩格斯选集》（第3卷），人民出版社1972年版，第248页。

的制度；是现代物权制度的三大支柱之一——用益物权制度的雏形；是近现代两大法系中较为重视土地资源利用的国家的重要权利类型。自产生至今，其以科学的制度结构和独特的规则体系对人类社会的经济发展，特别是在土地等不动产资源的有效利用方面做出了卓越贡献。

我国自古属于农业社会，对土地这一财富之源的利用颇为重视，自然离不开以调整土地利用关系，进而提高土地资源为己任的地役权制度。只是在中国四千年来有明文记载的历史中，始终以刑法为本。古代重刑轻民的观念，致使地役权不被重视。但无论怎样，在中国古代的土地发展史上，有地役权调整的内容。中国近代地役权之立法，可谓相当完备，毫不逊色于西方。新中国成立后，废弃了旧法统，但由于意识形态的“苏化”，以及土地公有制的确立，土地资源的高效利用被忽视了，以至于关于物权部分的立法仅有所有权而无其他物权的任何规定，[1] 地役权之立法无疑被废止，学术界也鲜有问津。民法教材只是出于对知识的全面性和系统性的考虑，将地役权作为其内容之一，不过，仅予以轻描淡写的介绍。

《物权法》制定时，民法学界对是否设置地役权存在分歧。不过，多数学者持肯定态度。其理由在于：其一，随着城市化进程的加快，土地等不动产资源日益稀缺，而经济土地的利用人更为关心土地的实际利用价值，希望最大限度地发挥土地的利用率。其二，土地公有制的实行，使土地所有的静态关系必须透过土地利用的动态关系而进入市场，土地的用益物权较土地所有权更为重要，于是，土地的价值取向使传统的土地物权结构由以所有为中心向以利用为中心发展。其三，土地利用率的提高和科学技术的突飞猛进，又激发了大量的不动产利用新问题的出现，如不可量物侵害、环境污染、生态失衡、相邻营业竞争等。其四，地役权的意定性等制度优势能实现土地权利人彼此权利更高程度的调节。

---

〔1〕（台）李秀清：“中国移植苏联民法模式考”，载何勤华主编：《中国法学史精萃》，复旦大学出版社 1999 年版，第 680～701 页。

上述客观现象呼唤着地役权制度的出台，于是《物权法》不负众望地设置了地役权制度。至此地役权在我国民法上有了一席之地，这是立法现实主义的进步。[1]就应然而言，地役权的法定化为解决上述问题增加了民事机制。然而，始料未及的是被寄予厚望的地役权，在社会生活中鲜被应用，俨然沦为“纸上权利”。人民法院极少审理地役权纠纷。笔者走访了云南省的两个中级人民法院，却发现这两个法院近三年没有受理过一起因地役权纠纷的上诉案件，但有相邻关系的案子。而在昆明市的基层法院里，只有3个法院各受理过一件地役权的案件，其余基层法院均未受理过地役权案件。但有关相邻关系的纠纷在近三年里被受理了一千多件，其中许多情形本应适用地役权。

地役权促进了罗马商品经济的发达，并为国外土地乃至不动产资源的有效利用做出了巨大的贡献。但在我国，地役权的实际效果却并不明显，以至于其立法初衷未能得以实现。结果是，一方面制度闲置；另一方面实践中无制度可依。例如，现实中许多本该由地役权调整的不动产利用关系，并没有采用地役权，而是选择其他不恰当的方式。为建设公益设施而需要利用集体土地时，常常通过公权力征收再出让；或者适用相邻关系无偿使用他人的不动产。诸如此类现象不胜枚举。这些手段的应用，要么是典型的公权力对私权利之侵害，要么无正当性基础。

地役权的尴尬处境，引起了作者的研究兴趣。正视现行地役权制度的现状，冷静地对其进行反思，着眼于中国现实社会对该权利的需求，进而予以立法回应，这将成为研究者、立法者清晰地阐述地役权问题的关键。同时，也会使这个源远流长且已扎根于两大法系的制度在中国变得生龙活虎。这既是责任，也是兴趣所在。

二 、研究意义

法治不可能宣告最终到达目的地，它没有也不会有历史的终结点。

---

〔1〕 孙宪忠：《中国物权法总论》，法律出版社2009年版，第140页。

因为，法治这个工程永无竣工之日，唯有面向“前方”的跋涉。[1]虽然《物权法》实施了7年，但在中国的法治进程中，其还有漫长的路要走。尤其是与其他物权相比，地役权是新中国民事法律制度中的幼儿，需要对其进行一定的调整、创新和发展。本书不但研究意定中之地役权，而且研究能弥补法定权利（力）的缺憾，并游离于意定与法定之间的地役权。其意义在于：

第一，深入研究地役权之理论。地役权能否有效地适用于实践取决于诸多因素。不过，科学的地役权制度构建是有效应用的基础。这个基础的建立必须有成熟先进的理论指导。而科学的理论不是一夜之间诞生的，是在长期的理论研究和历史实践的基础上形成的。从某种程度上讲，我国地役权基本属于域外来凤，对其相关理论研究不够深入，根基尚浅，需要给予充足的理论养分。毕竟，地役权源远流长的历史过程和在用益物权中的基础性地位，孕育了其深厚的理论。

第二，公法与私法的划分是人类法律文明的结晶，而在现代社会，私法和公法的相互渗透已成为一种趋势。例如，地役权因其意定之优势可以超越民法领域，进入生态环境保护，公共利益等领域。而“公法在财产方面所占的越来越重要的地位……广而言之，在财产方面，公法与私法的相互补充表现得尤为明显。”[2]在公、私法融合的现象日益突出的当下，有必要深入挖掘地役权的功能，并从立法上予以回应。

第三，通过研究在意定与法定之间的地役权，揭示出地役权制度的复杂性，展现受我国经济、历史、文化、人口等诸多因素影响下之地役权风貌。并根据我国社会经济发展的需要，从地役权的内部结构、变动与保护、公共地役权类型化等方面进行立法完善的研究。这样，一方面为最大限度地发挥其功能创造条件，进而满足中国社会、经济的发展对不动产资源的需求；另一方面为立法者、司法人员以及学者

---

〔1〕苏力：“面对中国的法学”，载《法制与社会发展》2004年第3期。

〔2〕［法］弗兰索瓦·泰雷、菲利普·森勒尔：《法国财产法》（上册），罗结珍译，中国法制出版社2008年版，第1、2页。

拓宽视野，提供新的素材。

第二节　研究现状及研究方法

一、研究现状

中国地役权在现实中被冷落的原因是多方面的，或许是因为地役权在我国是一个让普通民众感到陌生的权利，民众不甚了解，自然不被利用。但地役权制度的设计过于简单、陈旧，缺乏科学性、合理性应是主要原因。针对这些缺陷，《物权法》颁行后学者们对地役权给予极大的关注，进行了一定的研究。

为了研究的需要，作者进行了检索。近些年来，就地役权进行专门研究的专著2本；以地役权为题目的论文在110篇左右；以地役权作为关键词的在450篇左右。以地役权为题的硕士论文20多篇。反映出学者们对地役权这个古老制度的偏爱。

研究现状的特点是研究内容较为广泛，但略显重复。主要研究：地役权的本质、特点；地役权的概念；地役权的属性；地役权的效力以及地役权的现代化等。就研究的深入性来看，多数研究成果是泛泛讨论。就研究方法而言，采用比较法研究大陆法系地役权的较多，主要介绍法国、德国等国的地役权制度。而关于英美法系地役权的介绍与研究主要体现在《英美不动产法：兼与大陆法比较》、《英美物权法》、《美国财产法精解》和《不动产》等专著中。在中国的不同法域里研究台湾地区地役权的颇多，而以香港、澳门地役权为题目的研究，仅有两篇硕士论文。采用社会实证研究方法的几乎没有。从立法论的视角讨论的较多；从解释论的角度予以解读的相对偏少。〔1〕

〔1〕 如：认为《物权法》第164条中“但合同另有约定除外”，文义涵盖过宽，应当限缩其适用范围。见崔建远：《物权：规范与学说——以中国物权法的解释论为中心》，清华大学出版社2011年版，第617页。

二、研究方法

科学的研究方法是实现理论研究目标的前提，本书主要采用以下方法进行研究。

1. 历史考察法。历史考察法是比较研究法的一种形式，是运用历史资料，按照历史发展的顺序对过去事件进行研究的方法。法律制度的研究不能不涉及历史渊源及其发展。特别是地役权起源于古罗马，有必要以历史考察的方法追溯、分析地役权制度的产生背景以及其在罗马法时的用益物权雏形地位。旨在掌握地役权的生存土壤；揭示罗马法地役权的技术构造和法理基础，为完善我国地役权制度寻找历史基础。

又由于地役权也曾在中国古代及近代的土地发展史上做出贡献，因此，也需要采用历史考察的方法梳理中国古代及近代的地役权之状况。并对其规范性的和非规范性的制度进行解释。目的在于把握中国地役权制度的历史作用。

2. 比较分析法。比较法研究既是逻辑的必然，又是现实的要求。古罗马著名学者塔西陀曾说："要想认识自己，就要把自己同别人进行比较。"研究法律制度采用比较的研究方法能使研究者将研究目标建立在不同的法学体系或法律制度的背景上。地役权制度不但历史悠久，且横亘古今，得到了两大法系诸多国家不同程度的继承。在其被传承的过程中，由于各国的经济、文化、法律理念的不同，地役权制度的立法技术与具体内容有所不同。这种不同不仅表现在两大法系之间，就是同为大陆法系的法国、德国也有所不同。采用比较研究的方法，努力发现本来属于整个人类的理念和规范，为我国地役权制度的构建和完善提供参照。他山之石，可以攻玉。

3. 逻辑分析法。所谓逻辑分析方法是指运用分析、综合、批判等逻辑推理的方法进行研究的。法学研究应遵循基本的逻辑规则，才能建立起准确的法学理论。本书中许多概念的研究，如我国地役权的内涵、客体以及适用范围等都是在运用综合分析乃至批判等逻辑分析法的基础上进行的。

4. 经济分析的方法。法律制度都不可避免地面临价值冲突。本书采用经济分析的方法，揭示了地役权在调整不动产利用关系的过程中，以其独特的制度和规则实现不动产资源的优化配置，以较小的社会经济成本实现较大的经济效益。

5. 实证分析的方法。法学是运用科学，于是，法律制度的研究和完善不仅需要理论体系的支撑，更需要置于社会实践中进行考察。就地役权而言，其是一个实践性很强的具体制度。因此，仅是一个纸上的制度还不够，还应是一个能为中国经济建设与发展做出卓越贡献的制度。

第二章 罗马法的地役权：罗马法用益物权体系之基础

回顾过去是为了更好地掌握该制度的发展脉络及内在规律，以便进一步修正、完善之。任何一个法律制度的形成和发展都有其历史原因。正如古罗马法学家盖尤斯曾经说过："为了更好地了解一项制度，我们必须走向它的起源。"因为"历史的、传统的和现实的原因比科学的解释更能说明问题"，而"历史不仅是个别事例的聚集，也是通往对于我们自身情势的真正知识的唯一途径"。[1]同理，要深入理解地役权制度的内涵和功能，也必须从它的源头开始。而"地役权的历史与人类对物的开发经营历史是相互平行发展的"。[2]

第一节　地役权在罗马法的缘起

地役权作为人类社会最初的一种物权形式，其历史源远流长。大概自人类进入畜牧时代即出现地役权的雏形。畜牧时代放牧是人们谋

〔1〕［德］费里德里西·卡尔·冯·萨维尼：《论占有》，朱虎、刘智辉译，法律出版社2007年版，第29页。

〔2〕尹田：《法国物权法》，法律出版社2009年版，第414页。

生的重要手段，也是获取生活来源的主要途径。但畜牧需要利用他人的土地，于是，地役权应运而生。在法制史上，地役权萌芽甚早，惟此时人智未开，生产力十分低下，人们尚不知国家、法律为何物，故法律意义上的地役权在这一时期是不存在的。〔1〕法律意义上的地役权大抵始于罗马法。

一、从"所有权"到"他物权"

地役权起源于古罗马法，堪称役权的"真正原始的类型表现"。〔2〕古罗马最初为氏族社会，氏族由若干部落和一些低等级的宗教单元，如宗族、家庭等组成。土地由氏族、部落和宗族公有。公元前6世纪中叶，人口日增，公有制阻碍了生产力的发展，需要变更归每个家长独自用益其所耕作的土地，于是，土地遂由公有变为私有。〔3〕每个宗族受地一片，分配于各家长，每个家长各得两亩土地，供建筑住宅和菜圃之用，称为世袭产业。此产业归家庭私有，此即为"私地"。此外，每个宗族又各有其"公地"或"宗族土地，供全宗族共同种植。"因此形成"公地"和"私地"之分。然而，土地本自然之物，相互混杂。虽然各家庭可以表明界线，但在这种单块土地私有的情况下，并不能有效地实现对土地的利用目标，如通道、汲水等，因而非借助于邻地不可。所以，罗马人沿袭了公有时对某些土地共同利用的习惯，如，经他人土地通行、汲水等。这样，就出现了在自己占有之土地上，同时存在他人支配的情形，而这个情形所直接导致的结果，就是地役权观念的形成。从历史的角度看，地役权是在罗马土地私有化的背景之下，由土地公有制时的土地使用规则演变而来的——"罗马古时，土地属于村社所有，分给各个父权制大家庭耕作后，各个土地使用者

---

〔1〕（台）郑玉波：《民法物权》，三民书局2007年版，第215页。

〔2〕［意］彼得罗·彭梵得：《罗马法教科书》，黄风译，中国政法大学出版社1992年版，第252页。

〔3〕周枏：《罗马法原论》（上册），商务印书馆2004年版，第329、330页。

为了耕种的便利和其他需要，对已分割的土地，在使用时仍保持未分割的状态。"〔1〕

古时罗马这种以未分割的方式，利用分割的土地的做法，在《十二铜表法》中得到了表现——该法第7表"土地权利法"中已有关于因通行、导水等需要利用他人土地的规定。然而，需要说明的是，罗马法上最早的"耕作地役权"起初并没有直接以"他物权"的概念来表述，而只是将这种权利归入"家父权"的范畴，即认为这种对他人土地的利用权即为家父权——所有权。〔2〕故在罗马法早期，以在法律上"得以支配他人之物"为特征的耕作地役权，是以"所有权"的形式表现出来的。

早期的耕作地役权通过"所有权"的形式来表现，并不奇怪。事实上，在早期人类法律观念中，一个常见的现象就是，"归属"尚未能从"支配"概念中分离出来，因而物之归属只是意味着"我得就物实施支配"。换言之，"我得支配于该物"，该物便"归属于我"。在罗马法上，"所有权"观念最初就是通过权利人对物的"支配范围"来表述对物的归属——"所有权可以定义为对物最一般的实际主宰或潜在主宰。"〔3〕在这种法律支撑下，"最古老的观念认为，从他人土地上穿过的道路或输水管道归土地所有者所有，这是一种（利用人）同被穿越的土地的所有主共同享有所有权的形式，体现为最古老的权利形态。"〔4〕因此，为了土地耕作之便利，认为对于通行的道路，流水的水沟的利用者可与他人享有共有权。故耕作地役很早便被列为要式移

---

〔1〕周枏：《罗马法原论》（上册），商务印书馆2004年版，第390页。

〔2〕罗马原始氏族社会解体，取而代之的是家庭的兴起，家庭为社会的基本单位。家长代表整个家庭行使一切权利，对于家庭成员人身、财产有绝对的支配权，不容任何侵害。

〔3〕［意］彼德罗·彭梵得：《罗马法教科书》，黄风译，中国政法大学出版社1992年版，第194页。

〔4〕［意］朱塞佩·格罗索：《罗马法史》，黄风译，中国政法大学出版社1994年版，第114页。

转物，其法律地位和转移方式与"所有权"相同。[1] 所以，"……耕作地役，在其产生之初，并未视为不动产他物权，而是作为一种限制所有权（limited forms ownership）形式出现的。"[2]

当然，作为所有权的役权，其行使需有特定的地域。当役权脱离其行使所依赖的特定地域时（如涉及公共牧场的牧畜权），则无法用共有来解释。于是，从法律技术的层面来看，一方支配范围的特定性与另一方支配范围的抽象性之间的反差，催生出对立于所有权的、作为他物权意义上的"役权"观念的产生——当役权成为无体物的时候，通行权就脱离所通行的土地而成为独立的权利。[3] 由此所产生的结果就是，"历史的发展触及对这种权利内容的定性，罗马人的所有权是绝对的，不容任何干涉和侵犯，这样通行道路和输水管道的共同所有观念转变为在他人土地上为自己土地的利益通行或引水的权利这样一种观念。"[4]

在这一"自己之物"与"他人之物"的区分观念基础之上，终于一种土地对土地役使的权利从共同所有中分离出来，成为一种独立的权利（权利人——"非所有人"——拥有的对象）。由于对他人土地的利用最初产生于耕种土地的需要，因而就称之为耕作地役权，也称为乡村地役权。其包括步行地役（iter 或 servitus itineris）、兽畜通行地役（actus 或 servitus actus）、货车通过地役（via 或 servitus vias）以及水上通行地役（servitus navigandi）等类型。[5]

作为"他物权"的地役权观念产生之后，得到了迅速的发展，并

---

〔1〕 周枏：《罗马法原论》（上册），商务印书馆 2004 年版，第 390 页。

〔2〕 D. H. Van Zyl, *History and Principles of Roman Private Law*, Durban/Pretoria: Butterworths Press, 1983, p. 182. 转引自张鹏："役权的历史溯源与现代价值定位"，载梁慧星主编：《民商法论丛》（第 18 卷），金桥文化出版（香港）有限公司 2001 年版，第 428 页。

〔3〕 周枏：《罗马法原论》（上册），商务印书馆 2004 年版，第 390 页。

〔4〕 ［意］朱塞佩·格罗索：《罗马法史》，黄风译，中国政法大学出版社 1994 年版，第 114 页。

〔5〕 周枏：《罗马法原论》（上册），商务印书馆 2004 年版，第 394 页。

且脱离了土地利用的原初意义，而延伸至建筑物之利用的领域。详言之，在古时的罗马城内，建筑相对不发达，土地较为广阔，且依传统，建筑物间需空出5尺距离，所以，一般城镇不发生利用他人土地、房屋的需要。公元前390年罗马受到高卢人的入侵，城市被毁，待罗马人重建家园时，由于人口的增加，土地有限，新建房屋多毗连栉比，相邻而居，客观上不能再遵守建筑物间空出5尺通行道的传统。于是，出现了大量的为自己建筑物的利益而使用他人所有的建筑物，如架梁地役、支撑地役、阴沟地役；或为了自己建筑物的利益而限制他人使用自己所有的建筑物的需要，如禁止建筑地役、禁止妨碍光线地役等。罗马人将此类地役权称为建筑物地役权或城市地役权。

建筑物地役权出现后，罗马人将其和耕作地役权合称为地役权（Servitutes praedioru）。于是，地役权成了罗马法中最早的用益物权形式，并且在相当长的时间内扮演着唯一的用益物权角色。

二、从“役使之权”到“为土地需要的役使之权”

在早期罗马人的观念中，一切对他人之物进行役使的权利都叫作地役权，这在当时是较为符合逻辑的，〔1〕因为地役权是当时唯一的用益物权形式。故此，那时的地役权并非仅仅是土地对土地的役使，也正因为如此，许多和一般地役权的特性不相符的权利类型也属于地役权。即“役权不再是典型的，当事人可以将其中任何一种同役权的一般品质相关的使用权确定为役权”。〔2〕例如：《学说汇纂》D. 8. 3. 1. 1规定“乡村地役权还可以包括汲水权、饮畜权、放牧权、烧制石灰权及采掘泥沙权”；D. 8. 3. 3pr“同样可以创设将耕地之牛放牧于邻地的役权”；D. 8. 3. 3. 1“内拉蒂还写道，可以创设一种将农产品集中贮存

〔1〕［意］彼德罗·彭梵得：《罗马法教科书》，黄风译，中国政法大学出版社1992年版，第252页。

〔2〕［意］彼德罗·彭梵得：《罗马法教科书》，黄风译，中国政法大学出版社1992年版，第253页。

于邻居农场内或若我葡萄园需要杠子我便可以在邻地取得役权。”〔1〕甚至于出现这样的语段，D. 8. 3. 4“如果土地的收益完全来自放牧，那么放牧权也像饮畜权一样被视为同土地有关而非同人有关。然而，倘若立遗嘱人希望将此役权给予其指定的某个人，该役权便不能被给予土地的买受人或立遗嘱的继承人。”〔2〕可见，早期的地役权并非严格意义上的地役权。

（一）人役权的问世

在罗马法上，人役权是为特定人的利益而利用他人所有之物的权利，即以他人的物供自己使用和收益的权利，〔3〕包括用益权、使用权、居住权和奴畜使用权。其产生于家庭和法律制度不能解决家庭成员生存问题之背景下。古罗马共和国的末年，罗马人对他人之物的利用并非仅止于为自己“物”的需要，即对他人之物的利用目的，已经不局限于为提高自己土地的利用率，而是扩展到了为“人”之需要。因为，随着罗马帝国在地中海的不断拓展和壮大，罗马的经济发生了深刻的变革，古老的罗马家庭集团纷纷解体，无夫权婚姻和奴隶解放的情况日益增多。每当家长亡故，那些没有继承权或丧失劳动能力的人的生活经常处于无依无靠的境地。为使这些人生有所靠、老有所养，丈夫和家主往往在死亡前用遗嘱的形式就把一部分家产的使用权、收益权、居住权等遗赠给妻子或被解放的奴隶，〔4〕于是，一种所谓的“特殊地役权”，即为特定的人的利益而设定的“地役权”出现了。

然而，这种特殊地役权与地役权的观念迥然不同：首先，两者具有完全不同的功能。地役权的作用在于由某一所有权承受负担，使另一所有权的内容获得长期之加强。而这种特殊地役权的作用则在于勉

---

〔1〕［意］桑得罗·斯契巴尼：《物与物权》，范怀俊译，中国政法大学出版社1999年版，第151页。

〔2〕［意］桑德罗·斯契巴尼：《物与物权》，范怀俊译，中国政法大学出版社1999年版，第51页。

〔3〕周枏：《罗马法原论》（上册），商务印书馆2004年版，第398页。

〔4〕周枏：《罗马法原沦》（上册），商务印书馆2004年版，第360页。

强地对单一所有权实现时间上的分割，但很难对其内容加以分割。其次，这种特殊地役权授予某个人，归他个人享有，并且是不可转让的。最后，这种特殊地役权只有供役物，没有需役物，供役物既可以是动产，也可以不是动产，且有期限上的限制，一般为有生之年，或者更短——这主要是因为“特殊地役权”是与“无夫权婚姻、奴隶解放”相联系的。比较而言，地役权在数量上不受限制，并且原则上是永久的。

特殊地役权与地役权的差距表明，以土地利用为核心的地役权，已难敷“无夫权婚姻、奴隶解放”的事实需要，社会需要权利类型的“细化”。于是，古典法不再承认上述的特殊地役权为典型地役权。为使法律规则反映社会需求，最初的“古典法学家们把这些役权解释为债权，现时的所有主或死者的继承人有义务接受依此权利而实行的通行等，并对设置的障碍负责。有时候这种遗赠可能转化为真正的对用益权或使用权的遗赠，尽管所使用的术语不变，比如遗赠在某一专用于放牧的土地上放牧的权利，在这种情况下，这种权利作为用益权或使用权当然是有效的。”〔1〕由此可见，罗马人借用地役权观念，将原由地役权调整的人对物之利用关系分离出来予以专门保护，解决了为特定人的生存而需要利用他人之物的关系问题，成功地将“物对物”的役使移植为“人对物”的役使的权利之中，并称之为用益权。经地役权的孕育而诞生的用益权成为罗马法最早的人役权形式。

随着社会的发展和需要，用益权又不断地分化出使用权、居住权和奴畜使用权。至优帝一世时，优士丁尼将这些为特定人的利益而设的役使他人之物的权利——用益权、使用权、居住权和奴畜使用权统称为人役权，并且与地役权相并列，合称为役权。〔2〕人役权概念正式成立。

---

〔1〕［意］彼德罗·彭梵得：《罗马法教科书》，黄风译，中国政法大学出版社1992年，第256页。

〔2〕周枏：《罗马法原论》（上册），商务印书馆2004年版，第390页。

人役权在罗马历史上的出现晚于地役权，这并不表明人役权的原始形态在此时才出现。通过史料可以看到，在早期就有为特定人的利益而对他人之物加以利用的情形，如在他人土地上放牧、采伐木材等。只是包容性较强的地役权（因其是约定而产生的）将这些具有人役权性质的利用方式所包含。更主要的是最初的“为人之需要”是零星的，出现的频率不高，没有成熟到可以将其提炼出来，作为一种独立权利，故不需与地役权分离。再有，这毕竟是支配“他人之物”，所以，必须纳入到地役权的范畴中。可见，是社会进程迫使人役权与地役权分离，作为独立的权利类型。换言之，人役权是为了特定人的利益而需要利用他人之物的制度保障，是社会需要权利种类具体化、类型化的历史必然。

（二）地役权与人役权的分立

人役权的产生赋予了市民法存在时期，因严格的市民法而无市民资格的人获得了其为自己的利益而使用和收益特定物的权利。例如，人役权中的用益权被家长用作处分其遗产的一种手段。家长以遗嘱方式将其某项遗产的使用收益权遗赠给他需要照顾的人，使其生活有了保障，而保留虚有权给继承人。而居住权解决了没有继承权而又缺乏劳动能力的特殊群体的居住问题。因此从功能上看，地役权是用来满足调整相邻不动产利用关系中的土地利用，并且从正面确定的使用权。而人役权虽然不是为了所有权人的利益或者实现所有权利益，但其是为特定人的利益而设。其问世不但实现了具有特定身份关系的人的生存利益或者非所有人对所有人之物的利用利益，满足了物之利用多元化的需要；而且解决了物的所有与利用之间的矛盾冲突，并为近现代各国民法所吸收，成为他物权种类中不可或缺的类型；也为当事人提供了一种可根据需要而自行设定人对物之用益权的权利模式。

这种模式的建构使原先地役权人直接在供役物上的利益，在法律技术上被重构为“实现役权人自身利益的手段”。这种手段有两类——一是地役权，即对于他人之物的支配，被认为是役权人支配需役之物的必要；一是人役权，即人对于他人之物的支配，被认为是役权人自身生活之需要。这种法技术构造，使人役权由地役权的下位概念上升为与地役权地位平行的一种权利类型，其结果丰富了役权的内容，完善了役权制度。不过，地役权与人役权的分离，使其地位也降至和人役权并列，无形中缩小了地役权的外延，即地役权仅仅调整土地和土地之间的关系了。但这时的地役权是经过提炼和剥离过的，其内涵因此而得以扩大、淳化，调整范围进一步明确，针对性更强，成为严格意义上的土地对土地役使的权利。

第二节　地役权观念对构建罗马法物权体系的意义

一、催生了抽象的绝对所有权概念

罗马地役权的产生为土地私有制下使用他人之物提供了合法依据，更重要的是在物权观念上形成了“归属”和“支配”划分，即产生了抽象的所有权观念，结束了地役权和所有权混沌的状态 。

来自于罗马法的所有权观念，是大陆法系民法中极为重要的概念，也是民法权利体系的逻辑起点。然而，罗马法上抽象的所有权概念的产生，却经历了一个渐进而缓慢的过程。通说认为，大陆法系的所有权概念来源于罗马法的“dominium”一词。根据西方罗马法学家的看法，“dominium”一词是在罗马共和国晚期出现的。因为，在《学说汇纂》中没有这个词，并且在这个词出现之前的许多表达财产概念的词，如 mancipium 、potestas 等都没有准确表达所有人对物的绝对支配的含义，主要包含了家长对物和家长的支配力。〔1〕帝国晚年，优帝时才出现了专业性的特指人对物所有权的技术语——proprietas。〔2〕也就是说，在罗马早期，尽管氏族组织解体时动产私有已经出现，但近代私

〔1〕 王利明：《物权法论》，中国政法大学出版社 1998 年版，第 208 页。

〔2〕 Gyorgy Diosdi , *Ownership in Ancient and Preclassical Roman Law*, p. 136. 转引自王利明：《物权法论》，中国政法大学出版社 1998 年版，第 210 页。

法意义上的所有权概念并未就此产生，取而代之的是早期罗马社会中最基本的政治组织——家庭。在家庭中，家长拥有对物、对人的绝对支配权，即家父权。所以，“在罗马早期，所有权只是家父对于其家父权控制下的人和物的一种表现，”〔1〕而“家父在财产方面的权力并不具有私法上的意义，而是体现一种公共秩序。”〔2〕到了罗马帝国后期，具有全面性、整体性性质的（抽象的）所有权概念才得以建立。〔3〕

无庸讳言，促成罗马法上抽象所有权概念的产生的因素是多种多样的，但其中的罗马土地公有制与经济发展中不断成长的土地私有制的斗争是决定性因素。因为，斗争中伴随着罗马的财产统一观念和专制的家父权的衰落——“个人与家庭财产的分离”，即家庭的单个成员在财产方面成为独立的主体。〔4〕也就是说，单个成员已从家父权的桎梏中解放出来了，个人财产所有权的出现首先表现为一种“个人所有权。”〔5〕但是，如果说私有制成为社会的基本经济形态为所有权概念的产生提供了客观条件，那么役使他人之物的需要是罗马法上的抽象所有权形成的催化剂。即地役权观念的产生使所有权由一种仅对某物的实际占有的事实向对该物的抽象性所有迈出了重要的一步。

详言之，如前所述，早期罗马法上的地役权和所有权是混沌的，而且此时的“所有权”并非法律上的抽象意义的所有权，即此时“所有权的结果被表述为可以合法地使用（usare）、获得孳息（tarre frutti）、

---

〔1〕 D. H. Van Zyl, *History and Principles of Roman Private Law*, p. 132，转引自张鹏：“役权的历史溯源与现代价值定位”，载梁慧星主编：《民商法论丛》（第18卷），第424页。

〔2〕 马俊驹、梅夏英：“罗马法财产权构造的形成机制及近代的演变”，载杨振山主编：《罗马法·中国法与民法法典化》，中国政法大学出版社2001年版，第15页。

〔3〕［日］川岛武宜编集：《注释民法》（7），有斐阁1968年版，第225页。转引自梁慧星：《中国物权法研究》（上册），法律出版社1998年版，第243页。

〔4〕 马俊驹、梅夏英：“罗马法财产权构造的形成机制及近代的演变”，载杨振山主编：《罗马法·中国法与民法法典化》，中国政法大学出版社2001年版，第19页。

〔5〕 梅夏英：《财产权构造的基础分析》，人民法院出版社2002年版，第9页。

拥有（avere）和占有（possedere），但这不是一个科学的定义。”〔1〕这种所有权观念在财产私有化之初是可以解释的，但随着地役权等用益物权观念的出现就无法自圆了——有所有权就能占有、支配的观点是符合逻辑的，但能占有、支配某物，就表明其享有所有权的观点既不符合逻辑，也不符合事实。因为能利用他人的物，即土地，就享有统治权、绝对支配权吗？或者说，在自己的物上又出现了别人加以利用的情形，可以认为此人享有所有权吗？从观念上讲，罗马人的所有权是容不得任何侵犯的，更不用说他人能对自己的物也享有一种所有权。所以说，役权虽然能支配他人之物，但这种支配性仅有相对意义，该物不归属于役权人所有。不过，尽管如此，其也是一种权利。为了使这种权利有别于所有权，有必要将拥有某物的权利与具体的支配形态分开，使之上升为一种自物权——抽象的所有权，从而强化所有权人的地位。换言之，罗马人早期并未发现物权是人对于物的一种归属、支配权，而是随着地役权等役权观念的出现，方开始思考人对于物的基于法律的权属关系，并进而转移到所有权问题上，创立绝对所有权概念。即“物权是用来调整人和物的关系的。最初，人们诉讼以及交易的中心是物，而非物上的权利。随着对物使用、收益的充分保护，对于类似于在他人土地上通行的权利（通行权），也给予了对物诉讼的保护，开始和其他原始社会一样，罗马人凭着朴素的唯物观将此权利也视为一种物，一种无体物。但擅长抽象的思想者将注意力逐渐从物质载体转移到了物上所存在的权利，其后又替换到所有权上。于是，物的概念从所有的物变为物上的所有权。”〔2〕

从绝对所有权概念的诞生过程可以发现，作为他物权的地役权观念的产生，客观上需要从法律上明确土地所有权人的地位，dominium

---

〔1〕［意］桑得罗·斯契巴尼：《物与物权》，范怀俊译，中国政法大学出版社1999年版，第2页。

〔2〕*International Encyclopedia of Comparative Law*, vol. 6, Ch. 2, p. 3，转引自张鹏：“役权的历史溯源与现代价值定位”，载梁慧星主编：《民商法论丛》（第18卷），第430页。

和 proprietas 便是适应这种要求而产生的。[1] 正如学者莫罗尔指出的："dominium 一词的出现意味着从有限的家父权转化为对物的完全控制。而按照许多罗马法学家的看法，dominium 形成，是地役权（servitus）和用益物权（ususfructus）产生的结果。"[2] 彼德罗·彭梵得也认为，作为对物的最高权利的"proprietas"（所有权）产生于帝国晚期，主要相对于用益权（ususfructus）被使用，享有用益权的人称作"用益权人"，用益权标的物的所有主叫"用益物所有主"。[3] 因为只有当甲利用乙占有的物时，乙才感到有确定自己为所有人的必要。从这个意义上说，正是在他人对自己所占有的财产进行利用的博弈过程中，绝对所有权概念才得以最后催生出来。[4] 由此可见，地役权对于抽象的所有权的催生作用主要表现在使所有权由一种对某物的实际占有上升为绝对所有权的演变过程中。也即，并非是先产生地役权，才在此基础上诞生所有权。而是表现为：首先有个人完全占有和支配某一实体物的事实，在此基础才有可能产生他人利用该实体物的问题，否则，对用益物权来说就成为无源之水。其次，要利用他人之物，就需要对他人之物的权利加以界定，而要界定这种权利的性质，应先确定被利用人对自己之物的权利性质。所以，所有权和地役权是一个事物的两个结果，相互依存的两个概念。

二、用益物权体系的奠基

（一）永佃权与地上权产生的历史背景

就罗马法的用益物权体系而言，其除了役权之外，还包括永佃权和地上权。根据优士丁尼法的规定，永佃权指"一种可以转让的并可

---

〔1〕 马俊驹、梅夏英："罗马法财产权构造的形成机制及近代的演变"，载杨振山主编：《罗马法·中国法与民法法典化》，中国政法大学出版社 2001 年版，第 19 页。

〔2〕 Gyorgy Diosdi，*Ownership in Ancient and Preclassical Roman Law*，pp. 132～134. 转引自王利明：《物权法论》，中国政法大学出版社 1998 年版，第 208、209 页。

〔3〕 梅夏英：《物权法·所有权》，中国法制出版社 2005 年版，第 18 页。

〔4〕 梅夏英：《物权法·所有权》，中国法制出版社 2005 年版，第 18 页。

转移给继承人的物权，它使人可以充分享用土地同时负担不毁坏土地并交纳年租金的义务”，〔1〕其主要产生于国家与个人的关系中。由于罗马帝国的扩张侵略，使罗马获得了大量的土地。这些土地除留充公用、分享给将士或出卖外，其余都为公地，市民可占有而耕种之，年纳赋税。帝政以后，政府正式将公地出租给市民而征收“佃租”。后来，地方政府和寺院也以同样办法出租其土地于市民。公元4世纪中叶，帝政财政困难，又将接受地方政府的土地和还俗财产的土地继续出租给市民，其租期以永久为原则，故称为永佃权。与此同时，帝皇又将其私有土地租给市民耕种，称为永租权。〔2〕公元5世纪，这两种制度合二为一，形成永佃权制度。〔3〕永佃权是罗马私有制农业经济和战争扩张的产物，它的创立更好地平衡和保护双方当事人的利益，即既确保永佃权人的权利，又确保所有主的权利，适应了当时罗马社会发展的需要。更重要的是它实际上是所有权权能分离的典型反映，与罗马的所有权形式多样化是相辅相成的。〔4〕

所谓地上权，根据优士丁尼法的规定，是指“使人充分享用某一建筑物或其中一部分的、可转让并可转移给继承人的物权”。〔5〕地上权与永佃权产生于同一时期，是一种与永佃权很相似的制度，不过，它产生于城市土地用于建筑，并是由土地租赁演化而来的。自公元3世纪起，人们为了使土地所有人以外的人能够在他人土地上营造地上物并对其享有权利，或者说取得对已存在的地上物的享用权，就开始租赁土地来建房，或直接租赁已建成的房屋。但根据古老的罗马市民

〔1〕［意］彼德罗·彭梵得：《罗马法教科书》，黄风译，中国政法大学出版社1992年版，第267页。

〔2〕周枏：《罗马法原论》（上册），商务印书馆2004年版，第415页。

〔3〕黄风：《罗马私法导论》，中国政法大学出版社2003年版，第230页。

〔4〕江平、米健：《罗马法基础》，中国政法大学出版社1991年版，第254页。

〔5〕［意］彼德罗·彭梵得：《罗马法教科书》，黄风译，中国政法大学出版社1992年版，第268页。

法则：土地所有人亦是其上建筑物的所有人，即土地的添附原则，[1]租用他人土地建造房屋者，于租赁关系结束时，房屋的所有权被土地所有权吸收归属于土地所有人。这给社会带来极大的不便。于是，罗马法规定，只要支付一定的年租金，就可阻止添附原则的运用。这一原则随着罗马城邦的成长和建筑物的发展已表现出严重的弊端，因为，这是一种债的关系。因此，共和国末期，大法官适应社会生活的需要，加强对承租人的保护，规定如取得出租人的同意使用其土地建造房屋者，只要支付地租即可使用房屋，并且期限很长，不适用添附原则，而受令状和物权之诉的保护，遂与单纯租地建房的债权关系区别开来，从而形成了地上权。[2]地上权制度的设立弥补了罗马法所有权概念违反经济原则的后果，也即阻止了土地所有权对地上物之附合，保护了土地的开发、建设、经营者的利益。该制度实际上是作为添附原则的例外，体现的是非所有人与所有人之间的用益关系，是典型的财产所有权与其权能相分离的形式，适应了商品经济要求扩大所有权、扩展财产的使用价值的客观要求。

由于地上权的标的物之范围过于狭窄，仅包括房屋，其他工作物如构造物、竹木等被排除在外，抑制了人们财富创造的积极性。另外，就地上权消灭的原因而言，罗马法规定，凡建筑物灭失时，地上权即归消灭。这说明罗马法的地上权制度以地上物为中心。如果没有现实的可支配的地上物存在于土地之上，就不认为地上权的存在。其强调的是物的“所有”而非“利用”，注重的是保护财产的静态归属，而非财产动态使用。因此，永佃权、地上权的产生并没有使地役权走向灭亡，对他人之物的利用关系仍然由役权——地役权和人役权调整。只是永佃权、地上权的产生使罗马法的用益物权类型得到了进一步的丰富。

---

〔1〕［意］彼德罗·彭梵得：《罗马法教科书》，黄风译，中国政法大学出版社1992年版，第203页。

〔2〕周枏：《罗马法原论》（上册），商务印书馆2004年版，第421页。

（二）地役权之抽象：永佃权与地上权的法律技术

罗马法上的用益物权体系，就法律技术而言，肇始于罗马法中的地役权制度。因为役权为市民法最先承认之一种他物权，〔1〕而役权的"真正原始的类型表现为地役权，"〔2〕即地役权是后世用益物权的雏形。也正因为如此，利用他人之物的观念、法技术等只有在地役权中萌发、建立。换言之，是地役权确立了用益物权的基本特征，即用益物权是地役权抽象的结果，其特征被深深地打上了地役权的烙印。

显而易见的是，从"地役权"与"用益物权"的形式比较中，我们已经能够看出其两者间存在的"具体"与"抽象"的关系。具体来讲：

首先，地役权观念抽象出了"用益物权是对他人之物的利用"这一判断。地役权设定的目的是为了自己土地的便利而需要利用他人的土地，而用益物权制度正是旨在解决不动产利用需求与不动产稀缺性之间的矛盾。尽管地役权在罗马法早期没有被视为用益物权（在前文已述），但不能以此否认地役权是"对他人之物享有权利"这一事实的存在。这是因为：其一，地役权是与所有权相对应的，是对所有权的一种限制，目的是对所有人的所有物之利用，由此而产生的关系当然是建立在他人之物上 。其二，就形式而言，地役权是否被称为用益物权，这并不重要，重要的是《学说汇纂》中对地役权的具体权利类型的界定明示了地役权是一种标准的对他人之物的利用形式。《学说汇纂》D. 8. 3. 1. pr 个人通行权是某人享有通过或步行经过他人土地的权利，引水权是经过他人土地引水的权利。〔3〕换言之，把地役权"为需役地之目的"的特征进行抽象，自然会得到为"非所有权人之利益"这一抽象结果。而此结果，正是用益物权的根本特征——这个特征当

---

〔1〕 丘汉平：《罗马法》，中国方正出版社2004年版，第223页。

〔2〕［意］彼德罗·彭梵得：《罗马法教科书》，黄风译，中国政法大学出版社1992年版，第252页。

〔3〕［意］桑得罗·斯契巴尼：《物与物权》，范俊怀译，中国政法大学出版社1999年版，第150页。

然是来自于地役权用益性的承续。

其次，地役权对用益物权客体的影响。用益物权的客体有两个特点，即是他人之物；不动产。这两个特点均与地役权有直接的关系。详言之，其一，罗马法上有这样的原则，“自己土地不得有役权”，即所有主不能以役权的名义保留对自己土地的特别使用。言下之意，地役权只能在他人土地上设立，致使后来的用益物权不能也无需在自己所有之物上设定。离开他人所有之物，用益物权便无法存在。所以，他人之物理所当然地成为用益物权之客体。这是用益物权与自物权最本质的区别。其二，罗马法认为“没有土地这些役权就不能创制”，[1] 即“地役权源于土地”。因为需役地所有人享有的权利和供役地所有人所承担的义务都因土地而生。只是随着社会的需要，罗马地役权的客体范围又扩展到建筑物，于是土地和建筑物构成了罗马地役权之客体。与所有权和担保物权不同的是，用益物权的标的物基本上是围绕不动产来设计的。[2] 之所以这样，除不动产自身的重要性和公示的原因之外，也是受了地役权的影响。可见，用益物权的客体范围应为地役权客体之沿革。如永佃权以土地为其客体，地上权以地上建筑物为其客体，人役权也多以土地、房屋为客体。

上述可见，罗马法的用益物权乃是其最初的表现形态——地役权之抽象的结果。进而，当用益物权概念在内涵上具有更高的抽象性的时候，其所涵盖的外延，也就具有了更为广泛的包容性，即所有的“为非所有权人之需要而支配他人不动产”的物权，均可被涵摄于其中。换言之，用益物权在包涵了作为其概念“原形”地役权的同时，包涵了地役权之外的其他“为非所有权人之需要而支配他人不动产”的权利。罗马法上用益物权的体系，正是由此所产生的结果。在这里，考察用益物权下各个具体权利形态产生的历史脉络及其彼此间的逻辑关系，对于我们理解地役权制度的技术和功能，乃至于理解整个大陆

〔1〕 江平、米健：《罗马法基础》，中国政法大学出版社1992年版，第228页。
〔2〕 屈茂辉：《用益物权论》，湖南人民出版社1999年版，第8页。

法系用益物权的构造，都是至关重要的。

概言之，罗马法用益物权的形成经历了两个阶段，即由地役权到人役权，再由役权到永佃权和地上权。这个过程不是一种权利类型更替另一种权利类型，而是由单一到复杂，由少到多的这样一个不断满足支配利益多元化的过程。

如前所述，早期利用他人之物的形式只有地役权。由于大量的特定人——没有继承权或丧失劳动能力的人的出现，需要设计专门的制度予以保护，于是，在法律技术上将人役权从中提炼出来，使其脱胎于地役权，成为一种法定的物权。地役权对人役权的孕育为人役权的独立与发展奠定了基础，而人役权的独立使罗马法的用益物权格局发生了变化，即从数量上看由仅有一种类型的用益物权成为具有两种类型组成的用益物权。由罗马法人役权与地役权的相互分离，我们可以看出，"支配方式"的不同，是导致这种分离发生的法律逻辑层面的根本性原因。这标志着罗马法以"支配方式"作为他物权类型细化，进而构建用益物权体系的法律技术的正式形成。

上述理念和设计模式对用益物权体系的设计起到了铺垫和示范作用。在罗马帝国走向衰败之时，人们对他人之土地的需求不仅仅是为了利用，而是希望在他人土地上耕作、建房，并且希望这种权利是长期的，稳定的，能够对抗第三人的，于是产生了永佃权和地上权。永佃权和地上权的出现，"要比役权、用益权等被优士丁尼规进役权范围的类似制度晚得多；它们两者在'市民法'中都没有规定，也未被古典学者明确承认为物权；后来它们两一反役权的精神，在对物的享用方面成为优于所有权的权利。"〔1〕

从地上权与永佃权的产生来看，是社会经济发展导致罗马法学家将已具备对抗第三人效力的土地租用权视为物权，并冠之以新的名称——地上权与永佃权的结果。详言之，从法律技术层面以观，其目

〔1〕［意］彼德罗·彭梵得：《罗马法教科书》，黄风译，中国政法大学出版社1992年版，第264页。

的是为了对地上权和永佃权给予绝对保护，同时对传统所有权绝对化原则予以了限制。然而在实践中，其要作为诉讼的基础，必须对该权利的性质予以定位。而要在他人之物上创设权利，罗马人只有仿效他物权的最早模型——地役权。正如《学说汇纂》D43.18.1.6 所说："既然赋予了地上权人以对物诉权，就应相信它是给予要求地上权本身的人，而且通过扩用之诉，他对地上物享有一种类似用益权或使用权的权利。"〔1〕"直到优帝时期，地上权被视为一种独立的他物权，而在此之前，曾被看作为一种地役权。"〔2〕可见，永佃权和地上权的用益物权地位是得益于地役权的理念、方式。如果认为地上权、永佃权的用益性、绝对性等构成用益物权的基本要件是自身演化取得的，那是不可思议的。人类社会的发展过程不会如此跳跃，可以说，因为有地役权制度的铺垫，地上权和永佃权才能摇身一变成为典型的用益物权，并成为罗马法明定的制度。这种"铺垫"体现在制度的设计上，是一种思维模式上的"铺垫"。因为地上权、永佃权产生的目的也是为了使用他人之土地或物，这就是借鉴的基础。只是地上权、永佃权较之于地役权又进一步，即地役权是非占有性，而地上权人和永佃权人却是在他人土地上耕作、建筑等。另外，地役权仅仅给供役地施加负担，而地上权人和永佃权人却享有所有权人的各种权利，分离了被利用土地的所有权人的所有权能。这正是地上权和永佃权之所以被称为地上权和永佃权，而不被称为地役权的原因所在。由此可见，导致地上权、用佃权与地役权相互分离的原因，恰恰与导致人役权与地役权相互分离的原因相同，这就是其彼此之间对于他人之物的"支配方式"不同，因此需要以不同的权利类型来加以表述。

上述两个阶段的完成，使罗马法的用益物权体系趋于形成。即役

---

〔1〕［意］阿尔多·贝杜奇："地上权·从罗马法到现行意大利民法典"，载杨振山主编：《罗马法·中国法与民法法典化》，中国政法大学出版社 2001 年版，第 247 页。

〔2〕D. H. Van Zyl, *History and Principles of Roman Private Law*, p. 194. 转引自张鹏："役权的历史溯源与现代价值定位"，载梁慧星主编：《民商法论丛》（第 18 卷），第 422 页。

权、永佃权、地上权等构成了罗马法的用益物权体系。其中，役权又由地役权和人役权构成，并成为役权系列的第二层次。而地役权又由耕作地役权和城市地役权构成。人役权由用益权、使用权、居住权等构成，他们共同构成了役权系列的第三个层次。

（三）地役权与罗马法上“物权类型化”观念的形成

上述这三个层次的划分基础，正是法律技术对于不同“支配方式”的概括与总结。而这个法律上的概括与总结的过程，正是地役权观念抽象或者类推的结果。虽然在罗马法时代并没有提出明确的物权法定原则，但物权的“类型化”思想在古代罗马法上便已存在。在罗马法大全中，具有物权效力的权利，被归纳为所有权（dominiurn，proprletas）、地上权（superficis）、永佃权（emphuteus。）、役权（servitus）、质权（包括占有——pignus，亦即非占有的抵押权——hypotheca）等各种类型。〔1〕而且这些权利的类型及取得方式也都由法律作了明确规定，即有些物按照自然法，有些物按照市民法而取得物的所有权，非以法定方式取得这些权利的，法律不予保护，是为物权法定原则的雏形。〔2〕

物权类型化的思想在罗马法上出现是作为“他物权”的地役权观念的直接结果。一方面，随着地役权从所有权中的分离，地役权也因此成为所有权的负担。这个负担具有对世性和追及性，即地役权的存续不会因所有权的变动而产生影响。由于这种对世、追及性的结果使新的所有权的取得者，必须承受此项所有权上的负担，这就决定了地役权的内容，即支配范围、具体的权利类型、期限等必须让新的所有权人知道，于是，需要通过法律上的定型化、标准化的方式来予以实现。另一方面，在罗马法上，虽然物上负担必须仅就“有体物”而设立，即“役权之上不得再次设定役权”，但是已经设定地役权的供役

〔1〕尹田：《物权法理论评析与思考》，中国人民大学出版社2004年版，第108页。

〔2〕［古罗马］查士丁尼：《法学总论》，商务印书馆1989年版，第49～59页。

物的所有权，依然可以在其物之上为另一人再次设定地役权，例如乌尔比安在《论萨宾》第17卷中所指出的，“使用权（usus）属于一个人，无使用权的收益权（fructus sine usu）属于一个人，而所有权（proprietas）属于另一个人，这是可能的。比如，某人有一块土地，他将使用权遗赠给铁裘斯，后来其继承人又通过遗赠或以别的方式将收益权给予你。”[1] 在这种情况下，后设定的地役权，必须以不对先设定的地役权人的支配构成妨害为条件。而这一条件的前提，则在于地役权人对于供役物的支配范围的明确化。上述两个方面，是导致罗马法上的“物权类型化”——尤其是“他物权类型化”——思想产生的重要因素。

第三节　本章小结

罗马地役权是在古罗马原始公社的解体、土地私有的过程中产生、演变而成的。其演变经历了漫长的过程，是古罗马政治、经济、社会发展的结果。这个结果不但理顺了罗马社会的土地利用关系，促进了古罗马民间经济的发展；而且催生了绝对所有权概念的诞生；并对罗马法完备的用益物权体系的形成起到了基础和范例作用。

尤为深远的历史意义是罗马法地役权的理念、体系和法技术构造等不但对近现代大陆法系和英美法系各国地役权，乃至物权立法的形成产生了深远的影响；更是完善我国地役权制度必不可缺的历史基础。因为“私法中的一些基本原则，一些重要的理念、观念和概念，都可以从罗马法中找到它的蛛丝马迹，从而发现其发生与发展的渊源”。

[1]［意］桑德罗·斯契巴尼：《物与物权》，范怀俊译，中国政法大学出版社1999年版，第147页。

第三章 比较法上的地役权之沿革及基本立场

罗马法中所包含的商品经济发展的法权关系，不仅服务于古罗马社会，而且还直接或间接地促进中世纪后期资本主义的形成，推动资本主义经济的发展。而滥觞于罗马法的地役权，因其独特的权利结构以及因此而具有的促进经济发展的功能，被大陆法系和英美法系诸多国家和地区的民法予以继承，并得以演进。揭示两大法系近现代地役权的科学概念、原则、规则等基础理论，是完善我国地役权的比较法基础。

第一节　大陆法系的地役权及其基本立场

大陆法系国家和地区对地役权的规定采用了两种立法模式：一是法国模式，以法国、意大利等国为代表；二是德国模式，以德国、瑞士、日本及我国台湾地区为代表。

一、大陆法系国家地役权的演进

(一) 法国民法上的地役权

1804 年的《法国民法典》的重要渊源之一是罗马法的《法学阶

梯》。该法典以法学阶梯式为立法例开创了近代民法典之先河。

就地役权而言，《法国民法典》直接继承了罗马法关于地役权的许多规定。表现在：其一，基本精神的继承。法典第637条规定："役权，系为另一所有人的不动产的使用及需要而对一个不动产所加的负担"。从该条可以看出，法国民法中的役权等同于地役权。其二，内容上的继承。罗马法时期简单经济形式决定了当时关于地役权制度的规定已是非常全面了，以至于《法国民法典》关于地役权的规定也颇为详尽细致，其共有74条之多。其中界定了地役权的概念（第637条）、地役权的特征、[1]地役权的类型、[2]地役权的取得方式（第690～696条）和消灭原因（第703～710条）。

上述规定集中在法典的第二卷"财产以及所有权的各种变更"部分。该部分共有四编，其中第四编为"役权或地役权"。该编用三章对地役权作出了规定，即第一章"由现场的自然情况所生的役权"；第二章"法律规定的役权"；第三章"由人的行为设立的役权"。

这三章中，第一章规定了相邻不动产之间因流水、设立界碑、围栏、围墙等问题而产生的法律关系。其对相邻不动产当事人在法律上的权利义务直接作出了界定。第二章涉及共有分界墙和分界沟、相邻不动产之间应留的距离、通行、檐滴、眺望等问题。这些内容或是对相邻不动产所有权的扩张，如袋地对邻地享有通行权，或是对相邻不动产所有权行使进行限制。显然，第一章和第二章的内容相当于现代各国民法中的相邻关系。由于用地役权来解决不动产相邻关系是基于法律规定而产生的，故这两章也称法定地役权，或称自然地役权。之所以将法定地役权分为两章，可能是考虑到责任的承担问题：由自然原因造成的，不需要补偿；由人的行为引起的，需要补偿。第三章其

---

〔1〕 地役权的特征为永久性（第706条）、不可分割性（第700条、第709条和第710条）、可放弃性（第699条）。

〔2〕 地役权的类型是：持续地役权与非持续地役权（第688条）、表现地役权与非表现地役权（第689条）、自然地役权、法定地役权与意定地役权（第639条和第640条）。

实是现代各国民法典中基于契约等方式而设定的地役权，所以称作意定地役权。该章规定了相邻不动产当事人之间可以设立的各种役权的形式以及役权的设立、行使和变更，把相邻不动产的具体法律关系委之于当事人的“自治”。

基于罗马法的坚实基础而制定的法国地役权制度，不但比较完整地继受了罗马法地役权，而且予以创新。首先，《法国民法典》的地役权制度承担着限制所有权的重任。法国大革命的目的是要将所有权从种种封建桎梏中解救出来，树立所有权神圣不可侵犯的观念，故在《法国民法典》中对所有权权限没有附加“在法律规定范围内”的规定。因为在法国人心目中，所有权除了承受地役权这一他物权负担外，再也没有其他限制，所以将一切对所有权的限制均归类于地役权制度之中。其次，扩张了地役权客体内容，把不动产相邻关系纳入了地役权。法国民法用地役权制度来解决不动产相邻关系的问题，〔1〕反映了立法者借助地役权制度全面解决不动产相邻关系的意图。再次，法典第686条的规定一定程度上拓宽了主体范围并摈弃了罗马法的“不得于自己之物设置役权”的原则。〔2〕最后，在客体制度中保持“土地吸附地上物”的传统。

法国民法的地役权基本沿袭了罗马法的地役权形式和结构，但其重视自由之思想，关注社会发展的步伐，直接影响了近现代其他国家的民事立法。

（二）德国民法上的地役权

生效于1900年的《德国民法典》是大陆法系民法典的典型代表。该法典以罗马法的《学说汇纂》为蓝本，在人类法制史上第一次建立系统、全面的物权制度。

---

〔1〕 陈华彬：“法国近邻妨害问题研究”，载梁慧星主编：《民商法论丛》（第5卷），法律出版社1996年版，第310页。

〔2〕“允许所有权人对其财产或为其财产之利益，设定其认为适当的役权，但以此役权不加于人身，亦不利于人身为限。此种役权只能对地产以及为地产之利益而设定，且不得违反公共秩序。”

该法典物权编的第五章“役权”包括了“地役权”（第一节）、“用益权”（第二节）和“限制的人役权”（第三节）三种役权类型。这种先物后人的排列顺序有其特定的逻辑，即地役权是为了一块土地的利益而使用他人土地的权利，而用益权和限制人役权则是为了特定人的利益。在用益权和限制人役权中，前者属于全面的使用和受益，后者则受到限制，故它们之间的排列在支配范围上是由全部到部分。这种安排显然依据的是具体权利在社会经济中的作用大小，具有明显的功利性和实用性。从法典对地役权的编排体例、设定原则及特征规定可以看出，《德国民法典》关于地役权之规定与《法国民法典》相比有自身的特点。例如：

第一，德国民法用所有权扩张与限制而生权利义务来解决相邻不动产利用关系。其代表了大陆法系民法的一种模式。

第二，法典未采取例举式，即确定各种不同种类的地役权之立法模式，仅是一般地规定地役权可允许之内容。当然，为排除对供役地所有人造成过于泛滥的负担，法典规定地役权之内容仅限于对供役地特定方面的使用可能性（民法典第 1018 条）；使用应对需役地本身有利（民法典第 1019 条）；地役权人必须保全性地行使法典规定的地役权（民法典第 1020 条）。不过，民法典和各州法规定了一些地役权的法定特殊形式，如民法典第 917 条规定了必要通行权；各州法的必要管道引导权。巴伐利亚州最高法院认为，自他人土地中采取木材、围住泉水并引导泉水设立地役权。〔1〕规定这些役权类型的原因在于，需役地存在必须利用临界土地的需要，表现为需役地或者缺乏与公共交通连接的通道；或者没有水源，没有与公共排水设施连接的自然条件，引水和排水必须借助于他人的土地；过渡、管线架设条件也是如此。更主要的是，这些权利不但要满足他人土地之现实所有人，而且还要对他人土地之继受人有约束力，这样权利义务的内容才得以永久化。

〔1〕［德］鲍尔、施蒂尔纳：《德国物权法》（上册），张双根译，法律出版社 2004 年版，第 712 页。

故设立时必须符合“合意+登记”的原则，且地役权应同时登记在供役地和需役地的登记簿上。

第三，虽然法典仅对地役权予以概括性规定，不过法典又附加了适用原则。其一，地役权只能在相毗邻的土地之间设定；其二，地役权的设立必须有利于需役地，但不是以需役地所有人的娱乐为目的；其三，地役权只能设定于他人的土地之上；其四，地役权具有永久性；其五，地役权具有不可分割性；其六，地役权之上不得复设地役权。

第四，《德国民法典》的地役权、用益权和限制性人役权一起构成役权，基本继受了罗马法时代的役权制度。不过，法典创制了一种新的人役权，即限制性人役权。

限制性人役权是在吸收地役权和使用权制度优势的基础上形成的，是为个人利益而设立的地役权，〔1〕可能是因为融入时代发展产出的新的役权类型。其扩充了人役权的内容，解决了因发展而带来的所谓公共（地）役权的困惑及其与役权体系的兼容性问题。一般认为，限制性人役权的内容可以包括：其一，义务性负担。包括单项使用，〔2〕如引水权与汲水权、采取砾石、建造加油站、远程输送电、煤气。不过，学者在解释上似乎不赞成“私人或公共企业的经营场所之间的产品运输设施，或有轨电车或铁路设施”亦使用限制性人役权。〔3〕在受负担的土地上，不为某一行为，且排除所有权人的某权能等。其二，自己的或他人值得保护之利益。《德国民法典》的限制性人役权，并未规定须有利于土地的前提条件，而是规定任何自己的或者他人值得保护

〔1〕《德国民法典》第1090条规定：“（1）土地可以此种方式设定负担，使因设定负担而受利益的人有权在个别关系中使用该土地或者享有其他可以构成地役权的权限。(2) 于此准用第1020条至第1024条、第1026条至第1029条、第1061条的规定。”

〔2〕所谓“单项使用”，指不排除原所有人或者原用益权人的使用，如若排除了原所有人或者原用益物权人，则为用益权，而非限制性人限权。

〔3〕参见［德］鲍尔、施蒂尔纳：《德国物权法》(上册)，张双根译，法律出版社2006年版，第731页。该书中所指出的限制性人役权使用范围，包括：①使用权利，不仅包括各种采用权，也包括管线导引权；②使受负担的土地承担某种行为的不作为义务。

的利益，均可成为限制性人役权的内容，且该利益不必是财产利益。例如：某公司捐献100万马克为A城建造养老院，受赠城市应X公司的要求，为X公司登记了一项限制性人役权，其内容是，禁止接受A城以外的公民。〔1〕

限制性人役权或为德国民法对役权制度的最大革新。〔2〕其革新表现为三个方面的内容：(1) 部分变更了罗马法中使用权的对象，将限制性人役权的客体限定为不动产；(2) 限制性人役权通常不得转让；(3) 法典第1092条第3项规定，法人或有权利能力的合伙享有限制的人役权。而限制的人役权使得权利人有为了运营输送电、煤气、远程热、水、废水、油或原料的设施（包括所有直接为输送服务的相关设施），或电信设施，或私人或公共企业的经营场所之间的产品运输设施，或有轨电车或铁路设施而使用土地，该项地役权可以转让。可转让性不包括依役权的权能分割役权的权利……〔3〕

第五，通过担保役权拓展地役权的适用范围，如竞业禁止。尽管这种物权在某种意义上可能违背公平竞争，但近来司法判例的这种发展趋势确有积极效果。〔4〕

德国法上的地役权是罗马法和德国固有法相结合的产物。虽然《德国民法典》只规定了地役权的一部分，但根据《德国民法典施行法》第113条、第115条的规定，地役权的内容、限制和消灭委由各州法规定。不过，法典的抽象规定为人们设立地役权留出意思自由的空间。这较符合德国民法自由（权利）的逻辑体系。

〔1〕参见［德］鲍尔、施蒂尔纳：《德国物权法》（上册），张双根译，法律出版社2006年版，第730页。

〔2〕详见“第三章，第一节，一（二）德国民法上的地役权”。

〔3〕杜景林、卢谌译：《德国民法典》，中国政法大学出版社1999年版，第260页。

〔4〕参见［德］鲍尔、施蒂尔纳：《德国物权法》（上册），张双根译，法律出版社2006年版，第718页。

（三）瑞士民法上的地役权

生效于1912年1月1日的《瑞士民法典》开创了民商合一的立法模式之先河，并为后世各国民法典所效仿，是世界民事立法史上一个重要的里程碑。

《瑞士民法典》的地役权在继承了罗马法和《德国民法典》之基础上，在体系上又推陈出新。民法典第四篇“物权法”中第十九章“土地所有权”的第二节“土地所有权的内容及限制”中有一目以“相邻权”命名。法典把相邻不动产利用过程中发生的问题视为所有权的延伸和限制，故规定为相邻关系。该篇第二十一章是关于“役权及土地负担”的规定。其中的第一节“地役权（Dienstbarkeit）”共有15个条文。该节规定了依契约或时效取得的地役权及地役权消灭；地役权的内容、范围；役权情形变更；需役地和供役地的分割等。本章第二节“用益权及其他役权”基本上是从功能和主体这两个角度将役权类型化。就功能而言，区分“特殊”与“其他”。“特殊”役权包括收益、住居、建筑与泉水等权。〔1〕从主体来看，役权区分为地役权和人役权。而人役权视其有无专属性再分为规则或不规则人役权。本章第三节“土地负担”的内容与《德国民法典》中的土地负担相当，性质上属于一种转移收益权能的人役权。原则上各种功能性的役权对应于主体性的役权都可以交叉设定，如管线地役权或管线人役权。但收益、住居性质上就只能设定规则人役权，而越界建筑则只能设定地役权。〔2〕这一役权的体系把用益权、地上权都涵盖进来，概念上更为清晰。

《瑞士民法典》将建筑权设定成一种特殊地役权。建筑权是指在他人土地上或地下建筑或保留建筑物的权利，包括管线、地上与越界

---

〔1〕《瑞士民法典》第四篇“物权法”中第二部分第二十一章是“役权及土地负担”，第二节“用益权及其他役权”第一目“用益权”，第二目“居住权”，第三目“建筑权”，第四目“对泉水的权利”，第五目“其他地役权”。

〔2〕 Hans Michael Riemer, *Die beschränkten dinglichen Rechte*, *Grundriss des schwizerischen Sachenrechts*, Bd. II, 1986, 39ff.

建筑等权。依民法典第675条之规定，建筑权存在于以下情形中：在他人土地地面上下的定着物或因深掘砌墙等其他方法与他人土地连接的建筑物及其他设施，得设定地役权，使该定着物、建筑物或设施有特别的所有人。建筑权为长期独立存在的权利，但其存续期不得在一百年以上。如无另行约定，建筑权得让与或继承。

此外，《瑞士民法典》规定了"其他地役权"，如第781条（其他地役权）规定："（1）土地所有人为某人或公众的利益，得以射击场、道路等目的，设定各种役权。（2）前款的役权，如无其他约定，不得让与，其内容依权利人的通常需要而定。（3）除上述规定外，本条的役权适用有关地役权的规定。"

《瑞士民法典》采用地役权和相邻关系分别立法体例显然是受《德国民法典》地役权和相邻关系二分法的影响。

（四）日本民法上的地役权

以移植摄取、注重实效与兼收并蓄为基本指导思想的《日本民法典》是亚洲第一部民法典。法典以其思想意义和历史上的扩散力而占有最重要的地位，是一部名副其实的开创亚洲近代法史的法典 。

法典关于地役权的立法，开始受《法国民法典》的影响，规定了"由法律设定的地役"和"人为设定的地役"。但是后来又因受德国民法的影响，将"由法律设定的地役"并入了所有权的内容。[1]

《日本民法典》的制定虽然先后借鉴法国、德国民法典，但又一反他们的传统，没有规定人役权，只规定了地役权。其原因可能是东西方文化和习惯的差异，即东方人的养老重担一般均由家庭内部子女承担，故没有设立用益权和使用权的养老习惯。所以，法典物权编第三章"所有权"，第一节"所有权的界限"包括所有权的范围、相邻关系、建筑物区分所有权等。第六章"地役权"包括地役权的取得（契约、时效）、消灭、地役权的特征（从属性和不可分性）、供役地

〔1〕［日］我妻荣：《民法讲义Ⅱ：新订物权法》，罗丽译，中国法制出版社2008年版，第420页。

人的积极义务等。[1]

综上，地役权作为一项重要的不动产物权制度均被规定在大陆法系各国的民法典中，且得到了发展。当然不同国家的地役权制度的构成要素略有差别 。

二、大陆法系地役权的基本立场

（一）地役权的概念

地役权之优势从其概念中可以观之。而关于地役权的概念近现代民法没有统一的表述，其主要原因在于国情不同，看问题的切入点也必然不同。从现行立法来看，有两种表述，即从需役地的角度出发，地役权是一种权利，而以供役地为切入点，则地役权是一种负担或义务。

在大陆法系中，从需役地的角度来定义地役权的是《德国民法典》、《日本民法典》、《意大利民法典》等。《德国民法典》第1018条的定义为“一土地可以为另一块土地的现实所有人的利益，以这样的方式设定负担，使另一块土地的现实所有人有权在个别关系中使用该土地，或者一定的行为不得在该土地上实施，或某项权利的行使排除，而该项权利系基于被设定负担的土地的所有权而对另一土地产生的权利的行使被排除（地役权）。”《日本民法典》第280规定：“地役权人，依设定行为所定的目的，有以他人土地供自己土地便宜之用的权利，……。”《意大利民法典》第1027条定义：“地役权是为一块土地提供便利而在另一块属于其他所有权人的土地上附加负担。”我国台湾地区的新“民法”第851条规定：“称不动产役权者，谓以他人不动产供自己不动产通行、汲水、采光、眺望、电信或其他以特定便宜之用为目的之权。”[2]《俄罗斯联邦民法典》规定有限使用他人土地的权利，即在第274条中规定：“不动产（土地、其他不动产）所有人有

〔1〕 参见《日本民法典》第281条，第283条，第286条，第288条，第289条。

〔2〕（台）陈忠五主编：《新学林分科六书·民法》，新学林出版有限公司2011年版，第C-81页。

权要求邻地所有人，必要时还有权要求其他土地（邻地的邻地）的所有人提供相邻土地的使用权（地役权）”。

而《法国民法典》、《瑞士民法典》、《荷兰民法典·物权编》却是从供役地人的角度对地役权予以了定义。如《法国民法典》第637条可知，地役权是施加于不动产的负担以使其他不动产获益，故而地役权也有“土地之义务”或“物权之义务”等称谓。《瑞士民法典》第730条规定：“甲地所有人，为乙地的利益，得允许乙地所有人进行某些特定方式的侵害，或为乙地所有人的利益，在特定范围内，不行使自己的所有权，以使自己的土地承受负担。”《荷兰民法典·物权编》第70条规定：“地役权是为了另一个不动产即需役地的利益，而加于一个不动产即供役地上的负担。”

上述关于地役权概念的表述不尽相同，但均揭示了地役权之实现不同主体在同一土地上的利用需要之并存与调和，进而增加需役地的利用价值，增加需役地的市场价格的本质。[1]

（二）地役权的法律特性

分析认识对象的法律特性是法学上准确把握认识对象的必要途径。如果说地役权的概念彰显了其优点，那么地役权之特征却是优势的具体化。关于地役权的特性，学者们见仁见智，提出了很多有益的观点。通说认为，地役权作为用益物权之一，除具备用益物权的基本法律特性，即用益性、独立性之外，还有自身的特性，如从属性和不可分性。

---

[1] 地役权本质的理解，学术界有不同观点：一是所有权扩张说，该说认为地役权是需役地所有权的延伸，即地役权是需役地所有权在他人土地上的延伸；二是所有权限制说，该说认为地役权是对供役地所有权的限制，即地役权是“以限制供役地所有权的作用为内容的他物权”。见（台）史尚宽：《物权法论》，中国政法大学出版社2000年版，第225页；三是土地增值说，该说认为地役权的存在目的在于提高需役地的价值；见（台）谢在全：《民法物权论》，中国政法大学出版社1999年版，第422页；四是地役权的本质是“土地利用的社会性、广泛性和多重性，也就是说，地役权制度的本质在于实现不同主体在同一土地上的利用需要的并存与调和”。在这四种观点中，前两种是一个事物的两个方面，不可分割，只是看问题的视角不同而已。最后一种似乎并非触及地役权的本质。第三种揭示了地役权的内涵。

作者认为用益性、独立性是一切用益物权的共性，并非地役权特有。虽然从属性和不可分性在地上权中也有，但是地役权的从属性、不可分性较之地上权等用益物权的更为典型。谢在全先生也指出："此项必须有需役地与供役地关系存在，始得设定地役权之特质，实为地役权与地上权、永佃权之重大不同处，亦为地役权从属性产生之原因。"[1]因此，地役权最本质的特征是从属性、不可分性、意定性、不以占有供役地为要件、集物权和债权两项制度的优势为一体。

1. 从属性

所谓地役权的从属性又称地役权的附从性，是指地役权不得与需役地分离而为让与，以及不得与需役地分离而为其他权利之标的，其需随着需役地的所有权或使用权的转移而转移。[2]"从法律技术的角度看，这个物权最特别之处就在于不仅客体属物，而且主体属物（subjektivdinglich，objektivdinglich），这当然不是说权利主体是物，有权利能力的永远只是人。所谓主体属物，是说地役权主体随土地（所有权）而定，所有权转移它也当然移转，地役权必属于'各时'（ieweilige）所有人。"[3]这种从属性具体表现在：

第一，地役权不能与需役地相分离而单独让与。这主要包括3种情形：一是需役地所有人不得将需役地所有权让与他人而自己仅保留该需役地之地役权，除非当事人之间有特别约定，不过，即使有约定，也因此情形有违从属性而具有消灭之原因；二是需役地所有人不能将其地役权让与他人而自己保留其土地所有权，否则，地役权之让与无效；三是需役地所有人更不能将需役地所有权和地役权分别让与不同之人，否则，地役权之受让人无从取得该地役权。尽管地役权为独立

〔1〕（台）谢在全：《民法物权论》（上册），中国政法大学出版社1999年版，第420页。

〔2〕（台）谢在全：《民法物权论》（上册），中国政法大学出版社1999年版，第424、425页。

〔3〕（台）苏永钦："重建役权制度——以地役权的重建为中心"，载《月旦法学》2000年第65期。

之物权，但毕竟需役地所有权为地役权取得之前提条件。

第二，地役权不得从需役地中分离出来而为其他权利之标的物。亦即需役地为其他权利标的物时，地役权也应随同为其他权利之标的物。[1]

许多国家和地区的民法典对地役权的从属性都有规定。《日本民法典》第281条第1项前段规定："地役权作为需役地所有权的从权利，与之一起移转，或成为需役地上存在的其他权利之标的。"我国台湾地区新"民法"第853条规定：不动产役权不得由需役不动产分离而为让与，或为其他权利之标的物。[2]

从属性的理论依据是，虽然地役权本质上为一种独立之物权，但它是为需役地之便利而存在于供役地之上的，故必须与需役地所有权同时存在，与需役地所有权同命运。然而地役权又不是需役地所有权（利用权）内容的扩张，它只是从属于需役地所有权而存在，而为从物权之一种。

从权利类型体系的角度考察，地役权的从属性似乎与用益物权的独立性相矛盾，其实不然。用益物权的独立性是针对担保物权的从属性而言的，是指用益物权人不以其对标的物所有人享有其他财产权利为其存在的前提。[3] 也就是说，地役权的这种从属性是物权从属性，与担保物权的债权从属性是截然不同的。地役权的从属性是从该权利与其主体或需役地的关联性而言的，它并不否定地役权自身所具有的独立的支配范围和支配方式。而担保物权从属于其所担保的债权，与担保的债权一同转让，担保债权消灭，担保物权也随之消灭。

2. 不可分性

所谓地役权的不可分性是指地役权不得被分割为两个以上的权利，

〔1〕如当需役地被设定为抵押权时，抵押权之效力亦及于其地役权。

〔2〕（台）谢在全：《民法物权论》（中册），中国政法大学出版社1999年版，第426页。

〔3〕房绍坤等："用益物权三论"，载《中国法学》1996年第2期。

也不得使其一部分消灭。地役权总是在总体上被行使，且是为提高需役地价值而产生的权利，理应为需役地全部而存在。又由于供役地是负担役权，因而为了需役地的利益而承担的负担必须存在于其全部之上，否则，无法实现地役权设立的目的。因此，地役权之发生、享有和消灭就需役地与供役地而言，均及于其全部。[1]

第一，发生之不可分性。发生之不可分性指在地役权设定时，需役地或供役地为共有时，地役权具有不可分性。如当需役地为共有时，各共有人不得仅就自己的应有部分取得地役权。因为地役权之设立是为需役地全部之便宜，不是为需役地之应有部分而存在，故共有人中一人因时效而取得地役权，其他共有人也一同取得地役权。同理，当供役地为共有时，各共有人就供役地之全部为地役权之负担，不得按其应有部分予以分别负担。因为供役地之共有人的应有部分为共有供役地之抽象比例，而地役权乃是对供役地的具体的直接利用，无依抽象比例分担之可能。

第二，消灭之不可分性。消灭之不可分性指当地役权设定后，如果需役地为共有时，各共有人不能按其应有部分使已经存在的地役权消灭。[2] 如在通行地役权中，不能因共有人抛去其应有部分而使需役地人只能享有余下的通行权。即便如此，其行为也不发生效力。另外共有人中一人发生了混同，地役权也不消灭。

第三，享有或负担的不可分性。地役权一经设定，需役地或供役地无论是设定前即为共有或设定后始为共有，需役地共有人共同享有地役权，同样供役地共有人也是共同负担。

当需役地被分割时，各分割部分仍享有原地役权。这一特点在许多国家和地区的民法典中均有体现。《法国民法典》第700条规定：

---

〔1〕（台）谢在全：《民法物权论》（中册），中国政法大学出版社1999年版，第426页。

〔2〕（台）谢在全：《民法物权论》（中册），中国政法大学出版社1999年版，第427页。

"如为其设定役权的土地后来被分割，对该土地的每一部分役权仍然存在，但不得因此而加重原设有役权的土地的负担。依此而言，例如通行权，分割后的土地的全体所有人均应当从同一地点行使该项通行权。"但是，此项地役权的行使按其性质及于需役地的全部，如该地役权的行使仅涉及需役地的一部分，当该部分被分割出去，则只有该部分继续享有地役权。《德国民法典》第1025条规定："地役权人的土地被分割的，其地役权在各个别部分仍存续；但在发生疑问时，仅在地役权的行使未对供地役所有人造成困难时，始得准许。地役权仅对需役地的一部分有利者，地役权在其余部分消灭。"《瑞士民法典》和我国台湾地区新"民法"也都有类似规定。〔1〕其实，对需役地而言，地役权的不可分性就是地役权从属性之另一延伸。〔2〕

当供役地被分割时，地役权就其各部分仍为持续，但如地役权的行使只及于供役地的一部分，而该部分又作为一个整体被分割出来，那么，需役地只能在这部分享有地役权，而对其余部分不能享有地役权。例如《德国民法典》第1026条规定："供役地经分割时，如果地役权的行使仅限于供役地的某一部分，对行使范围之外的部分，地役权不再存在。"《瑞士民法典》和我国台湾地区新"民法"也都有类似规定。〔3〕

---

〔1〕第743条则规定："需役地被分割时，其地役权的通常利益部分仍然存续，但是地役权的行使因某些情况仅限于其中一部分人时，供役地人得请求注销其他部分的地役权。"《瑞士民法典》，殷生根、王燕译，中国政法大学出版社1999年版。我国台湾地区新"民法"第853条规定："地役权不得由需役地分离而让与或为其他权利的标的物。"第856条规定："需役地经分割者，其地役权为各部分之利益，仍为存续。但地役权的行使，依其性质，只关于需役地之一部分者，仅就该部分仍为存续。"

〔2〕（台）谢在全：《民法物权论》（中册），中国政法大学出版社1999年版，第426页。

〔3〕第744条规定："供役地被分割时，其地役权通常仍在各部分存续，地役权在某些部分上已不存续或因某些情况未能存续时，上述未供役部分的所有人，得请求注销其地役权。"《瑞士民法典》，殷生根、王燕译，中国政法大学出版社1999年版，第212页。我国台湾地区新"民法"第857条规定，供役不动产经被分割者，不动产役权就其各部分仍为存续，但不动产役权的行使，依其性质，只关于供役不动产之一部分者，仅对于该部分仍为存续。

各国和地区关于地役权的不可分性的规定是一致的，都认为如果地役权是为特定需役地使用的便利而在特定供役地上享有的权利，则需役地或供役地被分割后，与地役权享有或行使无关的部分，地役权在其上消灭。

值得注意的是，担保物权也有不可分性。但其与地役权的不可分性的实质含义有所不同。担保物权之不可分性是指受担保债权于未受全部清偿前，担保物权人得就担保标的物的全部行使全部权利。[1]

从属性与不可分性共同构成了地役权的特殊属性，使地役权与其他用益物权迥然有别。从两个特性的关系来看，地役权的不可分性实际上是其从属性的延伸。

3. 意定性

地役权的意定性使其成为最为特殊的用益物权类型，其意定性体现在变动的任意性和内容的不确定性上。

地役权在制度设计上强调当事人的意思自治，因此地役权是一个经由契约形成的具有物权效力的用益物权，有很强的意定性。意定性使地役权法律关系的产生、变更和消灭都通过当事人自由的意思表示来完成。至于地役权的内容和效力，法律也没有强制的、统一的规定，也是由当事人自由约定。自由设定不但能够克服无效率的土地利用限制，而且对保护个体的自由具有重要意义。

由于物的利用方式各异，无法确定一个统一的模式，因而罗马法学家按照古罗马时一切原土地共有时共同利用土地的习惯创设地役权概念，于是地役权的权利内容只能根据具体需要由当事人来约定。而通过比较分析各国民法典以及其他与地役权相关的法规可以发现，各国对地役权的权利内容均未作出明确界定，只是授权当事人依需役地需要确定权利的内容。而在界定需役地的需要时，又借助“负担”、“利益”、“需要”等模糊性概念，委诸当事人依意志自由决定，只要

〔1〕 陈华彬：《物权法原理》，国家行政学院出版社1998年版，第569页。

不损害公共秩序即可。这为当事人根据自己的需要自由约定权利义务留下充分的余地。地役权由权利人自由创设空间之特点带来了其设定和运用上的极大灵活性，即凡是出于自己土地等不动产的利益需要，当事人均可用协议的方式设定地役权，以满足土地等不动产的便宜利用，充分实现不动产资源的价值，同时也可以满足人们对更高层次生活的追求。换言之，将地役权的设立和内容交由当事人根据自己的需求自由约定，使其调整范围相当广泛，同时其依托当事人的意思自治对社会中形态不一的土地利用关系进行着全方位的调整，〔1〕使土地资源的利用更加变通和灵活，真正实现土地资源的“物尽其用”。

4. 不以占有供役地为要件

地役权设立的目的是为了需役地使用的方便而对供役地加以不同程度的利用。这种利用无需对供役地进行实际的控制。虽然积极地役权的行使可能对供役地有一定范围的占有，如为了通行需在供役地上筑道。但地役权人行使和维持其权利，不仅“应择于供役地损害最少之处为之”，以“尽可能保全供役地所有人之利益”，〔2〕而且地役权人使用供役地时应与供役地所有人、其他用益权人共同使用供役地。换言之，地役权的存在虽然对供役地是一种限制，但它并不影响供役地人对自己土地的完全的排他占有权及所有权。至于消极地役权只是加于供役地上的一种负担，更无需占有供役地，如采光权等。与此不同，传统用益物权中的地上权、永佃权等是以对他人土地的占有为条件的，因而权利的行使必须以权利人实际控制标的物为要件，否则就无法实现用益物权的目的。

5. 集物权和债权的优势为一体

地役权既规范人对物之支配关系，确保物权之享有与交易安全，又能予以当事人极大的交易空间。在体系上地役权属于用益物权，当

〔1〕（台）苏永钦：“重建役权制度——以地役权的重建为中心”，载《月旦法学》2000年第65期。

〔2〕《德国民法典》，郑冲、贾红梅译，法律出版社2001年版，第1020条。

然亦具有物权的特征，如以保护财产之归属秩序为目的，具有公信力等，此系物权债权区分的相对性使然。这一特点使地役权具有不仅可以提升自己土地的使用价值，甚至有利于提高自己土地的交换价值的功能。例如，某人欲从其占有的土地上获得全面的价值，那么他可能感到有必要施加给他的邻居某些义务。如果法律本身没有规定这些义务，所有者只能与其邻居就利益问题进行协商，此种交易尚属合同法管辖。合同只能约束实际做出承诺的人，而不能约束购买或以其他方式获得许诺人土地之第三人。因此，该某人欲想获得永久性的，与其邻居身份无关的权益，需要的不应只是属人权利，而是需要越过他自己的土地在另一人的土地上的对物权利，即一种行使于他人土地上的财产性权利——地役权。

又因地役权系经由约定在当事人之间创设的一种较债权更为稳定的利用供役地的物权。因此，地役权还具有债权之特征，即地役权设定与否以及权利内容均属意定。当事人只要出于对自己不动产利用的便宜就可通过协议的方式与相对人设定地役权。也即就地役权的创设方式及其内容来看，更多体现的是债法领域贯彻的“意思自治”。将作为物权的地役权以债权化的方式加以设立的原因在于现实经济生活中土地资源的利用方式纷繁多样，法律不便也不必将现实中的土地利用方式一一列举。此外，地役权的从属性、不可随意转让性使它不可能脱离不动产的现时权利人而单独转移，这使地役权亦具有相对性。相对性是传统债权的本质特性，即债权人仅能请求特定的债务人履行债务，债务人也仅能向特定的债权人履行债务。从这个角度讲，地役权的这种相对性容易使当事人心理上产生暂时的“稳定感”。但是，地役权又与债权不同，它不能处于不稳定状态，也不会由于人的行为而“昙花一现”。所以说，地役权既具有物权的对世性特征，又排除了债权相对性带来的不安定因素；既体现了当事人的意思自治，又能得到公示制度的保障。

在物权已由“静的状态”中走出，且日趋价值化与流动化的时代，财产的流转、交易与利用变得极其频繁和重要，并已为一国经济发展所依存。然而，在市场诚信体系尚不健全的情形下，交易的灵活多变使自由、效益与安全的价值目标总是处于相互冲突与碰撞之中。而地役权的物权属性和债权性特点既保证了交易安全，又满足了交易的意定和灵活的需要。如果说物权法是一个专门用于解决因自然资源的有限性与人类需求的无限性之间的矛盾而引发的人与人之间的紧张关系的法律，那么地役权便是这一法律之生命的新起点。

（三）地役权的分类

地役权的意定性使其内容相当广泛，权利种类也极其繁多。因此，有必要对其进行一定的分类。然而，分类总是以一定的标准联系在一起的，没有标准就无法分类。从立法上来看，不同的时代，乃至同一个时代不同国家的分类标准不尽相同。在学理上也从来没有单一的分类标准，因而地役权有许多不同的分类标准，以及由此形成的类型。其他用益物权无法与地役权相比的另一个原因是地役权是一个权利群、权利束。

1. 立法上之地役权的分类

罗马法按地役权的行使是否需要地役权人就供役地为积极行为为标准，分为积极地役权（servitus in patiendo consistentes）和消极地役权（servitus in non faciendo consistentes）。另外，按需役地是否以土地或房屋为标准，可以分为田野地役权（servitutas praediorum rusticorum）与城市地役（servitutas praediorum urbanorum）。“田野地役与城市地役是罗马法关于地役权的根本分类。”〔1〕

罗马法对地役权的分类，在后世各国立法中得到不同程度的体现，但近现代民法对地役权的分类不像罗马法时代略显单一。近现代地役权被分为许多不同的类型。从立法技术的角度而言，法国民法典较为直观、具体；而德国、日本等国民法典则较为原则、抽象。《法国民法典》将地役权分为自然地役权、意定地役权（人为地役权和协议地役

〔1〕 周枏：《罗马法原论》（上册），商务印书馆1999年版，第393、394页。

权）和法定地役权。自然地役权是指依自然情况而产生的，如眺望地役权是在自然状态中产生的。意定地役权指依当事人的意思表示而发生的。法定地役权是依法律的规定而发生的。《意大利民法典》将地役权分为强制地役权、任意地役权、根据时效取得的地役权和根据家父取得的地役权。其中强制地役权极具特色。[1]

2. 学理上之地役权的分类

将地役权的现实形态和各种理论、学说归纳起来，大陆法系地役权之学理分类应为：

（1）以地役权的行使方式为标准

以行使方式为标准可分为：积极地役权和消极地役权、继续地役权和不继续地役权、表现地役权和不表现地役权。

第一，积极地役权和消极地役权。积极地役权是指地役权人有权在供役地上为一定行为而不要求供役地人积极作为的权利，所以又称作地役权或肯定地役权，如汲水地役权、通行地役权。消极地役权是指禁止供役人在自己的土地上以一定方法或一定目的使用土地的权利，如水流权即要求供役地人不得截流。故消极地役权又称不作为地役权或否定地役权。消极地役权的法律效力仅在于剥夺或限制供役地权利人在自己土地上的某项或某些权利，并赋予地役权人实施这一限制的权利。

第二，继续地役权和不继续地役权。这是以地役权的权利行使或内容的实现在时间上是否继续为标准所作的分类。继续地役权是指地役权人持续使用供役地的权利，且其权利内容的实现不必每次有权利人的行为，如通行权、管道引水地役权。不继续地役权是指地役权人

---

〔1〕所谓强制地役权，是指根据法律，某一土地的所有权人在另一土地所有人的土地上设立的地役权。在欠缺契约的情况下，这一地役权由判决设立，在法律特别规定的情况下，也可以由行政机关进行设立。判决规定地役权的条件并且确定应当支付的补偿金的数额。在支付补偿金以前，供役地的所有权人可以阻止地役权人行使地役权。参见《意大利民法典》，费安玲、丁枚译，中国政法大学出版社1996年版，第1032条，第285页。

以间断的方法使用供役地的权利，且为了实现权利须每次有权利人的行为，如未开设道路的通行地役权。

第三，表见地役权和不表见地役权。此系依地役权行使的状态为标准来划分的。表见地役权的行使可为外界所知晓，能从外部识别，如通行权、管线设于地表的通过权。不表见地役权是不易为外界知晓，不能自外部认识的地役权，如采光权、眺望权。但有时要判断某一地役权表见与否是很难的，〔1〕一般消极地役权主要为不表见地役权，如不得修建建筑物的地役权或不得超过特定高度修建建筑物的地役权。

（2）以设立地役权的具体目的为标准

第一，以地役权所反映的利益为标准，地役权可分为私人地役权与公共地役权。私人地役权是依私法即民事法规所成立之地役权。其设立的双方主体中没有国家，反映的是个人之间的利益。与此不同，公共地役权是为了公共利益而成立的。从形式上看，公共地役权的双方主体中有一方是国家（政府），但此时的政府只是公众的代表，真正的主体是不特定之多数人和特定的权利人。所以，公共地役权强调的是不特定公众与特定的不动产所有人或使用人之间的权利义务关系，〔2〕公共地役权在法国、德国和我国台湾地区均存在。

第二，以权利的内容为根据，地役权可分为功能性地役权和取益性地役权。功能性地役权指为利用自己的不动产的便利而在他人土地上享有一定权利，如通行、架设线缆及铺设管道等地役权。在功能性地役权中，他人土地仅仅只是起到辅助的作用。取益地役权指进入他

---

〔1〕 法国学者马洛里曾列举了汲水地役权和引水渠地役权的两个判决来说明这个问题。第一，法国最高法院第三民事法庭 1975 年 5 月 12 日判决指出：“以可见的和永久性的砖石砌筑设施引水，虽然该管道系统埋在地下，但其地役权足以被认为是具有表见特点，而于 1932 年以后安设的水闸已存在 30 年以上，”故其地役权可因时效而取得（B. III，no 164）。第二，法国最高法院第三民事法庭 1975 年 10 月 21 日判决的案件涉及一地下管道，其进口位于地下，其出口为可见的设施。但法院判决其地役权为非表见的，不能根据前所有人的指定而取得（B. III，no 304）。转引自尹田：《法国物权法》，法律出版社 1998 年版，第 410 页。

〔2〕 高富平：《土地使用权和用益物权》，法律出版社 2001 年版，第 247 页。

人土地，获取他人土地上之产物的权利。两者的区别在于：前者具有以特定需要如通行等为目的使用他人土地的权能，而后者不仅要有为实现特定目的的权能，还要有在他人土地上通过实施取益行为，获取利益的权能，如在他人土地上取土等。

3. 地役权分类的实益

学界的分类主要是对罗马法上分类的继承与发展。以便宜之目的，难于穷尽地役权的分类，因人们利用土地的活动有多少，就可有多少种类。因此，地役权的分类在世界各国多有不同，体现出更加强烈的地方色彩。

对地役权进行分类，其意义不仅有助于地役权内涵的体系化、明晰化，同时对地役权的生效与否乃至当事人间的效力认定、法律责任的确定等均有实际价值。例如：

表见地役权与非表见地役权区分的意义在于有利于认定当事人的法律责任。若在出卖不动产时，如果该不动产上存在着非表见地役权，但出卖人未予声明的，出卖人对买受人负有责任。但如果是表见地役权，则出卖人不负责任，因买受人能知晓地役权的存在。《法国民法典》将地役权区分为自然地役权、意定地役权和法定地役权的意义也在于明确法律责任。法国民法明确表示认可自然法则，并规定当事人不应为自然界承担责任，〔1〕因为自然地役权是自然需要的结果。另外，在为不动产出卖人设定担保时，法国的判例认为，出卖人不应对未声明的法定地役权承担保证责任，而买受人被推定为知道该地役权的存在。因为“任何人不得以不知晓法律为由而推卸责任。”〔2〕而且当私人财产因公共利益的需要受到限制而应获得经济补偿时，法律依据或者请求权基础非常明确，即人们的财产权得到极大的尊重。

---

〔1〕 如法国最高法院第三民事法庭1983年12月14日判决认定：“在供役地所有人与需役地所有人之间，自然地役权不产生任何补偿。”（B. III，no 264）转引自尹田：《法国物权法》，法律出版社2009年版，第412页。

〔2〕 尹田：《法国物权法》，法律出版社2009年版，第412页。

功能性地役权和取益性地役权的划分，突破了传统地役权的限制，极大地拓宽了地役权的适用范围，使之更加符合现代社会对自然资源利用的多样化要求。

（四）地役权的取得

地役权的取得，即地役权的发生。地役权产生之初是为了保证需役地的正常利用，所以要取得对他人土地的地役权很大程度上来源于自然需要或习惯。随着土地资源的日益稀缺，地役权的取得需要通过一定的方式。纵观近现代大陆法系各国立法例，地役权的取得可以分为基于法律行为的取得和基于法律行为以外的事实之取得两种情形。

1. 基于法律行为的取得

基于法律行为的取得。这是地役权取得之主要原因，也是地役权法律制度价值的集中体现。其指地役权依当事人的约定而取得或基于单独行为如遗嘱而取得，包括两种方式：设定取得和让与取得。

（1）地役权的设定取得。所谓地役权的设定取得，是指土地的所有人、使用权人等在不违反法律的强制性规定、公序良俗和土地用途的前提下，经由双方当事人的约定，签订书面合同并经登记而取得地役权。设定取得是地役权取得的主要方式。从地役权人的角度来说，设定的目的并不是为了满足自己土地的惯常效用，而是要在现有惯常效用的基础上增加自己土地的利益。这种利益的获得需通过在邻人土地上设定负担，要供役地提供更大更多便利方可实现。因此，尽管各国及地区立法对地役权的设定条件不尽一致且比较笼统，但并非随意而为。总体而言，地役权的设定须符合一定的必要条件。

第一，地役权的设定必须有两块或两块以上的土地同时存在，即需役地与供役地。大陆法系的观点认为，地役权调整的是两个土地所有权主体之间的权利关系。因此，在一定条件下，土地的所有权人要让渡一部分权利给需役地人，这就需要有需役地和供役地同时存在。

第二，地役权的设立，一般须由需役地人与供役地人订立书面合同。由于不动产对于当事人极为重要，书面形式有利于“避免因操之过急而遭受损害，并且保证当事人能够获得专业咨询”，“为合同的订立和合同的内容提供证据”。“形式有利于维护个别的第三人的利益”，“形式有利于维护公共利益”。[1] 更重要的是地役权的内容是意定的，因此在订立不动产物权性合同时有必要采取书面形式。书面合同才能垂之久远，以利信守。《瑞士民法典》第732条规定：“关于设定地役权的契约，须用书面形式，始生效力。”没有约定，双方之间就不可能发生权利义务关系，地役权的内容就不存在。

第三，设定地役权不能违反法律、法规及社会公序良俗。地役权是一种以对供役地人合法权益的“特定方式的侵害”或曰供役地人将自己的合法权益让渡给需役地人的法律制度。因此，遵守社会公共秩序是需役地人实现其地役权的前提。《日本民法典》第280条规定：“地役权人，依设定行为所定的目的，有以他人土地供自己土地便宜之用的权利，但不得违反第三章第一节中关于公共秩序的规定。”其他民法典虽没有作此明文规定，但依照地役权设定的本意及财产所有权行使的合法原则来看，这是立法的应有之义。如果行使地役权是为了规避法律，或可能破坏生态环境、危害社会，则供役地人可以拒绝对方行使地役权。

第四，地役权的设定，一般以有偿者居多。地役权人扩张了权利，获得了更大的利益，供役地人的权益受到“特定方式的侵害”，理应得到补偿。这种补偿一般难以评估价值，只能由双方协商达成。当然，如果经过协商，供役地人放弃补偿而无偿提供供役地，法律上亦是允许的。因为，地役权的设立通常只涉及当事人之间的私人利益，当事人自愿对自己不动产的行使作出限制，且不违反法律的强制性或禁止性规定，不违反社会公共利益和公序良俗，法律就承认其法律效力。关于地役权的设立能否有偿的问题，在日本法上有些特殊。如我妻荣先生提到，地役权是否限于无偿吗？判例认为，地役权仅限于无偿，即使缔结了使需役地所有人向供役地所有人支付对价之契约，其对价

---

〔1〕［德］迪特尔·梅迪库斯：《德国民法总论》，邵建东译，法律出版社2001年版，第461、462页。

支付义务不得成为地役权之内容。但由于不能进行登记，所以不能对抗第三人。[1] 此观点似乎说明了，在日本法中只有在登记中载明对价，而且具有对抗第三人效力的，才称得上地役权的取得是有偿的。

（2）地役权的让与取得。地役权为用益物权，且为非专属性权利，应得让与。当需役地为其他权利的标的物时，地役权也随之成为该权利的标的物。这是地役权不得与需役地分离而单独转让的从属性之必然结果。

2. 基于法律行为以外之事实而取得

基于法律行为以外之事实而取得是指因某种法定事由的发生而直接取得地役权。一般包括继承、时效、司法判决或法律规定等情形的取得。

第一，基于继承而取得地役权。地役权的继承取得是其财产权的属性使然，各国民法均未对之加于限制。因此，当需役地或供役地的用益物权人死亡时，其上的用益物权既然可由继承人继承，则其地役权无论从其性质而言，还是用益物权的让与性而言，均可由继承人继承之。“并不待登记而取得，惟仍需办理登记方可处分之”。[2]

第二，因家父的指定而取得地役权。在法国和意大利民法中，地役权还可以因家父的指定而取得。[3]《法国民法典》第692～694条规定了原属于一人的不动产被分为两项不动产所自愿设定的地役权。这种地役权的产生包括两个阶段：第一阶段是所有人在其拥有的两块土地之间设定了一种事实状态，而如果该两块土地分属于不同的所有权人，则该事实状态即可形成地役权。第二阶段是通过买卖、赠与或直系尊亲属所为之财产分割，前述两块土地转让给不同的所有人。《意大

---

〔1〕［日］我妻荣：《新订日本物权法》，有泉亨补订，罗丽译，中国法制出版社2008年版，第378页。

〔2〕（台）谢在全：《民法物权论》（中册），中国政法大学出版社1999年版，第436页。

〔3〕家父制定，指原属于同一人的不动产被分归两人所有时，如所有人未作其他指示，原两个不动产之间的利用关系，可以地役权的形式继续存在于两个不动产之间。

利民法典》第1062条规定："当能够以任何一种方式证明现在分开的两块土地曾经属于同一个所有权人所有并且根据该所有权人放置或者留下的物品的状态能够证明役权的存在时，即为家父指定的役权。……。"但依该法1061条规定，隐役权不得通过家父指定而取得。[1]

第三，时效取得地役权。所谓地役权的时效取得是指土地的非使用权人因长期以行使地役权的方法使用他人土地达到一定时间，并符合一定条件而取得对他人土地的地役权。地役权时效取得的本质在于法律对土地的原权利人意思表示的公然排斥，并以此为前提赋予地役权人享有权利。因此，地役权时效取得和其他权利的时效取得一样虽然也涉及物权的变动，但它并不是基于意思表示的物权变动，而是法律作出的强制性的物权变动。即是法律强制性地让一种事实行为具有法律效力。不过，并非设定地役权的国家都适用时效取得。

第四，司法判决是基于生效的法律文书之取得。

第五，基于法律的规定而取得。基于法律的规定而取得是当发生法律规定的情形，自然取得地役权。

（五）地役权的公示

物权之所以具有对世性，是因为任何一种物权都需要具有足以让外部可以辨认的表征。而这种表征就是物权变动的公示方法。地役权属于不动产物权，一旦设立后，任何人都应当尊重地役权人的权利，并负有不得侵犯和不得干涉、妨碍地役权人之物权义务。这也是地役权作为一种物权应有的特质。许多国家和地区的民法均将登记规定为地役权的公示方法。而根据登记在地役权变动中的效力，登记又分为登记生效主义和登记对抗主义两种。

---

〔1〕 在意大利民法上，隐役权是指没有可见的。永久性的工作物供役权行使的役权。根据该法的规定，隐役权还不能通过时效而取得。参见《意大利民法典》，费安玲、丁枚译，中国政法大学出版社2004年版，第292页。

1. 地役权的登记生效主义

登记生效主义是登记在不动产物权变动中具有绝对效力，未经登记的不动产物权变动不在当事人之间产生物权变动的效力，更不得对抗善意第三人。而地役权之登记生效主义指地役权的变动，必须依照法律程序进行登记，才发生物权的效力。也即登记是地役权生效的必要条件。采用此登记模式的以德国、瑞士和我国台湾地区为代表。

德国素以绝对主义著称。基于法律行为的不动产物权变动采取登记生效主义的德国，其地役权的变动也采取登记生效主义。《德国民法典》第 873 条的规定："为了移转土地所有权，为对土地设定权利以及为转让此种权利或对此种权利设定负担，需要权利人和另一方当事人对发生权利的变更成立合意和将权利变更登入土地簿册，本法另有规定的除外。"由此不难看出，德国地役权仅有当事人之间的意思表示的一致尚不能产生效力，必须经过法定登记后，才可以产生效力。换言之，地役权的设立必须符合"合意 + 登记"的原则，并且供役地和需役地的登记簿上应该同时登记地役权。德国之所以采取登记生效主义，是由于当时国家对私人交易活动的介入已经成为习惯，而且物权信用的没落和经济危机导致的信用膨胀，急需以强有力的法律制度来规范不动产信用，以确保交易安全。有了登记制度，因交易而需要确定对方财产状况时，只需信赖登记而不必信赖任何协议。

《瑞士民法典》第 731 条规定的尤为明确："地役权的设定，应在土地登记簿登记"，第 738 条规定："地役权产生的权利及义务已明确登记的，地役权的内容以登记的为准。"

我国台湾地区新"民法"第 758 条规定："不动产物权，依法律行为而取得、设定、丧失及变更者，非经登记，不生效力。"〔1〕史尚宽先生认为地役权的设定，为物权之设定，非经登记，不生效力。〔2〕

〔1〕（台）陈忠五主编：《新学林分科六书 · 民法》，新学林出版有限公司 2011 年版，第 C－1 页。

〔2〕（台）史尚宽：《物权法论》，中国政法大学出版社 2000 年版，第 235 页。

王泽鉴先生也认为，设定取得地役权，必须订立书面契约，并依法进行登记后才发生物权效力，未登记者仅具有债权效力。[1]

同理，地役权的让与取得须订立书面协议，并经登记，始生效力。

2. 地役权的登记对抗主义

登记对抗主义是指不动产物权变动仅仅以当事人之间的法律行为作为生效的必要充分条件，登记与否不决定物权变动的效力，只关系到能否对抗善意第三人。地役权的登记对抗主义是指地役权的设立、转让等法律行为只需当事人双方的合意即可生效。只是不登记不得对抗不知道也不应当知道该土地上设立地役权而受让了该土地的当事人。因此，登记不是法定程序。法国、日本等国的地役权变动采此模式。

法国著名学者马洛里认为地役权的设立不须为地产登记及公告。如果地役权为法定的地役权，则其对抗力不以登记及公告为条件，因为，不能将法律本身拿去“公告”。但如果是基于合同约定或司法裁定而取得的地役权，则应予以公告进而对抗第三人，即使未公告，其仍然对知情的受让人具有对抗力。法国最高法院民事法庭 1918 年 7 月 17 日在一例判决中指出：“合法成立但未登记的地役权设定行为不得为负担该地役权的不动产受让人所反对，因为在该受让行为中，地役权的转移（受让）已被载入并为受让人所接受。”[2] 法国民法选择登记对抗主义，除受《法国民法典》制定时法国的经济、思想等因素的影响外，还有一个重要的原因，即如果采用登记生效主义，物权变动的法律关系将更加明确，而且登记制度会使贵族的财产状况暴露无遗，于是法国民法采用登记对抗主义。日本民法也采用登记对抗主义。《日本民法典》176 条规定：“物权的设定及转移，只因当事人的意思表示而发生效力。”

---

〔1〕（台）王泽鉴：《民法物权：用益物权·占有》，中国政法大学出版社 2001 年版，第 85 页。

〔2〕 Civ, 17 juil, 1918, D. P. 18. I. 71, cite par Malaurie. 转引自尹田：《法国物权法》，法律出版社 2009 年版，第 421 页。

当然，有些国家在法律中没有明确规定地役权的变动究竟采取何种要件主义，并非说明这些国家不承认不动产物权（地役权）的公示，而是他们认为对不动产物权（地役权）予以公示是一个无须法定的规则，即按物权法理论，当然应当予以登记。

（六）地役权的效力

地役权的效力主要体现于地役权人和供役地人的权利义务两个方面。权利是法律赋予权利人实现其利益的一种力量，义务是基于法律而给当事人的一种负担。权利与义务是不可分的，即任何一项法律权利都有相对应的法律义务，两者是相互关联，对立统一的。没有无权利的义务，也没有无义务的权利。

1. 地役权人的权利义务

（1）地役权人的权利

为增加自己不动产的价值，地役权人"有进行一切必要行为的权利。"[1] 具体而言，地役权人享有下列权利：

对供役地的使用权。地役权存在之目的，是以供役地供需役地便宜之用，因此，地役权人在其权利范围内当然有使用供役地的权利。这是地役权人最基本的权利。当地役权是基于设定而取得的，地役权人有权按照设定时约定的使用目的、方式、范围和程度使用供役地。如设定行为未对此予以约定，则行使权利的范围、方法等由地役权的性质决定。但是，使用时应选择对供役地损害最小的场所、方式，以保护供役地人的利益。当地役权是基于让与或继承而取得，应依原地役权的内容确定。至于基于时效而取得的，则依原来行使地役权的意思与嗣后的登记内容确定。[2]

为必要的附随行为与设置的权利。地役权人为达到设定地役权的目的或实现其权利内容，在权利行使的范围内可以在供役地上为必要

[1] 参见《瑞士民法典》第737条。

[2] （台）谢在全：《民法物权论》（中册），中国政法大学出版社1999年版，第437页。

的附属行为和设置必要的附属设施。所谓必要的行为非指行使地役权的行为，而是为达到行使地役权的目的所需的必要的附属行为。如为取水而必须通行的行为和修建必要的附属设施，如道路和水泵等。依《法国民法典》第696条和697条的规定，设定役权，被视为给予行使役权所必要的一切便利。依此而言，自他人水源处汲水的役权必须包括通行权，享有役权人为行使或保存此种权利，有权建造一切必要的设施。无论是附随行为还是附随设施，都应以地役权人行使或维持其权利之必要为限，否则一律不得为之，以免增加供役地之负担。判断地役权人之行为是否为必要应符合以下两项标准：①目的性，即必须是只为实现既存的地役权而为；②手段必要性，即非为此种行为则不能实现其地役权。[1] 此项附属行为不仅可包括单纯的行为，而且包括设置工作物在内。

（2）地役权人的义务

地役权人在享有上述权利的同时，必须承担相应的义务：

地役权人应尽可能保全供役地权利人的利益，权利不得滥用乃现代民法一项基本原则。权利人在行使权利时应尽量地保全供役地人的利益以体现法的公平价值。这一点许多国家和地区的民法典都予以规定。《法国民法典》第702条规定："享有役权的所有人，只能按照役权证书行使其权利，不得在负担役权的土地，也不得在为之设定役权的土地上，进行加重前者负担的变更。"德国民法认为地役权只能是给需役地的使用带来利益的负担，不得超出这一范围而扩张该项役权的内容。[2]《德国民法典》第1020条规定："行使地役权时，地役权人应尽可能保全供役地所有人的利益。"[3]《瑞士民法典》用两个条文予以规定，即第737条规定："权利人，为保持并行使地役权，有行使

〔1〕（台）谢在全：《民法物权论》（中册），中国政法大学出版社1999年版，第440页。

〔2〕参见《德国民法典》第1019条。

〔3〕《德国民法典》，郑冲、贾红梅译，法律出版社2001年版，第247页。

一切必要行为的权利。但前款情形中，权利人应承担以损害最少的方式行使其地役权的义务。”第739条规定，即使需役地的需要发生变更，亦不得增加义务人的负担。我国台湾地区新“民法”第854条规定，不动产役权人因行使或维护其权利，得为必要之附随行为。但应选择对供役不动产损害最少之处所及方法为之。[1] 为此，地役权人甚至应容忍对于供役地所有人为必要而对于自己并无损害或仅有微小损害的变更。地役权人如因行使权利而造成供役地变动、损害的，应在事后恢复原状并予以补偿。

地役权人应维持附属设置。《德国民法典》第1020条规定：“地役权人因行使供役地上的地役权而为设置的，以供役地所有人的利益所需要者为限，应将设置维持良好状态。”《瑞士民法典》第741条第(一)项规定：“用于行使地役权的设施，应由权利人维修。”我国台湾地区新“民法”第855条规定：“不动产役权人因行使权利而为设置者，有维持其设置的义务。”[2]地役权人既然享有为必要的附属行为和设置的权利，则其因行使权利而为设置的同时，负有维持附属设施的义务，以免供役地人因这些设置的失修等而受到损害。例如，对于行使通行地役权而修筑的道路，地役权人即负有积极维护和保养的义务。对于因此而支出的费用，一般自行承担。如未尽此项义务致供役地受到损害，则负有损害赔偿责任。但如供役地权利人也因此受益，则由双方按受益程度分担。

地役权消灭后，如果地役权人在供役地上有设置时，如该设置仅供需役地便利之用，则地役权人应当取回该设置，并负恢复原状的义务；如果该设置为双方共同使用并继续有利于供役地权利人，则可以由供役地权利人向地役权人支付价金，取得该工作物的所有权。

---

〔1〕 参见（台）陈忠五主编：《新学林分科六法·民法》，新学林出版股份有限公司2011年版，第C-184页。

〔2〕（台）陈忠五主编：《新学林分科六书·民法》，新学林出版有限公司2011版，第C-184页。

2. 供役人的权利义务

（1）供役地人的权利

学理及许多国家的立法均认为供役地权利人享有以下权利：

在不妨碍地役权行使的范围内，供役地人可以在其所有的土地上行使土地所有人的一切权利。

在不妨碍地役权行使和实现的前提下，有对附属设置的共同使用权。地役权人因行使权利而有所设置时，为避免供役地所有人重新设置而浪费，供役地所有人于无碍地役权行使限度内，对有关设施享有使用权，但此项权利不得与地役权的权利相冲突。一旦冲突，适用地役权优先利用原则，且应当分担维持该设施的费用。

供役地使用场所与方法变更的请求权。地役权为限制供役地使用权之物权，但不能排他性地独占供役地，即地役权人与供役地所有人常常共同使用供役地。因此，在不影响需役地人行使地役权的前提下，如果供役地人在使用、收益的过程中，产生需变更既存的地役权的行使或实现的方法时，有权请求需役地变更利用场所或利用的方法。如《德国民法典》第1023条第1款规定："地役权之行使限于供役地之一部分者，所有人认为该部分之使用对其有特殊之不利时，得请求将地役权之行使，迁移于其他地役权人利益之处所，迁移之费用应由所有人负担，并须预付。"第二款复规定，转移之权利，不得以法律行为排除或限制之。

（2）供役地人的义务

与地役权人一样，供役地人除享有上述权利外，还须履行一定的义务：

容忍和不作为的义务。地役权设定的目的在于以供役地供需役地便宜之用，是存在于供役地之上的一种负担。《学说汇纂》中指出："役权的本质不是要求供役地所有人应当做某事，而是要求他承受某一行为或不实施某一行为。"[1] 因此，供役地权利人于地役权设定的目

---

[1] ［意］桑德罗·斯奇巴尼编：《物与物权》，范怀俊译，中国政法大学出版社1999年版，第150页。

的、方法和范围内，被课以容忍和不作为的义务。在积极地役权中，供役地人则负有容忍地役权人为一定行为的义务，不得借供役地权利人的地位，而妨碍地役权人的使用。在消极地役权中，供役地人则负有不为一定作为的义务，即不得损害地役权的行使，如不得擅自修建建筑物妨碍地役权人采光权和眺望权的行使；在供役地上为第三人设立有损于地役权人利益的权利；损害或妨碍地役权人在供役地上的必要行为或修建的附属设施，比如损害汲水地役权人为汲水而修建的水渠。《法国民法典》规定，负担役权的土地所有人，不得以任何行为减少役权的行使或使他人不能方便的行使役权。[1] 此外，如果地役权契约约定地役权人可以利用供役地权利人已有设备的，供役地权利人还负有不得故意变更此项设备的义务。

维持设置费用的分担义务。供役地权利人在不妨碍地役权行使和实现的范围内，使用地役权人所修建的设施，应当在其受益的范围内负担该设施的保养和维修费用。有约定的，按其约定。《瑞士民法典》第741条规定："地役权人所设的设施供役地权利人亦受益的，双方应以其受益程度分担维修费用。"

由于地役权内容的意定性决定了其内容丰富多彩，形态不一，且使用他人之土地常不具有独立性，故其权利义务亦不一致。在此只能是从总体上对地役权人和供役地人的权利义务予以概括。

（七）地役权的消灭

地役权的消灭是指既存的地役权基于某种行为或事实的发生，而在法律上不复存在，或说已无存在的必要。而地役权无存续之必要是指地役权之存在，已不能或难于供原定便利之用。就供役地而言，供役地虽未灭失，但已无供或不能供需役地便利之用，例如汲水地役权的供役地之水源已断绝。就需役地而言，无须供役地再为其提供便利，又如为通行设定的地役权，因公共道路之新设，使需役地毗邻公路。

---

〔1〕 参见《法国民法典》第701条。

1. 地役权消灭的原因

《法国民法典》规定，引起地役权消灭的原因主要有如下几种：利用之不可能性；[1] 混同；[2] 消灭时效；[3] 放弃；标的灭失。[4] 德国地役权的消灭原因主要有（1）因法律行为的抛弃和登记而消灭；（2）因供役地的特定利益消失而消灭；[5]（3）基于失效的消灭。[6]《瑞士民法典》规定：因登记被注销与标的灭失；[7] 混同；[8] 特定利益的消失。[9]《意大利民法典》第1072～1079条规定了地役权的消灭。其消灭内容为因混同而消灭；因时效而消灭；在永佃土地和用益土地上设立的地役权的消灭。[10]《日本民法典》仅规定了地役权因混

〔1〕《法国民法典》第703条规定："如物处于不能再利用的情形，则地役权即行终止。"

〔2〕《法国民法典》第705条规定："如负担地役权的上地与享有地役权的土地同归于一个所有人时，任何地役权均归于消灭。即地役权可因烘役地与需役地的混同而消灭。但这种消灭并非最终的。一旦两项土地重新分割时，地役权有可能即行恢复。"

〔3〕《法国民法典》第706条规定："30年不行便地役权，地役权即行消灭。"

〔4〕参见尹田：《法国物权法》，法律出版社2009年版，第438、439页。

〔5〕参见孙宪忠：《德国当代物权法》，法律出版社1997年版，第244页。

〔6〕《德国民法典》第1028条规定："在设定负担的土地上建有使地役权受到侵害的设施的，即使役权已在土地簿册中登记，权利人除去侵害的请求权仍因时效而消灭。自请求权时效消灭时起，以设施的存在违背役权为限，役权消灭……"

〔7〕《瑞士民法典》第734条规定："地役权因登记被注销，以及供役地或需役地的灭失而消灭。"

〔8〕《瑞士民法典》第735条规定："地役权人成为供役地的所有人时，可注销地役权的登记。前款的注销未实行前，地役权仍以物权存在。"

〔9〕《瑞士民法典》第736条规定："地役权对于需役地已无任何利益时，供役地所有权人得请求注销登记，地役权人的利益虽尚存在，但与负担相比意义甚微时，供役地人得支付赔偿金而部分或全部他消灭地役权。"

〔10〕《意大利民法典》第1072～1079条规定了地役权的消灭，其消灭内容为：①因混同而消灭。地役权在需役地与供役地归同一人所有的情况下消灭。②因时效而消灭。地役权设立后经过20年不行使的情况，因时效而消灭。③在永佃土地和用益土地上设立的地役权的消灭。在永佃权、用益权因期限届满，因时效或者因收回永佃权或用益权而消灭的情况下，由永佃权人、用益权人设立的地役权终止。丈夫为嫁资土地的利益设定的地役权也是如此。

同和消灭时效而消灭。[1]当然，日本民法理论和判例仍认可其他的消灭原因，如期限届满、土地灭失等。

从学理和多数国家的立法规定来看，引起地役权消灭之原因大致可以归纳为以下几种：

其一，因存续期间的届满和约定消灭事由的发生而消灭。地役权不得约定为永久期限，即有存续期间的，存续期间届满则构成地役权消灭的原因。如果当事人之间约定特定事由为地役权消灭的原因时，于特定事由发生之际，地役权消灭。

其二，因土地征收而消灭。国家基于公共利益的需要，对需役地或供役地进行征收，使地役权消灭。但征收不必然导致地役权消灭，只有地役权成为不必要（如主体混同或目的不能）时，或者因国家对土地的征收，而导致对土地用途的变更，使地役权行使不能或目的不能，才发生地役权的消灭。

其三，因混同而消灭。地役权基于混同而消灭，是指需役地所有权人或使用权人成为供役地所有权人或使用权人时，地役权消灭。如因需役地或供役地基地使用权或农地使用权的移转或消灭等原因，导致两块土地上的所有权或用益物权归属于同一主体，从而导致地役权的消灭。但在地役权所从属的权利上，有为第三人利益的负担时，地役权不消灭。

其四，因目的不能而消灭。由于土地的重新规划而导致地役权不能达其目的的，地役权消灭。其情形有二：一是都市土地。地役权因土地重划不能达其目的的，地役权消灭；二是农地。重划土地上所存的地役权，于重划后仍存在于原因土地上，但因重划至其地役权目的不能达到的，地役权消灭。

其五，因抛弃而消灭。无偿的地役权，基于财产权可得随时抛弃。地役权既是财产权，同时法律又无禁止抛弃的规定，地役权人当然可

---

〔1〕《日本民法典》第289～293条规定：“供役地的占有人实行具备时效必要条件的占有时，地役权因此而消灭。”

以抛弃地役权，从而导致地役权消灭。对于有偿的地役权，通说主张有期限的应支付剩余期间的对价，始得抛弃。需要注意是，如果需役地上有抵押权存在，因地役权的抛弃可能影响抵押权人的利益，故其抛弃应征得抵押权人的同意。至于抛弃的方法，应通知供役地人，并经涂销登记后方发生效力。

其六，因撤销而消灭。地役权发生后，如果因情事变迁等原因使地役权无存续的必要，即地役权的存在已经不能或难以达到供需役地便宜的价值，则仍然使供役地负无益的负担，影响其正常使用，有违物尽其用原则。经需役地人同意，可撤销地役权。如果地役权人违反有关义务时，供役地人可以撤销地役权。但如果需役地人不同意，则供役地人可向法院申请，宣告地役权消灭。这是民法中地役权消灭的特别原因。

2. 地役权消灭的效果

地役权消灭后，地役权人没有继续支配供役地的权利。依法理，地役权人除供役地人的单独申请涂销地役权登记外，应负协同涂销登记的义务。如仍占有供役地的，则负恢复原状交还土地的义务。不占有供役地的，但在其上有设置物的，应负恢复原状的义务。

第二节　英美法系的地役权及其基本立场

“easement”的地役权在英国出现的较晚，但与罗马法地役权相似的权利体系——土地役权（servitude）早已存在。[1]甚至可以说，英国法律史上从来没有不存在地役权的时代。[2]

---

〔1〕高富平、吴一鸣：《英美不动产法：兼与大陆法比较》，清华大学出版社2007年版，第648页。

〔2〕［英］F. H. 劳森、B. 拉登：《财产法》，施天涛译，中国大百科全书出版社1998年版，第133页。

一、英美法系地役权之产生背景

英美法系财产法上的“easement”（地役权）产生于19世纪的英国，[1]是英国圈地运动、工业革命和城市繁荣的产物。

（一）普通法地役权之产生

中世纪的英国，迫于农民运动实行了“公地耕作制度”。该制度要求将原来属于庄园领主的土地平均分配给农民耕作。而16世纪时，由于纺织业发达，羊毛和奶制品成为最有利可图的行业。一些领主放弃耕作而去经营牧场，随之而来的是大规模的圈地运动的出现。19世纪20年代，英国几乎所有的土地都被圈占完毕。其结果是，农村的土地被在圈地运动中产生的一批新贵族所占有。圈地运动使之前农民运动的结果——“公地耕作制度”于都铎王朝时被击碎了，[2]土地变为私人垄断。土地私有之后，人们不可能利用他人土地通行，更不可以在他人土地上获取利益等。于是，如果为了自己土地的便利需要利用他人土地时，必须拥有权利 。这种情形在圈地运动之前是不存在的。圈地运动之前，英国土地是公有的，不存在互相利用的情况，无孕育地役权之土壤。

除圈地运动之外，另一个影响是工业大革命。工业化需要为铁路、运河和其他改善物设立受到法律保护的通行权。[3]

上述两种情形促使普通法上的地役权（common law easements）产生。

早在殖民地初期，美国殖民地已采纳了英国普通法为其法律体系。

---

〔1〕 Jesse Dukeminier, James E. Krier, *Property*, Boston: Little, Brown and Company, 1981, p. 828.

〔2〕 Jesse Dukeminier, James E. Krier, *Property*, Boston: Little, Brown and Company, 1981, p. 827.

〔3〕［美］约翰·G. 斯普兰克林:《美国财产法精解》，钱书峰译，北京大学出版社2009年版，第506页。

美国独立战争更促进了美国对英国普通法的依赖。[1] 从英国移植过来的地役权法律制度在新的土地制度之下得以充分发展。

（二）衡平法的地役权之产生

19 世纪，来自东欧的新移民大量移入，工厂和大都市兴起。一方面增加了城市用地的压力，另一方面给城市居民的生活安宁带来越来越多的负面影响。不同利益主体就土地利用的纠纷越演越烈。在此背景下，需对居住区土地的使用给以居住目的以外的限制。而原有的普通法上的地役权亦无法满足人们对这种目的的追求。因为普通法上的地役权分为积极地役权与消极地役权两种。积极地役权在种类和数量上是不受限制的；[2] 而消极地役权因限制供役地人在自己的土地上为某种妨碍或损害地役权人利益的行为，因此种类有限，仅有通风、采光、支撑、引水等有限的几种。[3] 并且，法官在处理消极地役权的案件时采谨慎小心、严格限制的态度。[4] 所以，对于他人财产施以消极限制的权利类型囿于种种原因，不能完全满足社会实际需求。土地的私有、土地交易及土地使用的自由使国家对土地的管理权与干预权无能为力，[5] 于是，一种新型的地役权——衡平法上的地役权应时代的需求产生了。简言之，因为普通法地役权的僵化和固执，衡平法才得以显示其与时俱进的优势。[6] 这种独具优势的地役权在土地属于私有，人们有充分自由使用自己土地的社会背景之下，对美国城市社区

---

〔1〕（台）王泽鉴：《英美法导论》，元照出版公司 2010 年版，第 26 页。

〔2〕 Jop Harcup, Green, Henderson, *Land Law*, Boston: Sweet and Maxwell Press, 1988, p. 141.

〔3〕 F. H. Lawson, Bermard Rudden, *The Law of Property* , 3rd ed. , revised by Bermard Rudden, London: Oxfoud University Press, 2002, p. 154.

〔4〕 Jesse Dukeminier, James E. Krier, *Property*, Boston: Little, Bronwn and Company, 1981, p. 872.

〔5〕 马新彦：“美国衡平法上的地役权研究”，载《吉林大学学报》2000 年第 2 期。

〔6〕 吴一鸣：《英美物权法：一个体系的发现》，上海人民出版社 2011 年版，第 101 页。

的合理分布、良好居住环境的保持、环境污染的综合治理发挥着非常重要的作用。〔1〕

普通法上的地役权是伴随土地私有化的进程而产生并发展起来的；而衡平法上的地役权却是由于工业的发展和城市的繁荣所带来的大量农村人口向城市涌流而产生的。两种类型的地役权在各自的轨道上发挥作用。

二、英美法系地役权的基本立场

（一）地役权的基本含义

英美法上的地役权（easement）和收益权（profit）相当于大陆法上地役权（servitude）的概念。〔2〕根据《元照英美法词典》，英美法上的 easement 是为实现自己土地的利益而使用他人土地的权利。它的成立须有需役地（dominant tenement）和供役地（servient tenement）的存在。不过，英国法和美国法的地役权稍有差别。

1. 英国法的地役权定义

英国法的地役权（easement）位于“役权”之下，其与取益权（profit）、限制性约据（restrictive covenant）并列。

英国学者认为，地役权是无获益的特权（a privilege without a profit），是附属于一块特定土地的，允许该土地的所有者（需役地人）以特定方式使用另一块土地（供役地）或在某种程度内限制供役地使用方式的权利，但它不允许地役权人从供役地中获取任何自然产物或土壤。〔3〕SH Goo 认为，“easement”本质上是为某人土地的使用利益而

---

〔1〕马新彦：“美国衡平法上的地役权研究”，载《吉林大学学报》2000 年第 2 期。

〔2〕［英］戴维·M. 沃克：《牛津法律大辞典》，光明日报出版社 1998 年版，第 278 页。

〔3〕E. H. Bum, *Cheshire and Burn's Moder Law of Real Property*, 16th ed., London: Butterworths, 2000, p. 568. 转引自吴一鸣：《英美物权法：一个体系的发现》，上海人民出版社 2011 年版，第 255 页。

存在于他人土地上的积极或消极的权利，包括以某一特定方式使用他人土地权利或者阻止其他土地所有人以特定方式使用其土地的权利。[1]

取益权，简称为用益权，是进入他人土地（供役地）伐木、放牧、采油等，或从供役地上获取部分产品（如矿产、野生动植物）的权利。

在英国的法律中，地役权和取益权的区别表现在：取益权是采集或消费供役地上的某些物品，而地役权只是使用；取益权可以不为任何土地的利益而为个人独立存在，并非必须强调需役地，而地役权则必须有需役地的存在。

限制性约据是纯粹土地卖方与卖方之间的约定。土地的卖方可以要求买方承诺某些方面的不作为，因为如果其实施了这些方面的作为，必将减少卖方所保有土地的价值。因此约据中所允诺的义务是消极不作为的义务，如不得使用土地建造厂房或商店，或者不得从事不利于其邻居的生意。限制性约据最初只是一种合同权利。经过普通法和衡平法的发展，于19世纪中叶成为一种物权。

地役权的发展是为了应付土地所有者最基本的需要——即地役权授予毗邻地和建筑物的那些权利对于适当使用土地或建筑物是必需的，而限制性契据所保护的则是环境雅洁的价值，[2]其作为一种规划工具而在相邻关系中发生效力。

2. 美国法的地役权定义

根据美国2000年《财产权重述（役权）》的定义：“（1）地役权创设了一个进入并使用他人占有的土地的非占有性权利，并使该占有人负有不得对地役权人基于地役权而对土地进行干涉的义务……（4）在本重述中，‘地役权’包括进入并利用他人占有的土地的不可

---

〔1〕 See S. H. Goo, *Land Law in Hong Kong*, LexisNexis, 2010, p. 663.

〔2〕［英］F. H. 劳森、B. 拉登：《财产法》，施天涛译，中国大百科全书出版社1998年版，第129页。

撤销的许可（irrevocable license），但不包括消极地役权（negative easement）。消极地役权属于1.3条所规定限制性约据（restrictive covenant）。"[1] 可见，美国的地役权是一种进入和利用他人所占有土地的非占有性权利，并该占有人负有不妨碍地役权之利用的义务。

3. 两国地役权基本含义的比较

两国地役权的内涵基本相似，但也有不同。他们的差别主要是对消极地役权的态度。英国的地役权既包括积极地役权，也包括传统的消极地役权。地役权与限制性约据是同一个位阶。而美国《财产权重述（役权）》中的地役权仅仅指积极地役权，用限制性约据吸收传统消极地役权。

总体而言，英美法系的地役权是从需役地人的利益出发来表述地役权，并将其视为一项重要的权利。只是在英国，地役权只能为一块土地的便利使用而存在，而不能为了某人的利益而存在。而在美国，由于地役权可以脱离需役地而存在，因此，地役权不仅仅只是为了自己土地的利益，还可以为了某人的利益而存在，即独立地役权。

（二）英美法系地役权之分类

与大陆法系地役权相比，英美法系的种类要丰富得多，因其分类标准较为复杂。换言之，英美法中的地役权的"次类型"是多样的，内容是灵活的，情况不一而足。但地役权作为物权类型"本身"则是固定并具有共性的，包括其之分类。

1. 独立地役权（easement in gross）与从属地役权（easement appurtenant）

以是否以需役地所有权的存在为前体，可将地役权划分为独立地役权与从属地役权。独立地役权又称属人地役权，指不以需役地的存在为条件，也不以有利于需役地所有人或需役地占有人行使土地权利为目的而产生的使用或利用他人土地的权利。独立地役权只需有非属

[1] The American Law Institute, *Restatement (Third) of Property: Servitudes*, St. Paul, Minn.: American Law Institute Publishers, 2000, §1.2.

于地役权人所有的土地存在即可，不随他权利的转移而转移。〔1〕例如，取益地役权，即于供役地上采矿、取土、放牧等权利。〔2〕从属地役权是依附于需役地而存在的需役地所有人为行使自己土地权利或享有自己土地利益而使用他人土地的权利，必须为需役地利益而设立。〔3〕从属地役权需有两块分别属于不同所有人的相邻土地，并随需役地所有权或占有权的转移而转移。

2. 通行地役权（easement）与取益地役权（profit）

以行使权利的目的不同为根据可将地役权划分为通行地役权与取益地役权。两者的区别在于：前者仅具有以通行为目的使用他人土地的权能，无权取走他人土地上之物；而后者不仅有以通行之必要方法使用他人土地的权利，而且还有在他人土地上实施取益行为并获得利益的权利。取益地役权通常以协议的方式产生。

3. 肯定地役权（affirmative Easements）和否定地役权（negative easements）〔4〕

这是根据地役权是赋予地役权人作为的权利，还是赋予供役地人不作为的义务而划分的。英国早期的地役权仅承认几种否定地役权。即地役权人禁止相邻人拆除确保地役权人建筑物稳定的支撑物的权利、禁止相邻人阻塞自己光线和妨碍空气流通的权利、禁止相邻人妨碍人工河流水流通的权利。〔5〕其原因在于1925年以前，英国没有一个有效的土地所有权登记制度，扩大否定地役权的类型将增加土地购买人的风险，且英国传统的否定地役权可以因时效取得。而美国南北战争后，

---

〔1〕 Joseph Williaw Singer, *Property Law: Rules Policies and Practices*, New York: Aspen Law & Business, 2002, p. 396.

〔2〕 Green, Henderson, *Land Law*, London: Sweat & Maxwell, 1988, p. 124.

〔3〕 Joseph Williaw Singer: *Property Law: Rules Policies and Practices*, 3rd ed., Aspen Law & Business, 2002, p. 396.

〔4〕 Joseph Williaw Singer: *Property Law: Rules Policies and Practices*, 3rd ed., Aspen-Law & Business, 2002, p. 360.

〔5〕 Joseph Williaw Singer: *Property Law: Rules Policies and Practices*, 3rd ed., Aspen Law & Business, 2002, p. 392.

各州普遍建立了不动产登记制度，免除了土地购买人，包括二次购买人因不知地役权的存在而需承受地役权负担的风险。另外，美国法官不接受否定地役权可因时效而取得的观点，因为土地所有人使用自己土地的权利不应受到不合理的限制。因此，美国法院完全否定了英国法院对新型否定地役权的人为限制，扩大和发展了否定地役权，如保护地役权（为了环境的目的而防止陆地的占用），历史性保全地役权（避免历史的和有艺术意义的建筑被毁坏和改变）。[1]

虽然美国地役权制度是在英国地役权之基础上继受和改造的，但相较于英国，美国法上地役权的分类更为复杂和多元化。

（三）英美法系地役权的特征

根据英美法上的地役权类型，可以为其总结出以下特征：

1. 地役权属于非占有性物权。由于地役权人仅是为特定的目的对他人土地的使用，因此地役权人不能占有作为供役地的不动产。供役地人在不影响地役权人行使权利时，仍然可以使用自己的土地。地役权人对供役地的利用是有限的。如果受让人根据契约可以对土地进行无限制的利用，那么他享有的非地役权。[2]

2. 地役权既是排他的，也是非排他的。排他性表现在地役权一经生效，需役地所有权人就享有阻止包括供役地所有权人或使用权人在内的其他人行使该地役权的权利。例如，供役地无论基于何种原因被他人承继，地役权人均可排他地享有地役权。在正常情况下，地役权是不包括排他占有的权利或者阻止他人也享用该不动产的权利。因为，地役权人对供役地的使用仅构成对供役人的限制，并没有因此而排除其对供役地的排他占有权及所有权，即地役权是非占有性权益。而非排他地役权指地役权人在自己的地役权没有被妨碍时，不能排除供役

〔1〕 Joseph Williaw Singer: *Property Law*: *Rules Policies and Practices*, 3rd ed. , Aspen Law & Business, 2002, p. 393.

〔2〕 Richard R. Powell, *Powell on Real Property*, New York: Matthew Bender & Company Inc. , 2009, §34 .02 [1] .

地权利人允许的其他人利用该土地。

3. 地役权可依法律的规定而发生，也可以依当事人的意志而产生，[1]还可依禁止反悔原则（estoppel）而产生。[2]因此，它一方面是国家对土地利用关系干预的体现，如，根据时效制度取得的地役权；另一方面，它又充分反映当事人的自由意志，是私法意思自治原则的体现。用地役权保护信赖利益，禁止反悔原则（estoppel）是美国法价值取向的重要特征在地役权制度上的体现。该原则使地役权既可因为一方当事人的信赖而产生，亦可因一方当事人的信赖而消灭。不过，基于信赖利益而产生的地役权需具备一些条件，即有信赖利益的损失，并且信赖利益的损失只有通过行使地役权才能弥补。[3]

4. 有的地役权的产生不以需役地的存在为必要条件。如美国的独立地役权（easement in gross）和英国的取益地役权（profit）。在英国，独立地役权仅有取益地役权。但在美国，具有商业性质的独立通行地役权已可得到认可，并如同其他财产权一样可以被转让。[4]

5. 英美财产法的一大特色，就是有普通法和衡平法之分，因此，英美法系的地役权也有衡平法的与普通法的之分。也即无论是英国，还是美国的地役权均由普通法上的地役权（common law easements）和衡平法上的地役权（equitable servitudes）两块构成。后者是在前者的发展中逐步形成的。

普通法上的地役权是指为了某一特定的、有限的目的而使用他人土地或限制他人使用土地的权利。其与大陆法系地役权概念较为相似。

---

〔1〕 E. H. Burn, Jahn Cartwright *Cheshire and Burn's Modern Law of Real Property*, London: Butterworths, 2000, pp. 582 ~ 583.

〔2〕 Joseph William Singer, *Introduction to Property*, Peiking: Citic Publishing House , 2001, p. 179.

〔3〕 马新彦："美国不动产法上的地役权研究"，载梁慧星主编：《迎接 WTO——梁先生主编之域外法律制度研究集》（第 2 辑），国家行政学院出版社 2000 年版，第 175 页。

〔4〕 马新彦：《美国财产法与判例研究》，法律出版社 2001 年版，第 127 页。

衡平法上的地役权是指地役权人限制义务人及其土地的继承人在自己的土地上作一定用途的权利。如果义务人违背此义务，以超目的范围外的方法使用其土地，权利人可请求衡平法院责令义务人停止其对土地的不符合目的使用。如果当事人给予土地的限制不合理，赋予土地的开发商和其他土地所有人更多的权利，而给其他当事人更多的限制，衡平法院也不会强制执行这样的地役权。可见，衡平地役权是允许权利人对供役地施以消极的限制，利用衡平法上的强制力对土地的使用予以限制的权利。[1]其具有地役权的一般属性，只是规范的范围要广于普遍法上的地役权，而且以公平理念为最高价值目标，受衡平法的保护。

综上所述，美国法因继受英国法，致使两国关于地役权的理解和规定在很多方面是相同的，或者是相似的，并因此成为英美法系地役权的特点。

第三节　两大法系地役权之比较

古老的地役权能够扎根于两大法系，而且得到长足的发展，反映出社会实践发展对其日益强烈的需求，同时也彰显地役权具有满足社会发展的功能。由于法系不同，其地役权的理论和法律制度体系也存在着异同，有必要对其进行比较。“比较法是取得法律智慧和进步的工具。”[2]

---

〔1〕 Jesse Dukeminier, Jame E. Krier, *Property*, Boston: Little, Brown and Company, 1981, p. 901.

〔2〕［法］罗迪埃文：《比较法概论》，陈春龙译，李泽锐校，法律出版社 1987 年版，第 37 页。

一、两大法系地役权的异性及其原因

（一）两大法系地役权的差异

第一，法律渊源不同。大陆法系的地役权是通过制定法规定于物权法中，其具有高度抽象性、概括性。而英美法系的地役权之主要内容规定在财产法中，其他相关规则由判例法所形成。因英美法系的地役权可以通过判例法确定，故权利体系丰富多彩，弥补成文法之不足。

第二，地役权的成立要求不同。大陆法系地役权的设立是为了土地的利益，即以物权的方式提高需役地的价值，因此地役权的成立要求供役地和需役地两块土地同时存在。而英美法系既有强调提高土地利益的地役权，又有为了某人的利益而允许设立的地役权。后者并不绝对要求需役地的存在，如独立地役权。

第三，大陆法系的地役权与英美法系普通法上的地役权没有本质区别，都是为了自己土地的便利而利用他人土地的权利。其是对物权（jus in rem），而不是对人权（jus in personam）。它永久性地约束负载它的土地，并随土地的转让而转让。[1]但是英美法系衡平法上的地役权与大陆法系地役权有显著差别。衡平法上的地役权适用于经济活动领域，如限制营业竞争，在美国还被运用于城市规划、社区管理等。

第四，由于两大法系在地役权的设立目的上有所不同，致使其在法律分类上也略有差异。如大陆法系的划分标准和种类简单。相比之下，英美法系地役权的分类标准复杂，种类繁多。例如独立地役权和取益地役权；明示地役权和默示地役权；普通法地役权与衡平法地役权。

第五，大陆法系地役权对设立、变更、种类、构成要件予以严格规定，而英美法系似乎更重视效率、自由、公正的价值目标。例如，独立地役权的设定不拘泥于形式要件，更注重解决实际问题。信赖地

〔1〕 See Cheshire and Burn, *Morden Law of Real Property*, London: Butterworths, 2000, p. 569.

役权和衡平法地役权更多体现公平利益。

（二）两大法系地役权差异的原因

两大法系地役权在具体的法律制度、法律分类等法律技术层面的差异主要源于法律意识形态和思维方式层面的不同。大陆法系以理性主义为基础，法律规范高度抽象化和体系化；在思维方法上强调演绎法，从原则出发用概念进行抽象的推理活动。而英美法系建立在经验主义基础上，不承认抽象的规范，法律按照从判例到判例的轨迹发展，强调归纳和个案思维。〔1〕在美国人的观念中，法律是用法律权利而不是法律义务铸造而成的，它是对个人自治的保护，而并非公民对社会所负的义务。〔2〕而且“关于役权的罗马法规范对现代民法法系产生了很明显的影响……，体现着民法法系的基本特点。它实际上能够被用来作为该法系的识别标志，而财产（estate）理论则是普通法系的标志。”〔3〕

二、两大法系地役权的共性及其原因

两大法系的地役权制度虽有差异，但也不乏许多相似之处。

（一）两大法系地役权的相同之处

第一，从地役权的类型上看，两大法系的地役权制度，均摒弃了罗马法上的那种“绝对细化”的地役权分类，而采取了相对抽象的分类标准。这就使得每一类型之下的地役权所涵摄的范围得到了扩展，从而为地役权的类型法定化与社会生活的协调拓展了空间。

第二，无论是大陆法系，还是英美法系，地役权所固有的“意定性”特征得到了充分体现，并成为取得地役权之根本手段。这就意味

〔1〕［德］K. 茨威格特、H. 克茨：《比较法总论》，潘汉典等译，贵州人民出版社1992年版，第133页。

〔2〕［美］杰弗里·C. 哈泽德、米歇尔·塔鲁伊：《美国民事诉讼法导论》，张茂译，中国政法大学出版社1998年版，第80页。

〔3〕［英］巴里·尼古拉斯：《罗马法概论》，黄风译，法律出版社2004年版，第160页。

着，在相对抽象的地役权类型化之结构下，法律为当事人的意思进入到地役权的内容之中开辟了道路。

第三，就内涵而言，两大法系地役权都是于他人土地之上设定的使用或利用他人土地的财产权利。只是英美法系的地役权内容要比大陆法系地役权内容丰富得多，其应为一种广义上的地役权。因为大陆法系的地役权强调“地对地役使”的构造，而英美法系的地役权强调从财产利用角度出发，并根据不同利用形式构建地役权。

第四，英美法中一些主要的地役权类型，在大陆法系中都存在，例如，通行、采光和流水地役权。只是大陆法系中没有英美法系通过判例确定的地役权。因此英美法的地役权体系较之大陆法的丰富多彩。

第五，两大法系地役权的有些分类是相同的。例如：积极地役权和消极地役权；约定的地役权和法定的地役权。

（二）两大法系地役权共性的原因

两大法系地役权之本质、设立的目的等制度优势是相同的。这种共性印证了法律作为调整社会生活的行为规范所具有的普遍性和共同性。这些共性不仅仅是因为保护土地上之利益，提高土地等资源的利用率是两大法系地役权制度的出发点，更因为两大法系地役权制度具有共同的渊源和基础——罗马法的役权。此外，罗马地役权的法技术构成了两大法系的共同的法技术基础，即类型化和抽象化并重。

第四节　本章小结

上述分析可见，地役权虽创制于古罗马法，但经大陆法系诸多国家民法的继受和发展之后，其之理论体系更加完备，内容更加成熟，内部结构更独具特色，更加符合社会的需要。因为，各国民法并非仅仅机械地传承罗马地役权的历史，延续他的神奇；而是根据本国国情和法律文化，在继承罗马法地役权的科学理念、概念以及基本规则的基础上诠释和革新了地役权的基本原理与制度，进一步完善了地役权制度，进而形成了当今两大法系地役权的基本立场。

概言之，地役权不仅是罗马民法大花园中的一朵奇葩，也是后世两大法系中民事法律制度较为完备的国家调整土地利用关系的一项重要制度。他们各具特色的立法模式与制度体系对于我国审视自身的地役权制度有着重要的参考与借鉴意义，是矫正、完善我国地役权制度的巨人肩膀。

第四章 中国地役权之源与流

追溯中国地役权的历史，在于考察中国土地制度史上是否存在地役权？如有，从何时开始？掌握地役权在中国的发展脉络，演变情况。这是研究我国当代地役权的本国历史基础。

自古以来就是一个农业社会的中国和大凡进入文明时代的国家与社会一样，都极为重视对土地的开发利用和管理，并建立了自己的土地法律制度。较突出的是井田制、均田制等。而调整土地利用关系的土地物权——地役权也早在中华法系时代就已经存在。到了近代，关于地役权之立法可谓相当完备。新中国成立后，虽然地役权制度消失了，但最终仍成为我国的法定物权。而且《物权法》就地役权的规定体现了中国的特色。

第一节 中国近代以前地役权之历史考察

一、中华法系时期

中华法系的特点是："诸法一体，刑民不分"，以至于中国古代只有实质意义的民法而无形式意义的民法。[1] 实质意义的民法主要通过这些形式表现出来：判例、礼法、诸法合体的法典、诏书条令等。

据考证，有关地役权之规定自汉代起就有。《汉书·儿宽传》记载：“……宽表秦开六辅渠，定水令以广溉田。”师古曰：“为用水之次具立法令，皆使得其所也。”[2] 这个“具立法令”涉及对相邻的别人田地的地役权。《汉书·循吏传·召信臣》记载：“信臣为民作均水约束，刻石立于田畔，以防分争。”这个均水约束便涉及地役权。《补注》沈钦韩日：“自十月一日放水，……，给水行水之序，须自上而下，昼夜相继，不以公田越次，霖潦辍功，此均水之法也。”老百姓依次用水，自上而下，必然有一个经私人田亩挖通水道的过程，就相邻之家来说，便是役用别人土地之权，即地役权。[3]

三国两晋南北朝时期也有关于地役权的规定。其主要反映在《高昌延昌八年某买葡萄园券》的吐鲁番司法文书中。文书中有“人车水道如旧通”语，也就是说葡萄园虽更换了主人，但通过园内的人固有的地役权，新的园内所有人必须承认，因为“人车水道”涉及相邻关系人的地役权。[4]

隋唐时期是中国封建社会发展的鼎盛时期。此时的立法技术日趋成熟，均田制等其他土地法律已比较完备，土地所有权成为主要的财产权利，因此地役权得到重视，且内容丰富。这通过《吐鲁番出土文书》可见一斑：“一条水渠上下几户葡萄牙共用，上水用户只顾自己，在水渠没有修好的情况下，放水浇地，造成下水用户积水过剩，渠破墙倒，下水用户向官府提起诉讼”；“四周矮墙与寺院墙壁相邻，借墙

---

〔1〕 李宜琛：“……抑有进者，我国古代仅有实质民法，而无形式民法”。见《民法总则》，中国方正出版社2004年版，第14页。胡长清：“谓我国自古无形式的民法则可，谓无实质的民法则厚诬矣”。见胡长清：《中国民法总论》，中国政法大学出版社1997年版，第16页。

〔2〕 孔庆明等：《中国民法史》，吉林人民出版社1996年版，第130页。

〔3〕 孔庆明等：《中国民法史》，吉林人民出版社1996年版，第131页。

〔4〕 孔庆明等：《中国民法史》，吉林人民出版社1996年版，第210页。

院用堆人先为寺院垒墙，并实两方墙根留出三尺五的间距……”。隋唐时期地役权的取得有各种方式，即以租赁方式取得地役权，如：用邻地蓄水共用，共用者得交租金；以无偿的方式取得地役权，但必须承担不损害出役方的正当利益的义务。为公共事业而役使者，可排除一切阻挡。[1]

宋朝时期的社会经济、文化的发展，使中国法律开始向法律技术的完备方向发展，此时期的物权关系已相当繁荣发达，可以说“天地之间，物各有主”。出卖的田地上有祖坟、田间共用的道路、上流水源的共用都行使地役权。[2]

二、中国近代时期

清朝末年，工商业资本得到了发展，外国资本从资金到商品也投向中国市场，民事法律关系空气活跃。与此同时，西方社会制度冲击东方文明，中华法系也在变法修律中遭到了解体，中国开始步入法律近代化的新时期。这个时期到中华民国南京政府制定、颁布了“六法全书”为止。在这一时期，中国法律的发展是以吸收、融合西方法律制度的内容、体系为主。

（一）《大清民律草案》

1907 年，清朝政府决定引进西方法制，由清政府修订法律馆主持起草，1911 年完成了《大清民律草案》。草案以德国法 、日本法和瑞士法为范本。草案的体例分总则、债权、物权、亲属、继承五编，共 1569 条。该民律草案是中国民法史上第一部按照欧陆民法原则和理念起草的民法典，史称“第一部民法典草案”。《大清民律草案·物权》在承认和保护私有制与私有权的前提下，规定了保护土地的各项权利，如：所有权、地上权、永佃权、地役权、担保物权和占有。其目的在

---

〔1〕 孔庆明等：《中国民法史》，吉林人民出版社 1996 年版，第 252 页。

〔2〕 孔庆明等：《中国民法史》，吉林人民出版社 1996 年版，第 432 页。

于排除他人对土地权利人的不法侵害。而地役权章共有23条。[1] 地役权被定义为："地役权人得依设定行为所定之目的，以他人土地供自己土地便宜之用"。[2] 地役权人可在他人土地之上进行某种设施，供役地人有权使用该设施，如通道、水渠等。出现妨碍地役权行使现象，地役权人有权请求排除之。

（二）《民国民律草案》

北洋政府统治时期是中国法律制度近代发展中的重要阶段。北洋政府执政以后，将晚清变法修律中草拟的许多法律加以完善。1914年北洋政府开始修订民律草案。1925年为收回领事裁判权，北洋政府责成司法部加速司法改革并编纂了《民国民律草案》的总则编、债权编和物权编。物权编中专章规定了地役权制度，共19个条文。[3] 基本保留了《大清民律草案》中确定的地役权及其制度内容。

（三）1929年的《中华民国民法》

北洋政府被推翻后，于1929年，南京国民政府的立法院成立民法起草委员会，历时三年颁布并实施了《中华民国民法》。该民法典工程浩大，共1225条。法典的诞生意味着传统封建法律体系与立法模式的终结和新的近代化法律体系的建立，昭示着中国法律制度和近现代资本主义法律制度的接轨。

该法典第三篇（物权篇）第五章专门规定了地役权制度，共9个条文（第851～859条）。其中就地役权的意义；地役权的时效取得；地役权的从属性、不可分性；地役权人之义务；地役权的消灭等问题进行了规定。并强调地役权适用于通行、用水等情形。

---

[1] 见《大清民律草案》第1102～1124条。

[2] 见《大清民律草案》第1102条。

[3] 见《民国民律草案》第879～894条。

第二节　新中国成立至《物权法》颁布之前的民事立法

一、新中国成立之后的三次民法草案：排斥地役权

（一）第一次民法草案

第一次民法草案的起草从1954年开始至1956年12月完成。该民法草案共525条，在框架体系上完全模仿了1922年《苏俄民法典》的总则、物权、债和继承的四编制模式。在规定民法的调整对象、民事主体和民事客体等基本制度和原则上，采取了同苏联相同的立场。尤其是物权部分，仅有所有权而无其他物权的任何规定，〔1〕地役权更不屑于规定。

（二）第二次民法草案

第二次民法草案的起草从1962年开始，至1964年7月完成。《中华人民共和国民法草案试拟稿》集中反映了当时计划经济体制的特征和经济思想，并受国际国内政治斗争的影响：一方面试图与苏联民法撇清关系，另一方面又要与资本主义国家的民法划清界限。起草者设计了一个全新的编制体例，共有262条，仅分三编：总则、财产的所有与财产的流转。整个法典根本不使用“权利”、“义务”、“物权”、“债权”、“所有权”等法律概念。〔2〕对于这次民法典的起草，李静堂先生说：“1964年11月1日搞完的民法最后一稿，是过去不满意，现在更不满意。它不是法，但反映了当时的历史。”〔3〕由于没有物权的

〔1〕参见（台）李秀清：“中国移植苏联民法模式考”，载何勤华主编：《中国法学史精萃》，复旦大学出版社1999年版，第680～701页。

〔2〕参见梁慧星：《中国民事立法评说：民法典、物权法、侵权责任法》，法律出版社2010年版，第6页。

〔3〕参见张敏玉主编：《新中国民法典起草五十年回顾》，法律出版社2010年版，第59页。

概念，甚至连所有权的概念也没有，只有表示归属关系的“所有”。因此，此次《中华人民共和国民法草案试拟稿》同样没有涉及地役权的任何规定。

（三）第三次民法草案

第三次民法草案是自 1979 年开始至 1982 年 5 月完成的。此次民法草案是在中共中央十一届三中全会决定实行对外开放政策，发展商品生产和商品交换的背景下起草的。其先后修改完成四稿。

第一稿完成于 1980 年 5 月。该稿分别为总则、财产所有权、合同、劳动的报酬与奖励、损害责任、财产继承，共六编。第二编“财产所有权”之下涵盖第一章“通则”，第二章“国家财产所有权”，第三章“集体财产所有权”，第四章“公民个人财产所有权”，第五章“共有”。这部分的特点在于两个方面：①规定财产所有权而非物权。也就是说，仅仅就重要的所有权进行规范。②开启了中国特色的按照主体性质划分所有权的方式。草案没有像西方国家民法典那样对所有权进行统一规定，而是按照主体的性质，将所有权分为国家所有权、集体所有权和公民个人所有权。这样的分类模式一直被延续到《中华人民共和国民法通则》（以下简称《民法通则》）。

第二稿完成于 1981 年 4 月。较之第一稿，第二稿财产所有权编无实质性的变化，仅仅将原来的“国家财产所有权”更名为“国有财产所有权”和将“公民个人财产所有权”改为“个人财产所有权”。同年 7 月完成第三稿。

从总体结构看，第三稿的特点是取消了总则，将民法典分为八编：第一编任务和基本原则；第二编民事主体；第三编财产所有权；第四编合同；第五编智力成果；第六编亲属、继承；第七编民事责任；第八编其他规定。其中第三编财产所有权部分，除了名称有些变化外，如将第二稿的“国有财产所有权”改为“国家财产所有权”，恢复第一稿的名称，以及“集体财产所有权”更名为“集体组织财产所有权”，其最大的特点乃是增加了第六章“相邻关系”，大大丰富了所有权的内容。

1982年5月完成的第四稿维持了第三稿的八编制体例。该稿中的第二编、第三编与第三稿相比没有任何变化。由于，当时我国的改革处于初始阶段，且发展很快，很多问题都还看不准，特别是社会主义经济与商品经济的关系这一事关民法典制定的根本性问题在理论上还没有解决，国有企业财产权的性质理论上争议很大，又加上民法与经济法的争论，因此，民法典草案第四稿未提交讨论。第三次民法草案同样没有确定地役权。

二、《民法通则》中地役权之阙如

1986年4月12日由第六届全国人民代表大会第四次会议通过，同日颁布的《民法通则》，于1987年1月1日起施行。

《民法通则》是新中国第一部调整公民间、法人间、公民与法人间的财产关系和人身关系的基本法律；“中国的民事权利宣言”；中国民事立法的重要里程碑。它承继了中国自清末以来变法图强以复兴中华民族的理想，开启了新中国自改革开放以来建设社会主义民主政治与市场经济体制的新局面。《民法通则》是从我国的实际需要出发，按照社会主义原则，在研究改革、开放、搞活的新情况、新问题和新经验，并总结和借鉴历史的和外国的经验之基础上制定出来的，我国民事活动共同遵循的准则。其奠定了中国特色社会主义市场经济法律体系的基础，为我国民事法律体系的逐步完善提供了基本前提与依据。

《民法通则》的内容既不是传统的民法总则，也不是民法纲要；既有传统民法总则方面的内容，也有分则方面的内容，自成体系。这样的内容和体系反映了社会实际需要，但不具有普遍规律性。更主要的是《民法通则》是在计划经济体制下制定的，不可避免地带有旧的计划经济体制的烙印。表现在《民法通则》较注重对财产所有权的规定，而关于财产的其他权利方面的规定仅有十几条。最高人民法院《关于贯彻执行〈中华人民共和国民法通则〉若干问题的意见（试行）》（以下简称《意见（试行）》）与财产权有关的规定也不过二十多条。该《意见（试行）》主要围绕国家所有财产，集体所有财产，公民的个人财产，财产的继承，相邻关系等进行了规定。而对通过调整土地利用关系进而能极大地提高土地资源利用率的土地物权——地役权没有予以规定。

《民法通则》规定不动产相邻关系，否认地役权，实质上是将地役权作为一种相邻关系或相邻权来对待。但即便如此，在数量上也极为有限。《民法通则》对相邻关系的规定体现在第 83 条中。该条在明确了相邻关系所适用的范围，如相邻的截水、排水、通行、通风、采光等方面的同时，规定处理相邻不动产之间纠纷的原则，即不动产的相邻各方，应当按照有利生产、方便生活、团结互助、公平合理的精神处理相邻关系。问题是，该规定较为原则，不具有可操作性。详言之，第 83 条能否作为处理相邻关系的基本原则？是否能够真正体现法律对相邻关系的设立与调整的基本精神？能否真正指导司法个案的处理？值得怀疑。在不动产相邻关系中，“有利生产”与“方便生活”实质上是一对矛盾，例如某化工企业的生产场所与某居民住宅小区相邻，化工厂所产生的恶臭与周围人们的生活是不可协调的，除非企业变更生产项目，或者居民小区搬迁。而面对法律直接规定的所有权行使的限制或者扩展，各相邻主体并不能通过团结互助的道德追求来要求他方放弃自己的权利或者拒绝履行自己的义务，所以此原则在实践中很难达到其欲追求的效果。而且这一原则基本上抹杀了相邻关系的法律强制性色彩，混淆了不动产所有权基于相邻关系调整之后的清晰边界。立法上仅仅规定相邻关系制度，必然使现实生活中将应由地役权来调整的相邻不动产利用关系解释为由相邻关系或行政法律规范调整。其结果大量的相邻或不相邻的不动产的利用问题，如近邻妨害、环境污染、相邻营业竞争、公共利益的土地占用等实际问题难以得到圆满的解决。

《民法通则》之所以有相邻关系之规定，而没有给予包括地役权在内的用益物权制度以足够的重视的原因在于：第一，在我国的人民民主政权建立后的近四十年来，国家本位的公法精神渗透了整个法学领域，在土地制度的设计上表现为土地的国家和集体所有。而土地公有制的确立，使得随着土地私有化的产生而产生的地役权没有生存的必要。因为土地的统一调配、统一使用，使复杂的土地关系被掩盖，或显得十分简单。第二，在观念上受计划经济观念的影响，民事立法只承认所有权，不承认他物权，对财产重“所有”轻“利用”。在对物的使用过程中，无视使用者独立的财产权利和经济利益，在制度方面不接受物权的概念。第三，《民法通则》制定于改革开放初期，不可避免地带有浓厚的计划经济色彩，由于重“所有”轻“利用”，而相邻关系的功能正是扩张所有权，限制排除请求权，以实现当事人双方利益的平衡，两者一拍即合，因此，相邻关系得到重视。

新中国成立之后的三次民法典草案以及《民法通则》，均无视了古罗马法上最显赫的，乃至外国民法典中必不可少的，也在中国古代某几个朝代的土地制度史上和近代民法上都有立锥之地的地役权，这不能不说是一种遗憾。

第三节　《物权法》与地役权

马克思主义认为，一个国家或地区的法律是由其社会的物质生活条件决定的。如果说在20世纪80年代颁布《民法通则》和最高人民法院《意见（试行）》之时，倚仗相邻关系就足以解决现实社会生活中相邻不动产之间所有的利用关系；那么在中国起草《物权法》之际，社会经济的快速发展已使相邻关系远远不能满足现实社会的实际需要。

一、《物权法》不负众望地规定地役权

城市化进程的大规模加速，土地资源的稀缺性越来越突出，土地利用人更为关心土地的实际利用价值。于是，土地价值的取向使传统的土地物权结构由以所有为中心向以利用为中心发展。人们希望最大限度地发挥土地的利用率，实现土地权利人彼此权利的更高程度的调节。而这些愿望在当时的法律法规框架下难以实现。这在一定程度上

反映了我国调整不动产利用关系的现行立法与现实需要严重脱节。

有鉴于此，在《物权法》的立法期间，很多学者认为我国地役权的制定是大势所趋，不可或缺，并纷纷撰文为地役权立法建言献策。例如，在众多专家学者倾注精力和心血全力打造出的三部物权法草案建议稿中均设置了地役权制度，并就其体系进行了设计。虽然，也有一些学者持反对意见，认为相邻关系足以调整相邻不动产之利用关系，并能提高土地的利用率，不需要制定地役权。但是，历经几年的不同学术观点之博弈，最终《物权法》开辟专章，即第十四章“地役权”（第156~169条），对传统民法的地役权进行了规定。并且大胆吸收国外先进立法经验，集思广益，充分体现我国不动产资源的利用现实。

二、我国地役权之亮点

（一）地役权之主体的规定较符合现实

传统物权理论认为，地役权的主体是各时期的不动产所有人。但随着土地从重所有向重利用的转变，不动产的用益物权人应该成为地役权的主体。换言之，我国地役权的设立不在于调节不动产的所有，而是调节不动产的利用。因此，我国地役权的主体可以是土地的所有权人，如集体土地所有人（《物权法》第162条）；也可以是使用权人，如土地承包经营权人（《物权法》第162条）、建设用地使用权人（《物权法》第167条）、宅基地使用人（《物权法》第162条）。[1]

《物权法》将地役权主体范围从所有权人扩大到用益物权人，既合乎我国土地公有制的国情，同时亦满足地役权主体不断增加的发展趋势。这一规定突破了传统地役权的主体范围。

（二）地役权存续期较为科学

地役权是依附于不动产所有权和使用权而存在的用益物权，其客

---

〔1〕《物权法》第162条规定：“土地所有权人享有地役权或者负担地役权的，设立土地承包经营权、宅基地使用权时，该土地承包经营权人、宅基地使用权人继续享有或者负担已设立的地役权。”

体是不动产。因此传统地役权理论认为，地役权与土地共生共灭，永久性是地役权的本质属性。不过，许多国家和地区的立法都规定了地役权的期限。地役权的永久性变成了历史。例如：《法国民法典》第706条规定“30年不行使地役权，该地役权即行消灭”；德国和我国台湾地区也认为地役权可以附有期限性。在我国大陆，土地使用权的本身就有期限，土地使用权过期，不存在了，地役权也就失去了存在的依据。因此地役权自然也应是有期限的。此期限不是统一的，而是由当事人约定，但不得超过土地承包经营权、建设用地使用权等用益物权的剩余期限（《物权法》第161条）。[1]

（三）保护用益物权人的利益

《物权法》第163条规定了在已设立用益物权的土地上，土地所有人未经用益物权人的同意，不能设立地役权（《物权法》第163条）。[2]用益物权是一种独立的物权，一旦设立，用益物权人便不仅对所用益的标的物独立地享有占有、使用和收益的权利，而且可以排除包括土地所有人在内的一切人的干涉，包括地役权的设立。

第四节　本章小结

中国是法制文明发达较早的东方古国。中华法系的刑事法律制度之科学和周密程度在世界上首屈一指，但中华法系的民法之发达程度不如罗马法以及后来的某些大陆法系的国家。特别是古代地役权因受中国古代各个时期的政治、经济形态的发展变化之制约，并不发达。

中华法系解体之后，中国近代法律体系开始形成。近代法律打破

---

〔1〕《物权法》第161条规定：“地役权的期限当事人约定，但不得超过土地承包经营权、建设用地使用权等用益物权的剩余期限。”

〔2〕《物权法》第163条规定：“土地上已设立土地承包经营权、建设用地使用权、宅基地使用权等权利的，未经用益物权人同意，土地所有权人不得设立地役权。”

以刑为主、诸法合体的传统，民法得到重视，地役权自然成为用益物权的类型之一。在中国近代法制史上，较有影响力的几部民事法律：《大清民律草案》，《民国民律草案》和1929年的《中华民国民法》均对地役权予以规定。其体系完整，内容全面，毫不逊色国外地役权之制度。至此，地役权制度实现了从形式到实质的转型。然而，新中国成立后至《物权法》颁布之前，由于种种原因，地役权又曾一度丧失其存在空间。

就整体而言，中国法制史上的地役权断断续续，时有时废，使其无法与罗马法的地役权以及两大法系诸多国家的地役权媲美。但无论如何地役权在中国土地的发展史上留下了不可磨灭的足迹，促进了中国古代，特别是近代的土地资源利用率的提高。可喜的是，在中国法治建设中具有里程碑意义的《物权法》根据我国的国情，在借鉴的基础上，不失时机地为地役权这个古老而又神奇的制度留下了一席之地，填补了新中国成立以来民事法律无地役权制度的立法空白。

第五章
地役权的固有功能

地役权自其产生，就因其意定的设定理念而具有的科学结构和独特的规则体系对不动产资源的有效利用做出了巨大的贡献，甚至风靡全球。鉴于我国经济的高速发展给不动产资源造成巨大的压力，有必要重拾地役权之制度功能，以便弥补我国传统的法定的调整相邻不动产利用关系的制度之不足；软化物权法的结构原则，[1] 即物权法定原则之僵硬性，满足不动产利用时产生的多元利益的需求，进而极大地提高不动产资源的效益。

第一节 提高不动产资源之利用率

土地是一国经济社会发展的首要资源，如何充分发挥土地资源的效用，以有限的土地资源创造出较大的经济效益，是任何一个国家经济发展的重要问题。我国人口众多，人均土地占用率较低。而且随着社会经济发展水平的提高，土地资源利用的无限需求与土地资源的有

〔1〕（台）王泽鉴：《民法物权：通则·所有权》（第一册），中国政法大学出版社2001年版，第20页。

限性之间的矛盾日益凸显。为了解决这些矛盾，国家制定了法律法规。但是，这些法律法规更多体现了行政权力的控制、强制。其不管是从立法成本，还是从运作手续来看，都不及在私法领域里通过赋予权利人某种使用权，如地役权来的经济、简便。地役权在产生之初，便对土地利用的调节发挥了非常重要的作用。之后，其在世界的舞台上仍然对不动产资源，特别是土地资源的有效利用起着巨大的推动作用。

土地的利用具有很强的社会性，一块土地如何利用？由谁利用？影响到社会的发展和稳定。于是，在土地利用中需要做到共同利用，实现资源配置的最佳状态，促进土地利用整体效益的最大化。我国土地属于国家和集体所有，农村和城市郊区土地属于若干集体经济组织所有。但土地的自然状态决定了国家与集体之间及集体土地所有人（使用人）之间必然因各种各样的需要相互利用土地。而“地役权之内容变化多端，具有多样性，应是土地权利人可大量运用以增加其土地价值之一项权利”。[1]

的确，地役权在充分肯定当事人意思自由的同时，为民事主体提供了提高土地资源利用率的渠道。因为，地役权的行使不以占有供役地，或者说不以独占供役地为条件，这样，不同主体可以使用同一块土地，实现各自的土地利益，进而增加土地资源的使用价值。例如甲集体为了本集体土地的利益，可以通过设定地役权，在乙集体所有的土地上开渠引水或通行。这可能给乙集体就自己土地的使用带来了一点不方便，但提高了甲集体的土地利用率。同样，集体土地所有人为使用自己土地之方便，也可以与国家协商，在国家所有的土地上设定地役权。

从表面上看，地役权将供役地上的部分效用和便利转移到需役地上，就需役地而言，以较小的成本产生出较大的经济价值，对供役地来说，或许受到一点经济损失，但供役地因此而受到的损失（或许没有损失）远远小于需役地获得的利益。就整体而言，极大地降低经济

---

〔1〕（台）苏永钦：“重建役权制度——以地役权的重建为中心”，载《月当法学》2000年第10期。

发展的社会成本，有力地促进土地资源的整体效益的发挥。因为地役权在达到有利于需役地之目的的同时，不构成对供役地之使用的实质妨碍。〔1〕这也正是地役权能跨越时空的顽强的生命力所在。

第二节　弥补法定的相邻关系制度的局限性

关于相邻关系的内涵学者们有多种表述。〔2〕就学者们对相邻关系的定义来看，虽措辞不尽一致，但实质内容殆无差异。即第一，均认为相邻关系是两个以上相互毗邻的不动产所有人或占有使用人之间，在不动产的利用过程中，在法律规定的范围内相互之间给予便利或者接受限制而发生的权利义务关系；第二，均认为相邻关系为法定的权利，对权利人而言，其是法定权利。

---

〔1〕“夫地役权制度之精神，本求不灭杀乙地效用，而能增加甲地价值。”（台）刘志敭：《民法物权编》，中国政法大学出版社2006年版，第221页。

〔2〕史尚宽先生认为，相邻权也称相邻关系，谓相邻接不动产之所有人间，一方所有人之自由支配力与他方所有人之自由排他力相互冲突时，为调和其冲突，以谋共同之利益，以法律之规定直接所认权利之总称。见（台）史尚宽：《物权法论》，中国政法大学出版社2000年版，第87页。谢在全先生认为，“相邻关系者，简言之，乃法律为调和相邻不动产之利用，而就其所有人间所定之权利义务关系”。见（台）谢在全：《民法物权论》，中国政法大学出版社1999年版，第171页。王泽鉴认为，“不动产所有人依法律规定使用邻地，为必要的通行，或安装管线等，邻地所有人有容忍的义务，此在性质上系所有权的限制，基于法律的规定而发生，非独立的权利，得对抗第三人，不以登记为必要”。见（台）王泽鉴：《民法物权：通则·所有权》（第一册），中国政法大学出版社2001年版，第211页。江平教授认为“相邻关系是指相互毗邻或邻近的不动产所有人或使用人之间在行使所有权或使用权时，因相互间依法应当给予方便或接受限制而发生的权利义务关系。”见江平主编：《民法学》，中国政法大学出版社2009年版，第351页。王利明教授认为，相邻关系是指不动产的相邻各方因行使所有权或使用权而发生的权利义务关系。见王利明：《物权法论》，中国政法大学出版社2009年版，第417页。通说认为：“相邻关系是两个以上相互毗邻的不动产所有人或占有使用人在行使不动产的占有、使用、收益和处分时，相互之间应当给予便利或者接受限制而发生的权利义务关系。”法学研究编辑部：《中国民法学研究综述》，中国社会科学出版社1989年版，第333页。

一、相邻关系的确立

（一）相邻关系观念的产生

罗马法中“原始形态的所有权的确是绝对的、排它的权利，它排斥任何限制、任何外来的影响”。〔1〕也因此出现了“行使自己的权利，对任何人皆非不法”的法谚。然而，任何权利一旦绝对和排他，其本身也就失去了这种优势。因为，任何自由权利都是有限制的，离开这种限制，基于这一权利的期待利益就不会转化为现实。于是，为了保护个人所有权的充分实现，保护社会公共利益，罗马法对所有权进行了不同程度、不同方面的限制。而在诸多所有权类型中，首先受到限制的是相邻不动产人的所有权。

在财产私有制下，土地、房屋等不动产是最基本、最重要的生产、生活资料。而相邻不动产一方权利人权利的行使常常有赖于相邻不动产的另一方当事人的协助（作为或不作为），否则该方当事人根本无法利用其不动产。在此背景下，相邻所有权必然首先受到限制。于是产生了相邻关系的观念。其理论依据是凡行使权利者不得以侵害他人权利为条件，〔2〕即权利滥用之禁止。其主要集中在《十二铜表法》第七表的“第2条、第9条A、B”中。〔3〕这些规定涉及相邻利益、公

---

〔1〕［意］彼德罗·彭梵得：《罗马法教科书》，黄风译，中国政法大学出版社2005年版，第149页。

〔2〕［意］彼德罗·彭梵得：《罗马法教科书》，黄风译，中国政法大学出版社2005年版，第186页。

〔3〕《十二铜表法》，第7表第2条、第9条A、第9条B规定：相邻田地之间，应留空地五尺，以便通行和犁地。在他人土地上有通行权的，其道路的宽度，直向为8尺，拐弯处为16尺，建筑物的周围应留2.5尺宽的空地以利通行。建造或拆毁房屋，若邻居认为有损其利益的，得暂时阻止，致双方明确其权益为止。凡高度达15尺的树木，为使其阴影不至损害近邻地区，其周围须加修剪。如果近邻地区的树木因被风吹，倾斜到你的地区来，你可以根据十二铜表法提出收拾它的诉讼。第10条规定：“允许收集从近邻地区掉下的橡实”；打麦场邻地的所有人不得在其土地上建筑房屋，致挡阻阳光和扬麦时所需要的风，等等。参见周枏：《罗马法原论》（上册），商务印书馆2004年版，第325～328页。

共或社会利益。在《学说汇纂》中，相邻关系以诉讼命名。例如，“排放雨水之诉”、“调整地界之诉”、“新作业告令”、“应砍伐的树木”等。〔1〕这些明确的、具体的、零碎的关于相邻不动产利用关系的诉讼，虽然还没有被抽象化、理论化，不能称为相邻关系制度，但其产生的目的是为了限制所有权的扩张，是权利人是否正当行使权利的判断基准和外延界定。其功能在于划定权利范围的边缘线。

罗马法调整相邻不动产利用关系的诉讼应为现代意义上的相邻关系制度的雏形，即其已具有相邻关系的一些基本特征：①对相邻不动产间的利用关系予以法律规定，即相邻关系法定化；②规定相邻关系的目的是限制所有权的延伸，以此协调相邻不动产权利人之利益；③相邻关系只适用于相邻不动产之间。

（二）相邻关系的确立及其理论基础

相邻不动产利用关系的民法调整虽然产生于古罗马法，但相邻关系确立于资本主义时期，并得以发展。〔2〕

1. 相邻关系确立的思想基础：所有权社会化

十七八世纪近代市民社会形成之初，所有权被认为是天赋的不可剥夺的神圣自然权利。19 世纪开始的近代民事立法运动及宪章运动将其立法化，并将“所有权神圣不可侵犯”奉为三大基本原则之一。这种近代所有权的绝对化在将封建的具有人身关系属性的财产制度和财产权利荡涤得干干净净的同时，〔3〕也为近代各国社会经济的繁荣，以及自由、民主、法治国家的建立奠定了财产法的基石。换言之，近代所有权不仅是 19 世纪自由资本主义发展之原动力，也是现代民主社会与市场经济国家之主要经济架构与法的基石。因为财产所有人被赋予了无限的权利，从而大大刺激了人们的积极性和创造性，社会经济在

〔1〕［意］彼德罗·彭梵得：《罗马法教科书》，黄风译，中国政法大学出版社 2005 年版，第 178～181 页。

〔2〕江平：《民法教程》，中国政法大学出版社 1986 年版，第 178 页。

〔3〕谢怀栻：“大陆法国家民法典研究”，载《外国法译评》1994 年第 3 期。

此基础上获得极大的发展。

然而，在所有权绝对之理念下：一方面，个人所有权为他人所绝对不能侵犯，即不仅个人所有权不得被他人与国家侵犯或任意剥夺，而且个人对其所有物之占有、使用、收益乃至处分有绝对的自由，不受任意干涉，否则所有人即可依物上请求权加以抵制；〔1〕而另一方面，权利人在行使权利时，若有损害及于他人，则他人也只能俯首忍受。其结果造成社会财富日益集中于少数人手中，于是，贫富悬殊、劳资对立、财富浪费等社会问题纷至沓来，并愈演愈烈。可以说，保障私的财产所有权的绝对性的所有权制度，引发了日益深重的社会矛盾，进而危及国家与社会。

当历史步入20世纪时，从社会公共利益的需要出发，对所有权的范围和行使予以一定限制并课以一定义务和负担的所有权社会化思想便应运而生。首倡社会主义所有权思想的是德国著名学者耶林。他在《法律的目的》一书中指出，所有权行使之目的，不独应为个人的利益，同时也应为社会的利益，因此现今应以“社会的所有权”制度取代“个人的所有权”制度。其后，学者基尔克继承耶林的思想，以日耳曼法之传统精神为立法基石。他在《德意志私法论》（第2卷）一书中指出，所有权绝不是一种与外界对立的丝毫不受限制的绝对性的权利。相反，所有权人应“依法律程序”并“顾及各个财产的性质与目的行使其权利。”〔2〕他们认为，所有权之所以得到他人的尊重，正在于它具有有益于社会的机能，所有权必须为增进人类的共同需要和幸福而存在。在现实和理论的作用下，各国不得不采取措施进行矫治，对所有权附加社会义务，要求所有权的行使符合公共福利，强调物尽其用。这样就使传统的所有权逐渐从“注重个人利益”转向“注重社

〔1〕（台）谢在全：《民法物权论》（上册），中国政法大学出版社1999年版，第116页。

〔2〕梁慧星：《中国物权法研究》（上册），法律出版社1998年版，第246、247页。

会利益”，从“以所有为中心”转向“以利用为中心”，个人所有权被打上深深的社会烙印。[1]所有权社会化实质上是“在法律强制干预下”的所有权的限制或扩张。不过，这种所有权社会化观念并非对绝对所有权所反映出来的权利尊重观念的替换，而是一种发展和修正。其目的是更好地尊重权利、保护权利、实现权利。

2. 相邻关系确立的逻辑基础：权利冲突与权利限制

不动产的重要性决定了各国法律对不动产所有权的限制要远远胜于对动产所有权的限制。例如，当他人的干涉利益大于不动产所有权人的利益时，《德国民法典》承认他人干涉的合法性，而所有权人此时对他人的干涉负有“容忍义务”。这一规定被称为“较大利益的原则”。这个原则要求在合法干涉的情况下，对干涉者的利益和被干涉者的利益进行比较，从而限制对干涉者的排斥。如在相邻关系中所有权人对相邻人的通行权、排水权等权利的行使，负有容忍的义务，但所有权人在此情况下享有“牺牲的请求权，向相邻人要求赔偿”。[2]

诚然，不动产所有权是法律对所有权限制的首要目标，而相邻不动产的所有权更是首要目标中的首要目标，即重中之重。因为在行使权利的过程中，相邻不动产一方当事人的自由支配力与他方当事人的自由排他力之间必然会发生冲突。进而言之，相邻不动产的自然属性已经决定了不动产相邻各方在行使对不动产的占有、使用、收益以及处分权能时，往往须假借于他人的不动产，才能完全实现自身范围内的利用价值。由此，可能会给对方的权利和利益造成不利影响和有害侵扰。甚至滥用权利，产生矛盾，反而影响不动产的正常使用。正如马洛里所指出的那样，有相邻不动产的存在，任何与邻人相关的问题都可能产生纠纷：水流，通道，树荫，邻人之掉落于自己家里的果子，喇叭声，笑声和小孩的喧哗，气味等。不动产必然涉及邻人，相邻则

---

〔1〕 王申义：“论物权的社会化”，载《法学评论》1999年第1期。

〔2〕 孙宪忠：《德国当代物权法》，法律出版社1997年版，第174～176页。

必然导致利益冲突。[1] 为使相邻的不动产均能得到合法利用，衡平不动产相邻各方利害关系，避免纠纷，谋取共同利益，保护他人正当权益和社会公共利益，有必要从法律上限制所有权，对所有人或利用人之间的权利义务关系直接加以规定。

3. 相邻关系确立的社会基础：社会团结与邻人共同体

妥善处理邻里关系，是创造和谐生活环境的重要内容。而相邻关系因容易让人们在自己生活的周围环境中感受到法律所包含的公正、诚信的道义价值，从而培养起人们对法律信仰的情感，有利于促使财产所有人和使用人正当行使权利。换言之，邻里和睦需要每个人充分尊重他人的相邻权，这样才能使相邻人之间能合理地使用或限制使用彼此土地或房屋，为邻人提供方便，不为日常生活情理所不容的事，防止损害的发生，维护相邻人的合法利益。现实生活中如果只有所有权法律制度，没有相邻关系法律制度，财产所有人或使用人可能因他人滥用权利，致使自己不能很好地对自己的所有物充分行使权利，甚至根本无法行使权利。

4. 相邻关系确立的伦理基础：作为底线伦理的义务理性

容忍义务，是相邻关系的核心内容，指某人有义务不提反对或异议。而这种反对或异议本来是有权提出的。负有容忍义务的人一定是权利人或具有正当利益的人。正是由于其具有的基础正当性，才会有容忍或屈从发生。现代民法一般都遵循容忍义务法定主义。就相邻关系来说，其一般具有浓厚的公共利益考量，是为调和权利冲突，实现社会和谐的制度。

概言之，相邻关系的确立源于所有权的绝对化。这种绝对化影响了相邻不动产的利用，降低了不动产资源的效率，有必要对所有人的权利予以限制或扩张。这种限制或扩张只能由法律规制。于是，确立了相邻关系制度。相邻关系是从所有权中衍生出来的一项独立的法律

---

〔1〕 Malaurie et Aynes, *Les biens*, p. 263. 转引自尹田：《法国物权法》，法律出版社2009年版，第72页。

制度。如果说所有权社会化是对所有权限制的一种形式；那么相邻关系则是所有权社会化对相邻所有权予以限制的具体体现。

二、相邻关系的局限性及其原因分析

相邻关系制度的功能在于扩张一方的所有权、限制他方的排除请求权、课以作为或不作为义务并设补偿制度，以实现当事人双方利益关系之平衡。这种平衡为相邻权利人提供一个“理智的界限”。这个理智的界限，使权利人不但够正当地行使权利；而且又不因自己行使权利而妨碍他人享有权利；甚至有利于保障不动产权利人行使各自的财产所有权或使用权，发挥不动产的经济效用，促进物尽其用的社会整体利益。

诚然，所有权的更迭，正当限制理念的确立，使滥觞于权利滥用禁止制度，并立足于此基础上的相邻关系随着社会经济生活的变迁而亦步亦趋地得到发展。其始终以调整不动产相邻利益为其宗旨，且作用范围日益显著。然而，法律是“根源于物质的生活关系”，“只是表明和记载经济关系的要求而已”。随着城市化以及城市土地立体化利用进程的加速，人类文明社会的推进，住宅商品化的实行，社会关系的日益复杂使相邻关系制度的初衷难于实现。

相邻利益的保护催生了相邻关系制度，同样也摧毁了相邻关系赖以生存的基础。现代社会不动产利用方式的多样化致使相邻利益也朝着多元化、精细化的趋势发展，如相邻的环境利益、相邻的空间利益、相邻的建筑物利益、日照利益等。这些千姿百态且层出不穷的利益需求，使相邻关系目不暇接。人们之间索取利用“权利”的复杂化，个性化不具有普遍性，又难于成为法定的权利类型。如此多元的相邻利益不可避免地引发了各种各样的相邻问题。这些相邻问题主要表现在相邻不动产利用关系的类型日趋复杂，所涉及的法律关系纵横交叉，且是全方位扩展：从地上到地下、从有形到无形、从有声到无声等，不一而足。面对着因千差万别的相邻利益而引起的纠纷，以调整相邻不动产利用关系为宗旨的相邻关系制度难以胜任。

相邻关系的局限性根源于相邻关系的法定性。法律并非为逻辑而生，其真实的生命在于对社会现实的调整。而现实生活也并非按照法学家的逻辑思维发生。换言之，任何法律规范都不可能以条文的形式穷尽相邻利用关系的全部内容。即使法律法规已考虑到了相邻个体的现实需要并对相邻不动产的利用关系作出各种细致周到的规定，也不可能穷尽客观现实。我国台湾地区的“民法”修订前关于相邻关系的规定，多达27条，约占物权编全部条文的八分之一，但即使如此，仍被认为“法律规定虽然周全，但因社会经济发展，难免疏漏。”〔1〕尤其是在城市土地毗邻利用关系只会越来越复杂的今天，纷繁复杂、瞬息万变的社会现实经常会对固有的法律制度提出挑战，要求在既有的权利框架中承认新的权利现象。而在“物权法定主义”的背景下，相邻关系的内容和类型受到严格的限制，具有封闭性。这种封闭性不可能承认法律中没有予以规定的权利现象。并且相邻关系制度一般规定的较为抽象、概括，其实现只能以道德约束为前提。因此，如果相邻不动产利用关系的调整仅采用法定的相邻关系，则必然扼杀那些新生的，具有价值的权利现象。

相邻关系的这种局限性主要根源于其是法定的。即只要是法定的，局限性就是必然的。而有局限性的法定权利岂能满足千变万化的相邻利益的实现?

二、地役权与相邻关系之立法模式

就地役权与相邻关系的立法模式，大陆法系不外乎有两种，即德国模式；法国模式。这两种模式各有其特色。我国《物权法》立法期间，在关于采用哪一种立法模式的问题上也存在两种观点：

一种是坚持采用德国模式，即地役权和相邻关系之并存，这一观点为主流。此观点认为，尽管两者同为调节不动产之间的利用关系，

〔1〕（台）王泽鉴：《民法物权：通则·所有权》（第一册），中国政法大学出版社2001年版，第211页。

但从产生原因、性质、和立法技术、价值功能等方面来看，两者存在较大差别。他们以各自不同的作用和功能形成了合理的分工，因此，两者不是谁替代谁的问题。立法中不能因已有制度的存在而拒绝另一个制度的引入。

另一种则坚持采用法国模式。即由相邻关系吸收地役权。[1] 此观点认为，两者的调整范围有一致性、彼此联系，并且制度的选择应遵循一定的规律：首先，要符合本国的民情与习惯。我国古代法上有"地役权"调整之内容，但无地役权制度之传统，有使用"相邻"之传统而无"役权"称谓之习惯，故应完善相邻关系，并以之取代地役权；其次，具体的制度要同本国基本法律制度相一致，脱离习惯引进地役权制度不会成功；再次，地役权也有其自身不易被人们接受的弱点，如成立过程复杂（公示），还有必须是为了需役地的便利，因此适用范围受限制。

为了更好地调和不动产利用过程中产生的财产关系，进而提高不动产的利用率，维护社会秩序。《物权法》最终采取地役权与相邻关系并列的立法模式。在《物权法》第二编（所有权编）中确定相邻关系（第七章共有9个条文）制度的同时，又将地役权作为一个法定制度规定于第三编，即用益物权编。这一编排体例表明了在民事权利日益彰显、民事关系交错繁杂的当代社会，立法者力图有效地协调利益，调整民事关系，促进社会和谐的良苦用心。其实，早在罗马法时期，从《十二表法》到盖尤斯的《法学阶梯》，地役权与相邻关系二者都是并存的。

四、地役权弥补相邻关系局限性之法理与经济分析

（一）地役权对相邻关系局限性之弥补

地役权与相邻关系并存的立法目的，在于用地役权的意定性修正

[1] 彭诚信："现代意义相邻权的理解"，载《法制与社会发展》1999年第1期。

相邻关系的法定性。具体表现在：第一，地役权具有广泛的“物权自治”空间。这个空间可以修正相邻关系在物权种类及内容上仅保证最低要求的局限性，使相邻关系根本不可能涉及的层面，如眺望、建筑物之间的利益等得以调整。虽然有的地役权从外表看，似乎是排除了相邻关系的适用，但实质是对相邻关系的扩大使用或限制范围上的补充。如设置地役权使屋檐雨水注入邻地。第二，地役权的物权属性将相邻不动产利用关系纳入物权的范围获得物权保护，改变相邻不动产纠纷只能提起妨碍之诉的局限性，同时为当事人的不动产交易提升价值。第三，地役权无须相邻的特点为不相邻权益的保护增加了一个法定的渠道，从而避免司法实践中解决权益纠纷时，因对相邻范围的理解不同而使受害者的权益得不到公正保护。第四，有偿设立的地役权与无偿相邻关系相比，虽然无形中加大交易成本，但这种有偿设立能尊重当事人的意志自由，激发当事人的创造性和积极性，提高守约自觉性，避免相邻双方因无偿而滥用相邻权的现象。第五，厘清近邻不动产人之间的权属混乱的关系，预防近邻纠纷的发生，节约诉讼成本，真正达到相邻关系期望的和睦氛围。

（二）地役权弥补相邻关系局限性的法理基础

1. 地役权与相邻关系的制度差异

地役权之所以能弥补相邻关系的局限性，除两者所要达到的目的相似之外，更重要的是两者存在着较大的差别。这种差别是地役权弥补相邻关系不足的理论基础。试分析如下：

第一，法律性质不同。相邻关系是法定的，为不动产所有权的当然扩张与限制，与所有权或使用权俱存。其并非使限制的相邻人因而取得独立的限定物权，所以它不是一项独立的民事权利，更不是一项独立的物权类型。与此不同，地役权是意定的，是基于相邻不动产所有人或使用人间的契约关系而生的。其超出了法律赋予当事人的当然权益的范围之外，使供役地增加了额外的负担，所以它是一项独立的民事权利，属于用益物权的范畴。两者在法律性质上的区别派生了两者诸多的区别。

（1）相邻关系由于是法定的，因此无论是其种类、内容还是效力，几乎没有自治空间。而地役权因是意定的，故只要合乎地役权的目的，不违背法律的禁止性规定和公序良俗，即无否定之理由。例如眺望权、宁静权的设立，弥补了相邻关系的权利类型单一的缺陷。

（2）相邻关系为“法律上当然而生之最小限度的利用之调节”，其成立与对抗第三人均无须登记即可当然发生。[1] 而地役权则是在相邻基础上约定权益的物权化。其弥补了相邻关系因不是独立物权所带来的不利。例如，农民甲和乙承包经营的农地相邻，甲原有道路通往公路，但须绕一个弯路，为了方便，甲与乙协商同意，甲弃原路而在乙之土地上修筑新路，甲即可以请求将其协商形成的通行事实登记为通行地役权。甲这种通行权具有物权性，可以对抗、排斥包括乙在内的任何人的侵害，且可以继承。否则，甲要么达不到目的，要么其通行权只能被定性为债权。

（3）由于相邻关系是法定的，因此，一般情况下这种权利的取得不需要以任何对价为条件。只是，当当事人因权利的扩张给受限制的另一方造成损失，需要予以补偿。而地役权是以物权契约形式设立取得，既可以有偿，也可以是无偿。一般来说，地役权是需役地人以牺牲供役地人的利益，而取得自己的利益，故以有偿者居多，但不排除无偿取得。只要当事人自愿为此付出牺牲，达成合意，不违背法律的强制性和禁止性规定，符合法定程序，法律就承认其效力。此外，关于有偿、无偿是否是相邻关系和地役权的区别，学者们有不同的观点。有的认为这一点并非两者的区别，“参阅各国民法典对相邻权的规定，均有损害赔偿的规定。……各国民法以相邻权赔偿为原则，而其性质与地役权的对价实质相等，难于辨别。可见，有无偿金亦不是地役权和相邻权之间的区别。”[2] 其实，这种观点混淆了责任和权利的基本

---

〔1〕（台）王泽鉴：《民法物权：通则·所有权》（第一册），中国政法大学出版社2001年版，第211页。

〔2〕张鹏、曹诗权：“相邻关系的民法调整”，载《法学研究》2000年第2期。

概念。损害赔偿的规定和权利的有偿设定两者性质不同，一种是已成立的权利被侵害的民事责任，一种是权利设定时的对价给付。任何权利无论有偿无偿，都可基于受到损害而要求侵权人赔偿损失，这是“有权利即有救济”的古老的民事法则。因此地役权的有偿和相邻关系的补偿有本质上的区别。

（4）相邻关系仅是相邻不动产合法占有人之间的一种最低限度的法律调整，因此，相邻权的行使有严格的适用条件，以通行权为例。相邻通行权的适用须符合三个条件：该土地与公路无任何适宜之联络；为通常使用所必要；非因土地所有人之任意行为。[1] 可见，通行相邻权须以“必要”为适用其规范的前提。而通行地役权不依通行的“必要”为前提，只要地役权人认为有利用土地需要，就可依土地的利益确定其内容和行使方式，突破相邻关系的限度。

第二，产生的基础不同。相邻关系基于不动产相邻之事实而产生，地役权的确立不以需役地和供役地的相邻为必要条件。例如甲、乙二地之间有中间地带，甲地需要从乙地的湖中取水浇灌菜园，虽因甲、乙二地互不相邻而不能通过行使相邻权取水，但可以通过设定地役权而实现取水之目的。在此，地役权修正了相邻关系适用条件的呆板性。尽管有的学者认为随着社会发展，相邻关系的调整范围应当扩大，甚至不必相邻。本书认为，扩大解释是必要的，但扩大的程度并非是任意的。如果说毗连太苛刻，那么近邻也不需要吗？不要忘记相邻关系正是基于不动产相邻而产生的，其基础是位置上的相邻。

第三，救济方式不同。当相邻关系受到侵害后，只能以所有权的行使受到妨碍而提起妨碍之诉，不能直接以相邻关系为基础提起损害赔偿诉讼。而当地役权受到侵害后，受害人可以直接以地役权受损害为由提起诉讼。

第四，相邻关系是事后发生作用的权利，性质上属于裁判规范，

---

〔1〕（台）王泽鉴：《民法物权：通则·所有权》（第一册），中国政法大学出版社2001年版，第222、223页。

而且大部分相邻关系规范主要在于调和邻人之间对不动产的利用。亦即发挥不动产的使用价值，而非确定权利的归属。而地役权是事先通过订立合同的方式加以约定，属于任意性规范。对于地役权而言，它们除负有上述纯粹的调整相邻不动产之协调利用的功能以外，还具有促成物权变动的功能。

2. 地役权与相邻关系相似的适用范围

事实上，相邻关系是脱胎于地役权的制度。最早的地役权就是因农业耕作而产生的相邻关系，所以相邻关系产生的基础是地役权制度。[1]可见，相邻关系与地役权两者联系较为紧密。这种联系使地役权与相邻关系可以并驾齐驱地调整不动产利用关系。因为，一方面两者均以调和不动产利用过程中权利人的冲突为目的。与此同时，在使用范围上两者都是为了不动产利用的便宜而设计的法律制度，所以从功能论的角度看，在适用范围上较为相似。例如，二者都涉及排水用水、管线架设、通行、眺望、采光等内容。只是他们在适用条件上还存在一定的差别，且所希望的要求也不仅完全相同。例如，虽然都是通风、通行，但通行相邻权必然只能就某些必要状况才能加以行使，未达到必要程度的情形，只能设定通行地役权。通行地役权具有补充通行相邻权不足的功能。换言之，相邻权对相邻不动产利用关系的调整，是以“法定”的方式来实现的，而在法定方式无法发挥作用或不能满足权利人的需求时，则需要通过“约定”的方式来拓展法定相邻权的空间，即设立相应的地役权来达到目的。在一定意义上，相邻关系是“法定”的地役权，而地役权则是“意定”的相邻关系。

（三）地役权弥补相邻关系局限性的经济分析

1. 相邻关系经济价值的博弈

从经济学的角度来看，法律在自由市场的运作、资源利用率的提高中，该做的是让权利的内容和分配规则清楚，维持契约自由，并尽

---

〔1〕 江平、张佩霖：《民法教程》，中国政法大学出版社1989年版，第178页。

可能降低交易成本。

交易成本一般是指企业在经营过程中除直接生产成本以外的所有其他费用，或者说是在企业之外，即市场交易中必须面对的成本。其是新制度经济学最早提出的，也是最重要概念。科斯在《企业的性质》一文中提出这个概念的目的在于解释企业的边界。后来，科斯本人将这种交易成本的理论引入了对法律制度的研究，其目的在于解决如何使法律能选择一种成本较低的权利配置形式和实施程序。因为，交易成本不限于企业在市场上交易，个人之间的交易也涉及成本问题。甚至评价某一个制度的合理与否也可用交易成本来衡量，即交易成本理论成为认识合理使用制度的另一个工具。那么什么样的交易成本是理想的？

著名的科斯定理又告诉了我们，[1] 如果存在可支配的私有产权，且交易成本为零，则无论产权如何分配，最终的资源配置都是最优的。当然，科斯定理是针对一种理想的无交易成本的市场而提出的。问题是在现实的社会运行当中交易成本为零是不可能的事。[2] 从为了获取市场信息，谈判缔结契约，督促契约条款的严格履行等，到法院判决的执行，都存在着成本。制度设计的目的并非寻求交易成本为零，而是尽其可能的降低交易成本，只要能以最小的成本获取最大效益的制度即为合理的。

相邻关系制度出炉的目的在于希望通过相邻利益的法律调整，从而实现资源的合理利用和优化配置。其功能在于用法律规范直接维持土地的惯常效用，使社会生活中普遍性的类似问题的解决公式化，避免类似问题的重复谈判，减少交易成本。以袋地通行为例，假如法律不规定袋地所有人拥有通行权，则通行权的获得需要双方自由协议，

---

〔1〕 科斯定理是经济学中关于产权限定的一个理想化的定理，是用经济学的理论去解释法律现象的一个定理。

〔2〕［美］理查德·A. 波斯纳：《法律的经济分析》，蒋兆康译，中国大百科全书出版社1997年版，第62页。

那么本来是两个人之间的一次简单谈判，却变成袋地所有人和历任周围土地所有人之间的复杂的谈判。而且袋地所有人和周围土地所有人之间达成的契约对新购买者无约束力，除非新的购买者知道或应当知道原所有人与其邻居缔结了此方面的契约。如果交易成本高到一定程度时，特别是高于交易价值时，交易就不会发生了，因为双方当事人都可由放弃交易而收益。〔1〕另外，如果该袋地为多人共有，共有人想获得通行权，就必须联合起来付出对价换得通行权，这样交易成本仍可能是很高。因为周围土地所有人可能认为该通行权对众多袋地者意义重大，进而漫天要价，或在契约履行时不断制造问题，以至大幅度增加交易成本，对社会不利。通行相邻权的规定，使双方的通行交易地位正常化，袋地所有人有权为正常生产从此地通行，并且免除袋地所有人为了通行而不得不与该地的历任所有人或使用人进行的频繁谈判。这既大大地减少交易的成本，降低防止不测损害的成本，又兼顾不动产的使用效率，有效促进社会财富的总体增进。可见，相邻关系的确定为相邻不动产所有人或利用人获得了生存的基本权利，如通行、取水、日照等，并减少或无需成本。国家也以最小的成本获得最大利益，因为对权利的法律保护会创造有效率地使用资源的激励。

从某种意义上来说，相邻关系制度的设立及运作符合法律经济学的要求。然而，“金无足赤”。从经济的角度来看，相邻关系在调整相邻不动产利用关系时也存在一定的缺陷，即相邻关系的利益平衡有时未必达到资源利用最大化，甚至往往导致产权不清晰。

首先，权利是对某种利益在法律上的承认，而利益又是权利所限定的最基本的内涵。对权利的配置体现为对资源的配置。当某种利益有限的时候，现实的权利也是有限的。相邻关系出于公平、社会利益的考虑，在赋予对权利的扩张或限制即分配利益时一般只能就某些情

〔1〕［南］斯韦托扎尔·平乔维奇：《产权经济学——一种关于比较体制的理论》，蒋琳琦译，经济科学出版社2001年版，第36页。转引自王俊：《相邻关系纠纷案件审判要旨》，人民法院出版社2005年版，第10页。

形，并且该情形需达到一定程度时才能予以平衡。于是，被平衡的利益往往不能达到最大化，最能发挥其效用，甚至会浪费资源。因为，相邻关系主要为强制性规定，致使当事人不能很好地实现自己权益的最大化。

其次，权利模糊必然增加交易成本，妨碍效率的最大化。我国相邻关系制度的概括性、原则性的特点极易使产权不清、纠纷不断。纠纷既增加法院的工作量，也增加了当事人实现权益的成本。交易成本的存在使法律对权利的不同界定，产生不同的效率。

如果说，相邻关系节约了成本，提高了资源的利用率；那么地役权的设定，则锦上添花。其不但具有相邻关系所具有的经济价值，而且弥补了相邻关系的盲区，是经济人的理想选择。

2. 地役权的经济价值

设立地役权的目的之一，就是为了提高不动产的效益。而此效益毫无疑问地包括经济利益。因为：

第一，地役权可以创造激励价值。财产经济理论建议，所有权应该赋予任何一种资源，只要被称为财产的一组权利将带来使用那些资源的更大效率并由此增加社会财富，只要建立和履行这些所有权的代价小于收益。[1] 地役权的设立，需役地所有人通常必须支付一定的报酬给供役地所有人。从经济的角度来看，如果双方就报酬达成协议，即表示这种利用或排除利用对需役土地创造的价值高于报酬，而供役土地减少的价值低于报酬。这不但有利于双方当事人，而且是一种激励机制。它激励供役地人愿意、甚至积极主动地希望与他人共享资源，使闲置资源得以重新配置和利用。对地役权人来说，因是有偿的，当事人必然较为珍惜该权利，故其应为最能充分发挥不动产效用的主体。按照波斯纳定理：如果市场交易成本过高而抑制交易，那么权利应当

〔1〕［美］罗伯特·考特、托马斯·尤伦：《法和经济学》，张军等译，上海三联书店、上海人民出版社 1994 年版，第 148 页。

赋予那些最珍视他们的人。[1] 更重要的是，地役权的设立能使当事人根据契约来预期自己的行为收益，判断是否合理、合算。即该项权益的获得是否能以最小的支出获取最大的回报，从而做出理性、经济的决定。

第二，节约成本。在土地被分得零零碎碎的财产秩序下，土地的利用因为必须迁就现状而不能充分发挥效率时，或者因其他土地的利用情形，而必须承担相当高的投资风险时，设定地役权可以在有限的成本下达到排除风险，提升效率的目的。[2] 因为设立地役权所需的酬金比通过出让或转让方式获取土地使用权的费用要少得多，且可以对抗第三人。例如甲、乙为邻地，现甲要在其土地上开设工厂，这必然影响乙地的环境质量。采取什么方式解决这个问题？按照科斯的观点，应对涉利当事人之利益进行量化分析，寻求在哪一种社会激励机制的推动下，能达成完美解决问题的方案，使当事人双方均可实现利益的最大化。在本案中应找出对甲和乙来说，都能以最小的成本换取较大受益的方案：方案一，甲购买乙地使用权。甲购买乙地使用权，使该土地得以整体利用固然是提升效率的最佳途径，但土地价值高昂，并非人人负担得起。而且甲需要利用或排除他人利用的只是该土地的一部分。如果甲购买乙的全部土地，则对甲来说无疑是巨大的浪费。方案二，甲和乙地使用人协议不为一定利用显然是较好的办法，但如果协议只能拘束当事人，一旦乙地产权易手或被强制执行，风险仍不能排除。方案三，设立地役权。甲可以支付酬金与乙设定地役权，甲用酬金换取乙的容忍义务，而乙因承担容忍义务应当得到报酬。如果该协议成立并经过登记，则表明各自获得的效益肯定会大于支出，即这一交易方式对双方来说，收益大于成本，并且还可以对抗第三人。在

---

〔1〕［美］理查德·A. 波斯纳：《法律的经济分析》，蒋兆康译，中国大百科全书出版社 1997 年版，第 20 页。

〔2〕（台）苏永钦：《走入新世纪的私法自治》，中国政法大学出版社 2002 年版，第 249 页。

这三个方案中，方案三使甲方地产充分增值，并在有限的成本下实现排除风险、提升效率的目的，乙方也因不动产资源的被利用而获得了收益，于人于己，双赢互利，各得其所。一方面最大限度地满足了各方之需，另一方面充分发挥了地产的社会经济效益。又如，在使用邻地和不使用邻地都可以架设管线的情况下，如果不使用邻地则因距离远反而费用极高时，应当与邻人协商设立地役权，这样可以节省费用而提高办事效率。地役权的设立属于对资源的重新分配，符合效率原则。

第三，实现资源的有效利用。在人类社会发展过程中，始终都存在着一个无限人类需求与有限环境资源供应的矛盾。因而对于作为“社会关系调节器”的法律制度而言，在设计时不可避免地需要围绕这一矛盾进行。而解决这一矛盾的有效途径就在于确立一个能够最大限度地促使人们充分利用资源，尽量减少浪费的制度。波斯纳也将是否有利于增进人类对资源的优化利用，减少资源浪费，提高经济效益作为判断法律制度的价值和确定法律未来发展的根本依据。在一物一权和物权法定的框架下，若没有一个开放性的法定权利，要实现物上权利类型多元化或创造出物权法之外的权利类型是不可能的。地役权通过赋予不以占有为条件的需役地权利人某种权利，这样需役地权利人和供役地权利人可以共同使用同一块土地，从而有效地避免资源的浪费，达到促进物尽其用的目的。换言之，地役权的运用可以借助登记制度创设内容不相冲突的多个地役权，使物发挥最大效用。也许正是因为这一优势，使其能够在漫长的人类社会里始终存在而未被抛弃。

第四，如前所述，模糊的产权制度是增加社会成本的最基本的原因，地役权解决了相邻关系制度下的权利扩展者与权利受限制人之间的产权模糊问题。人们不知道自己的权利界区，在行使权利时，往往需付出高额成本。而地役权这种交易成本、风险程度适中的制度，既借助物权的对世性特征排除了债权相对性带来的不安定因素，又缓和了物权法定原则中对物权内容严格限定的僵硬性，可称为一项吸收了物权债权两项制度的优势却又回避各自不足的独特制度。[1]

法律的价值具有多元性，但一般地作为一个良好社会的法律价值观都具有共性：公平、效率。而且其一直是立法的两大基本价值取向。各国立法无不把法律的公平和效率作为其价值基础。也许，追求效率是经济学的最高准则，追求公平正义则是法学的最高理想。因此，当一项权利安排在经济学上被认为是符合效率原则的时候，法学家可能认为不符合公平正义的理念。反之亦然。应该说公正与效益是一对矛盾统一体，"正义"是一种价值判断，而"效益"则赋予价值判断以正当性。市场经济条件下的法律活动在另一层面上也是一种经济活动——要耗费资源（人力、物力），同时也产生效益。法律的效益表现为法律规范所节省的市场交易成本，即为避免在没有这种法律规则时可能出现的各种麻烦和风险。因此，立法时应当考虑一个因素，即必须估算执法和司法是否可行、费用和收益之比是否比采取其他措施的费用收益之比要大。对不动产资源来说，地役权的设定既体现了法律的公平，又体现了效益原则。换言之，地役权赋予当事人以充分的自治权，以及当事人决策自己私法事务的机会公平，从而调动当事人对不动产管理的积极性和创造力，实现对不动产的充分利用，以利于国民经济的发展。如果说相邻关系的应用可以节约成本（假如是无偿的），那么地役权的享有虽需支付一定的成本（假如是有偿的），但其效益肯定较相邻关系条件下的大得多，因为后者的效益与成本之比小于前者的。毕竟，相邻关系只是所有权和使用权的"当然"的扩张，而地役权则是相邻土地的所有人为更高要求的利用通过相互协商产生的彼此权利的较高程度的调节，是在"当然"的扩张程度之外扩张。所以，他们两者所追求的保护层面相差甚远，是吃得饱与吃得好的关系。[2]

---

〔1〕 李建华 、冯彦明："地役权制度的价值分析及框架设计"，载《河南省政法管理干部学院学报》2005 年第 1 期。

〔2〕 申卫星："地役权制度的立法价值与模式选择"，载《现代法学》2004 年第 5 期。

地役权与相邻关系两者的异同使地役权克服相邻关系局限性有了法理基础；而两者各自所产生的不同经济利益使地役权弥补相邻关系有了经济基础。

第三节　软化物权法定原则的僵硬性

物权法定的思想萌芽于罗马法，[1] 不过，作为一个原则首先由德国学者提出。[2] 物权法定原则（numerus clausus）是19世纪欧陆各国和地区从事民法典编纂运动以来，各国和地区关于物权立法的一项基本原则，于全部物权法的结构体系上居于枢纽地位。[3] 尽管物权法定原则是20世纪以来惨遭最多批判的原则之一，但是其作为“物权法构造重要基柱之一”，[4] 当称物权法上最具特色的基本原则之一。近现代许多国家和地区的民法，如奥地利、日本、韩国、荷兰和我国台湾地区均明确规定之。[5]

---

〔1〕 在罗马法大全中，仅有所有权（domini um，proprietas）、地上权（superficies）、永佃权（em phuteusis）、役权（servitus）、质权（包括占有——pignus，亦即非占有的抵押权——hypotheca）等权利被认定为具有物权性质。

〔2〕 德国民法典虽无明文规定物权法定原则，但理论和实践均认为物权法定原则是物权法的基本原则已是不争的事实。参见［德］罗伯特·霍恩、海因·科茨、汉斯·G. 莱塞：《德国民商法导论》，楚建译，中国大百科全书出版社1996年版，第187页；（台）王泽鉴：《民法物权：通则·所有权》（第一册），中国政法大学出版社2001年版，第44页。

〔3〕 陈华彬：《物权法原理》，国家行政学院1998年版，第69页。

〔4〕 （台）谢在全：《民法物权论》（上册），中国政法大学出版社1997年版，第40页。

〔5〕 参见《日本民法》第175条，《奥地利民法》第308条，《荷兰民法典》第584条，《韩国民法》第185条，我国台湾地区新“民法”第757条。

一、物权法定原则

（一）物权法定原则的学理解释

物权法定原则自确立以来，学术界对其含义的理解就出现了广义和狭义的解释。例如：法国学者认为，物权法定仅指物权类型和内容的限制；德国学者则认为物权法定不仅限制物权类型和内容，还要限制物权的设立和转移形式；〔1〕日本学者认为：物权法定的内容系物权之种类及内容，采取法律限定主义。〔2〕我国学者对物权法定原则的解释也不统一。如物权法定原则，即物权的类型、各类物权的内容及创设方式，均由法律规定，禁止任何人创设法律没有规定的物权和不按法律有关物权内容及创设方式的规定创设法律已作规定的物权；〔3〕物权法定包括四个方面：一是物权必须由法律设定，二是物权的内容只能由法律规定，三是物权的效力必须由法律规定，四是物权的公示必须由法律规定；〔4〕还有学者从更为广义的角度出发认为物权法定是指物权的种类、内容、效力、变动要件保护方法等都只能由法律规定，不允许当事人自行创设。〔5〕

从不同的视角解读物权法定原则，其内涵和外延不尽相同。而不同的内涵和外延对社会的影响不同。这缘于法律概念对于法律的运作与研究具有重要意义。只有借助法律概念，立法者才能制定立法文件；司法者才能对事物进行法律分析，作出司法判断；民众才能认识法律；

---

〔1〕尹田："论物权法定原则的解释及其根据"，载《河南省政法管理干部学院学报》2000年第4期。

〔2〕［日］稻本洋之助：《民法（2）物权》，青林书院新社1983年版，第52页。

〔3〕李开国：《民法基本问题研究》，法律出版社1997年版，第267页。

〔4〕王利明："物权法基本原则探讨"，载吴汉东：《私法研究》，中国政法大学出版社2002年版，第94页。王利明教授认为，物权法定是指物权的种类、内容、效力和公示方法都由法律明确规定，而不能由当事人通过合同任意设定。这包含：当事人不得通过协议明确设定其权利为物权；不得基于其合意自由决定物权的内容；物权的效力和公示方法必须由法律规定。

〔5〕温世扬：《物权法要论》，武汉大学出版社1997年版，第21页。

法律研究者才能研究、改进法律，以便更好地适应社会经济发展的需要。

（二）物权法定原则的法定概念

通过立法明文规定坚持物权法定原则的日本民法，开创了在法典中规定物权采法定原则的先河。《日本民法典·物权编》第1条开宗明义地规定："物权，除本法及其他法律所规定者外，不得创设"（《日本民法典》第175条）。该原则以1898年的日本民法典为其端绪。起草者制定该条的宗旨是，①禁止依据契约创设物权；②禁止依据习惯创设物权；③明确过去法制度中成为问题的权利的物权性。[1] 在物权法定原则的坚持下，法典规定了占有权、所有权、地上权、永小作权、地役权、留质权等等权利类型。此外，日本商事法和民事特别法也规定了物权制度。商事法上的物权由商法典规定。不过，日本司法实务承认了习惯法所通行的水利权（流水利用权、水塘利用权）、温泉利用权和日照权等。

除日本之外，我国台湾地区的新、旧"立法"都规定物权法定原则。我国台湾地区"民法·物权编"第757条规定："物权除依法律或习惯外，不得创设"。其目的是为确保交易安全及以所有权之完全为基础所建立之物权体系及其特性，物权法定主义仍有维持之必要，然为免过于僵化、妨碍社会之发展，若新物权秩序法律未及时补充时，自允许习惯予以填补，故习惯形成之新物权，若明确合理，无违物权法定主义存立之旨趣，能以一定公示方法予以公告者，法律应以承认。[2]

《奥地利民法典》第308条规定："物之物权，包括占有、所有、担保、地役与继承权利。"

日本和我国台湾地区以立法的形式规定了物权法定原则，但均未

---

〔1〕 段匡："德国、法国、日本法中的物权法定主义"，载梁彗星主编：《民商法论丛》（第7卷），法律出版社1997年版，第272页。

〔2〕（台）陈忠五主编：《新学林分科六法·民法》，新学林出版股份有限公司2011年版，第C－1页。

规定具体法定什么，而仅仅是作出抽象的规定。

二、我国的物权法定原则

我国《物权法》是否坚持物权法定原则，在《物权法》的立法过程中争议较大。不过，物权法定原则最终还是成为贯穿于我国《物权法》始终的一条红线。该法第5条言简意赅地构成了《物权法》的基本原则构架，支撑着整个物权法体系。

我国《物权法》第5条明确规定："物权的种类和内容由法律规定"。该条文简明扼要地从以下三个方面对我国的物权法定原则予以解读：

第一，物权法定原则仅指法律对物权创设的种类和内容之当事人意志自由的剥夺，即，法律不允许当事人协商创设物权种类和变更物权的内容。这一规定意味着，在我国法域，物权的种类（包括何种权利是物权，是何种物权）必须由法律预先直接规定，当事人不得发挥想象力或者基于某种需要，在法定物权种类范围之外自行"发明创造"新的物权类型。物权种类法定是物权法定原则的核心内容，在立法上规定物权法定原则就须以明确物权种类为物权法体系构造的第一要务。法定物权种类体系的关键，是法定的物权体系的合理性。而一国物权体系的合理科学与否直接影响体系下的各制度的内涵、外延的科学和制度功能的发挥。

第二，为了维持与巩固法定的物权种类，就必须法定物权的内容，这是物权种类法定的逻辑要求。法律对各种物权种类作出规定时，会明确各种物权的基本要素（何种物权具有何种权能），即物权主体的权利义务。这些要素具有强制性，当事人不得创设与法定物权内容相异的物权或者改变法律明文规定的物权的具体内容。详言之，物权内容法定，要求物权人在行使物权时必须严格遵守法定的物权权利范围，超出或违反法律对物权权能的规定，为权利滥用，为法律所不允许。因为改变物权的内容也就等于创设了新的物权，故改变物权内容的禁止等于创设物权类型的禁止。

第三，物权法定原则之“法”，仅指法律，即全国人大及其常委会通过的法律，除法律明确规定有的可以由行政法规、地方性法规规定的外，一般不包括行政法规、地方性法规。[1] 具体说，这里的“法”既包括物权法，还包括其他法律，如民法通则、海商法、民用航空法、担保法、土地管理法、城市房地产管理法、矿产资源法、草原法等。言下之意，本法不承认政策、行政法规、地方性法规、司法解释、习惯法为物权法定中“法”的渊源。之所以这样规定，是因为如果允许他们创设物权，则必将在不同的部门、不同的地方产生物权种类不一致的现象，从而导致物权发生冲突，有害于交易安全。[2]

《物权法》第5条暗示了我国物权法定原则不及于物权的创设方式、变动方式、效力及其公示方法和行使物权的方法等。于是，结束了长期以来，关于物权法定原则的多而杂乱的学理解释。

三、物权法定原则的“利”、“弊”考量

物权法定原则之所以受到较多的质疑，批评，甚至否定，是因为该原则是一把双刃剑。其在发挥正面效应的同时，也不可避免地产生其负面效应。

（一）物权法定原则之“利”

第一，确保物权的绝对性。[3] 物权有较强的效力，如果可以以契约或习惯创设之，有害公益。为了让所有权人可对自有物进行全面的支配，他物权人则可在法定和约定的范围内进行有限的支配，需要对每一种物权的类型和内容予以明确规定。否则，所谓直接支配物的权利，将成为有名无实。正如史尚宽先生所讲：“若许无限制地增加种类，则有害交易之安全，对于一般社会组织及经济组织，影响甚大

---

〔1〕 本书编写组：《〈中华人民共和国物权法〉辅导读本》，中国民主法制出版社2007年版，第83页。

〔2〕 房绍坤：《民商法间问题研究与适用》，北京大学出版社2002年版，第18页。

〔3〕（台）王泽鉴：《民法物权：通则·所有权》（第一册），中国政法大学出版社2001年版，第45页。

也。”[1]

第二，便于物权公示，确保交易安全与效率，[2] 从而有利于维护交易安全并降低交易成本。物权系特定权利主体支配特定物之法律地位。物权的这一特性决定了物权人以外的其他人对权利人负有不得妨害其行使物权的义务。为此，物权人欲获得他人之尊重，须以他人知晓物权的存在及物权的内容为条件。所以物权状况之公示，俾人人知晓之必要。否则，第三人将在千奇百怪的“物权”面前无所适从，无法尊重他人的物权，也不敢进行交易。另外，公示可以防止权利瑕疵。

然而，公示手段的有限，需要法定物权。法定化的物权类型和内容易于公示，公示过的物权可以确保交易安全和便利。[3] 正如郑玉波先生所言：“此为物权公示原则的需要。倘物权种类系当事人任意创设，则物权依占有而为表象，既不可能，而依登记以为公示，于技术上又困难殊多，故法律为整齐划一，以便于公示，不 能不将物权的种类予以明定，而仅承认当事人在法定的物权内，有选用的自由，并无创设的自由”。[4] 在公示手段还没有发展到一切权利类型都可以公示的程度时，法定物权之外的权利根本无法进行公示或者进行有效的公示，进而获得物权的绝对对抗力。也正因为如此，有的学者认为，随着电脑、网络和数位化传媒扩大的登写，将大幅度的减低资讯成本，使物权创设自由的限制，逐渐失去正当性。[5] 的确，在一个信息化、数字化社会，物权公示手段的不断增多，确实有可能为物权类型和内容的自由创设提供可能。不过，究竟是物权登记方式的进步导致物权

---

[1] （台）史尚宽：《物权法论》，中国政法大学出版社 2000 年版，第 12、13 页。

[2] （台）谢在全：《民法物权论》（上册），中国政法大学出版社 1997 年版，第 41 页。

[3] （台）王泽鉴：《民法物权：通则·所有权》（第一册），中国政法大学出版社 2001 年版，第 45 页。

[4] （台）郑王波：《民法物权》，三民书局 1999 年版，第 15 页。

[5] （台）苏永钦：《走向新世纪的私法自治》，中国政法大学出版社 2002 年版，第 74 页。

创设的自由（物权法定原则的衰落），还是物权登记方式的进步导致立法认可的物权范围的扩大（物权法定原则的坚持）；究竟是物权走向“自由化”，还是物权走向“科学化”，尚有待研讨。〔1〕

第三，降低物权的行使、保护与移转的成本。物权法定足以“使人知道各种物权的标准内容”，因而可以减少财产关系中的信息成本。物权内容明确，就易于确定权利移转中的风险值，降低交易的缔约成本和监督成本。也就是说，只有物权的种类确定，内容确定，才能降低公示成本，使公示制度得以实行。〔2〕

第四，确保物权之特性，建立物权体系。〔3〕以法律明定其种类内容，建立物权类型体系，有助于发挥物尽其用的经济效益。〔4〕债权的内容和种类是基于契约自由之原则约定的。而物权基于其直接支配性和保护上的绝对性，不许自由创设，否则物权将空有其名。物权法定使物权与债权成为对财产权的一种基本划分方法，并奠定了民法立法体系的基础。换言之，物权与债权相互区分与独立的民法典立法体制是以物权法定之合理性为前提条件的。

第五，实现私法自治。从表面上看，物权法定原则的坚持必然引起高位阶概念的意思自治与低位阶的物权法定发生冲突，从古罗马法衍生出来的意思自治在物权法定原则面前黯然失色了，意思自治在物权法领域只能在物权法定框架的缝隙中生存。其实这是一种对意思自治与物权法定之辩证关系的误解。虽然，坚持物权法定原则似乎限制了当事人创设物权种类的自由。但实际上，物权法定原则的坚持并不意味着背离私法自治原则。意思自治是民法的灵魂和基本理念，而物

---

〔1〕 尹田：《物权法理论评析与思考》，中国人民大学出版社 2004 年版，第 136 页。

〔2〕 周林彬：《物权法新论》，北京大学出版社 2002 年版，第 235 页。

〔3〕 （台）谢在全：《民法物权论》（上册），中国政法大学出版社 1997 年版，第 41 页。

〔4〕 （台）王泽鉴：《民法物权：通则·所有权》（第一册），中国政法大学出版社 2001 年版，第 45 页。

权法定原则是《物权法》的支柱原则。两者并不矛盾。表现在：

其一，意思自治是物权法定的基础，而物权法定的目的则在于实现意思自治。基于这一基本的价值判断，《物权法》应为私法自治开放更大的空间，并不排斥私法自治原则。[1]

其二，法定物权种类，虽构成对私法自治的一种限制，但这种限制是基于公共政策的考虑，具有正当合理性，当事人必须于此“法定”范围内行使其决策自由。“法定”的目的是为“自治”构建基本的规范结构。亦即就终极意义而言，物权法定是为了更好地实现私法自治，是实现私法自治的基础。就物权种类而言，只有将其法定化，才能为当事人之间的交易提供统一的法律基础，为当事人正确判断交易内容提供依据。物权种类法定的目的是为了更好地满足当事人私法自治的需求。正如有学者指出的，物权法定原则限制物权种类的目的在于权利之保护而不在于权利之限制，物权法定原则限制物权的自由创设，但不限制权利人对物权的选择自由，限制物权之权限，但不限制权利人的行为自由。[2] 换言之，强行限制物权的自由创设，仅仅具有“强制性”（不允许当事人超越法律规定的权限范围实施行为），但并不具有“强行性”（要求当事人必须实施某种行为）。物权法定的效果不在限制民事主体对物的支配，相反，却从根本上为民事主体行使物权提供必要保障。

第六，更好地发挥公有制的优越性。一国经济的发展与繁荣，有赖于该国物权体系之合理、科学、严谨的构建。因为物权直接反映社会所有制关系，对社会经济关系影响重大。正所谓，“物权制度有关一国的经济，势不能不采取一贯的政策，以为社会的准绳，此物权的种类所必须法定也。”[3] 根据我国公有制的情形，物权法定原则除具有

---

〔1〕（台）王泽鉴：《民法物权：通则·所有权》（第一册），中国政法大学出版社2001年版，第17页。

〔2〕尹田：“物权法定原则批判之思考”，载《法学杂志》2004年第6期。

〔3〕（台）郑玉波：《民法物权》，三民书局1986年版，第15页。

上述价值外，还具有特殊意义：

其一，我国经济制度的现实是以公有制为基础。公有制作为一种所有制类型，必须经过《物权法》的调整才能成为一种财产法律关系，从而明确产权归属，确定权利义务内容。因为，只有法律明确规定的类型，才能从法律上确认和巩固社会经济关系，充分发挥公有制的优越性。详言之，通过物权法定将一些权利确认为物权，有利于充分发挥公有制的巨大潜力。如果物权可以任意创设，对所有权设定种种限制或负担，则物权的规范将影响到物的充分利用，影响经济效用。

其二，物权法定原则将国家的公共权力与财产权利分割开来，使国家"主权者"的身份与"所有权人"的身份相分离。这样，可以将国家的公共权力屏蔽于财产权利之外，纯化国家财产权利的"非权力"性，从而将国家的所有权推向市场，在市场规律的作用下保值增值。换言之，物权法定原则的制度刚性可以将公共权力部门对公有制财产的管理权力限制在法定框架内，使公共权力与公有制财产权利分离。公有制财产进入市场，形成所谓"公所有、私利用"的公有财产权利体系。而公体私用的公有财产权利体系的建立：一方面需要按照完整私权的要求配置权利的内容，保证进入市场交易的权利具备完整私权的属性；另一方面需要弱化权力部门对财产的直接支配权能，防治公权力以权谋私。〔1〕

（二）物权法定原则之"弊"

物权法定原则在使财产归属关系清晰明确，物权变动公开透明，从而维护交易秩序的稳定，保障交易的安全，建立公有财产权利体系的同时，也使《物权法》成为一个相对封闭的体系，导致《物权法》的僵化性。其表现如下：

第一，虽然立法者在确立物权类型体系和物权内容时已最大限度地为人们应用财产的手段和方式设定合法有效的法律途径，尽可能多

〔1〕李富成："物权法定的意义与法律政策原则"，载《民商法学》2005 年第 5 期。

地在法律上设置彼此之间界限明确，内容充分，种类齐全的物权类型。但是，随着社会经济的发展，人们对物之利用方式亦随之不断进步、更新，因而法律预先规定的物权种类是不可能满足社会发展需求的，即物权法定原则不能满足支配利益的多样性需求。关于这一点，利益法学代表人物赫克早已推翻了概念法学所编造的法律无漏洞、法律具有逻辑自足性的神话。赫克也认为："即使是最好的法律，也存在漏洞。""因为，一方面，立法者的观察能力有限，不可能预见将来的一切问题；另一方面，立法者的表现手段有限，即使预见将来的一切问题，也不可能在立法上完全表现出来。"〔1〕其结果是某些在现实中需要的权利即使具备物权特征也无法归入物权的行列。相反某些时过境迁的物权，仍为物权法所保护，造成法律规定与现实生活的脱节。同时抑制了新型权利的出现，压抑了民间社会对权利的创新功能，限制了《物权法》的发展。这些弊端产生的原因在于：

其一，民法为市民社会的法。按照马克思的观点，市民社会是与政治社会相对应的。市民社会是特殊的私人利益关系的总和，政治社会是普遍的公共利益的总和。所以，用于调整私人利益关系的法律规范理应产生于市民的自发习惯。例如，物权的种类，往往是先由当事人以法律行为设定，待普遍化之后，甚至形成习惯，才得到法律的承认，〔2〕即它是自下而上的运动过程。而物权法定原则使权利的源泉更多地来自国家权力，致使人们不能创造新型物权，影响了物权种类的丰富与发展。正如有的学者认为，物权法定原则以单一化的制度模式统一并固定权利的种类和内容，会造成法律规定和社会现实脱节，在很大程度上损害既存的多元制度安排模式，妨碍民间社会自发的制度创新。〔3〕结果，原有的整理物权的功能成为限制新的物权种类发展的

---

〔1〕［德］赫克：《利益法学》，津田利治译，庆应大学法学研究会1985年版，第13页。转引自王洪：《司法判决与法律推理》，时事出版社2002年版。

〔2〕崔建远："住房有限产权论纲"，载《吉林大学学报》1994年第1期。

〔3〕杨玉熹："论物权法定主义"，载《比较法研究》2002年第1期。

障碍。

其二，物权法定原则在法律观念上表现为用静止和僵化的理念去描述一个飞速发展的社会，这显然是形而上学的做法。人的认识能力与社会发展之间存在的差距是客观存在的，社会的发展并不是在人们的设计中完成的。换言之，社会需求远非立法者依个人预见力能事先拟定几种物之利用类型就能应付的。立法者并非圣贤，穷尽不了客观现实。正如梅因所说："社会的需要和社会的意见常常或多或少地走在'法律'的前面的。我们可能非常接近地达到他们之间缺口的结合处，但永远存在的趋势是要把这缺口重新打开来。因为法律是稳定的，而我们所谈到的社会是进步的。"〔1〕因此法的滞后性也就是法本身固有的并且是不可避免的。毋庸置疑，物权类型及其内容应符合社会生活需要，由此可知，物权类型的最佳形成机制应当是民间社会自发的制度创新。但这是一种理想的模式。物权的绝对性意味着其效力的排他性，因此若允许当事人自由创设物权类型及其内容，势必危及物权之绝对属性。

第二，物权法定原则对物权种类和内容的限制使法律失去了应有的灵活性。表现为"当已制定的法律同社会发展中的某些不固定的、有紧迫性的力量发生冲突时，它就不得不为这样稳定性政策而付出代价。"〔2〕这种基于对法律稳定性和安全性的要求，而牺牲法律的灵活性和妥当性，表现了物权法定原则的刻板和僵化。物权法定原则将稳定与安全的保障转化为刻板苛刻的教条，进而使法律缺乏灵活性。

此弊端产生于法律的稳定性和灵活性之间的矛盾。然而，这是一个永远无法彻底解决的问题。一个完全不具有稳定性的法律制度，会缺乏逻辑上的白洽性和连续性。因为，人们在为将来安排交易或制定

---

〔1〕［英］梅因：《古代法》，沈景一译，商务印书馆1995年版，第15页。

〔2〕［美］E. 博登海默：《法理学——法律哲学和方法》，张智仁译，上海人民出版社1992年版，第362页。转引自杨玉熹："论物权法定主义"，载《比较法研究》2002年第1期。

计划时，无从确定昨天的法律依然是明天的规则。[1]但是，法律还必须接受进步所提出的正当要求。如果一项法律制度无法满足时代的需求，显然是不适当的。而物权法定原则的确立恰恰不利于法律的进步。可见，法律的稳定性与灵活性的矛盾是与生俱来的，无法摆脱的。但就两者的价值取向往往牺牲一定的灵活性和妥当性，选择稳定性。朝令夕改的法律将使人无所适从。

物权法定原则也在很大程度上限制物之支配利益多样性，损害既存的多元制度安排模式。但物权法定原则的“利”远远大于“弊”，因此，需要挖掘能最大限度地克服其僵化性，从而使之与社会生活的发展相适应的措施。

四、物权法定原则僵化性克服之学说与路径

存在于物权法定原则背后的法律僵硬性并非现代之发现，从其产生的那一刻起，就一直困扰着它。只是随着社会的发展，支配利益多样性的出现，物权种类的不周延越来越明显，其与社会发展的不协调愈来愈严重。为此，学者们提出了一系列方案，试图弥补由于物权法定而带来的物权种类、内容的僵化，落后于社会现实等弊端。

日本学者提出各种方案。归纳起来有两种：第一种，承认习惯法为创制物权的直接依据；第二种，对物权法的规定作扩大解释。其中第一种又分为三种不同的观点：其一，物权法定无视说。该学说认为应无视物权法定的原则，而承认习惯物权的效力。甚至“习惯法有废止强行法之效力。”因为习惯是在社会生活中自发产生的，不仅不可能予以阻止，而且如果横加阻止干涉，也将有害于社会的发展；[2]其二，习惯法包含说。该学说主张法令未规定事项的习惯与法律有同等

〔1〕［美］E. 博登海默：《法理学——法律哲学与法律方法》，邓正来译，中国政法大学出版社1999年版，第339页。

〔2〕［日］我妻荣：《新订物权法（民法讲义）》，1984年版，第27页。转引自（台）谢在全：《民法物权论》，中国政法大学出版社1997年版，第46页。

的效力，此说为稻本洋之助等学者所倡；[1] 其三，习惯物权有限承认说。此说为舟桥淳一等学者提出。认为物权法定原则所指称的“法”虽不包括习惯法在内，但从物权法定原则之存在理由看，如依社会惯性上所产生的物权不妨碍物权体系之建立，可突破物权法定原则之拘束，而直接承认该惯性上的物权为有效。[2] 在第二种学说中亦包含两种主张：其一，物权法定缓和说。此说认为新生的社会惯行上的物权，如不违反物权法定原则的立法旨趣，且又有一定的公示方法时，可从宽解释物权法定原则的内容，将其解释为非新种类的物权；[3] 其二，新型权利及时承认说。德国学者莱泽尔（Raiser）认为，民法所以采取物权法定主义，其目的非在于僵化物权，而旨在以类型的强制限制当事人的私法自治，避免当事人任意创设具有对世效力的法律关系，借以维持物权关系的明确与安定，但并不排除于必要时，得依补充立法或法官造法之方式，创设新的物权，因法律必须与时俱进，始能适应社会发展的需要。[4]

上述观点或者从逻辑上是错误的，或者是不现实的。首先，物权法定无视说有损法律的威严。如果“物权法定”作为原则在法律中明文加以规定，则不能简单地无视其存在。简单地采取“无视法律”的态度，必将有损法律的尊严，有损我们对法律所形成的“法感情”。而“法感情”对维护法律的运作是极为重要的，因此，“法律必须被信仰，否则它将形同虚设”。其次，习惯法包含说、习惯物权有限承认说、物权法定缓和说三种学说共同的缺陷是用“习惯”概念对“物权

---

〔1〕［日］稻本洋之助：《民法（2）物权》，1983 年版，第 56 页。转引自陈华彬：《物权法原理》，国家行政学院出版社 1998 年版，第 76 页注释。

〔2〕［日］舟桥淳一：《物权法》，有斐阁 1960 年版，第 18 页。转引自陈华彬：《物权法原理》，国家行政学院出版社 1998 年版，第 76 页。

〔3〕［日］原岛重义、高岛平减：《民法讲义（2）物权》，1982 年版，第 17 页。转引自（台）谢在全：《民法物权论》，中国政法大学出版社 1997 年版，第 47 页。

〔4〕（台）王泽鉴：《民法学说与判例研究》（第一册），中国政法大学出版社 1997 年版，第 162 页。

法定”加以缓和：这样：一方面，习惯的采用使得物权法定原则失去了意义；另一方面，由于习惯是极为模糊的概念，具有很大的伸缩性，而且适用边界不明确。因此，这种方法从根本上也是不可行的。所以，上述四种学说不但会带来逻辑上的混乱，也对规范现实生活无益，是不妥当的。

有学者从另一种思路对物权法定原则进行了设计。[1]他认为物权可以分为基础性物权和功能性物权。所谓基础性物权，从根本上讲 是指这些权利涉及不同当事人之间的权利分际关系，以及该权利具体内容。其是功能性物权创设的基础，即只有在基础性权利的基础上才能创设新类型的物权类型。基础性物权是使财产流转关系变得流畅的前提，因为明确的基础性物权是整个社会稳定的基础。基础性物权主要包括：①所有权、建筑物区分所有权；②基地使用权、农地使用权与邻地利用权等用益物权；③典权；④水权、探矿权、采矿权、渔业权、驯养权、狩猎权等自然资源使用权。所谓功能性权利，是指在当事人之间设定该物权并不是他们的直接目的，其根本目的是为了保障债权的实现。换言之，功能性物权的创设是为了充分发挥物的交换价值，是利用物的基础性权利（如所有权）来担保债权的实现。所以，从某种程度上讲，这不是物权的重新创设，而只是对基础性物权的利用。功能性物权主要包括抵押权、质权、让与担保和留置权（其比较特殊）等权利。其创设的具体条件有：①创设功能性物权是建立在基础性权利之上的；②在实现权利时，该物权的内容可以确定；③具有适当的公示方法，社会可以对此产生公信。基础性物权因基础而需法定，功能性物权在符合一定的条件下可以自由创设。这种观点一方面考虑到了物权法定原则适用的条件，物权种类的周延，用功能性物权予以兜底；但另一方面，对于用益物权的种类给予明晰的法定，缺乏兜底条款或制度。因此，前面提到的物权法定原则的缺陷依然存在。另外，

---

〔1〕 梁上上：“物权法定原则：在自由和强制之间”，载《法学研究》2003 第 3 期。

将物权法定原则在两种物权中间区分适用的理由似乎不够充分。

学者们为解决物权法定僵化性而提出的观点和方案，或者说较为抽象，或者太理想化，如认为立法者应全面考察能反映现实社会需要的权利类型，法律应当尽可能地囊括生活中已经存在的物权种类。试问，立法者又何尝不是以此为目标呢？所以，类似解决方法确有沦为口号之嫌。此外，就我国领土辽阔，民族众多的现实而言，如果承认习惯，则可能会导致物权类型的泛滥。因此需要另辟缓和物权法定原则僵硬性之蹊径。

五、地役权对物权法定原则之软化

物权法定原则维系一国的经济、政治制度，因此，其本质作用表现为立法者意志对当事人在物权关系创设上的自由之否定。其目的在于保证一国之基本经济制度所导致的物权制度设计方案不可由私人意志加以改变的必需。〔1〕诚然，物权法定原则从其产生到现在，实现了当初设计者所希望的目的。但是，该原则的弊端造成了法律规定与现实生活的脱节也是不可否认的。如何协调“社会生活之长久酝酿，习惯之反复践行了所生新物权与物权法定主义之冲突”?〔2〕学者们提供了很多有益的建议（前述已有论述）。

作者认为，这个冲突的解决只有从物权法定原则的外部入手。因为物权法定原则所具有的僵化和刚性是与生俱来，任何企图从该原则的内部对其加以改造的做法都是徒劳。因此，只有跳出物权法定原则之外，去寻找支配利益多样性与物权类型化之间的平衡点。这个平衡点须既能保证多元利益的实现，又属于法定的权利。

罗马法和有的国家将地役权作为兜底制度来协调权利人多元的支配

〔1〕尹田：《物权法理论评析与思考》，中国人民大学出版社 2004 年版，第 136 页。

〔2〕（台）谢在全：《民法物权论》（上册），中国政法大学出版社 1997 年版，第 46 页。

权益与单调的法定物权类型之间的矛盾，弥补物权法定原则的僵化性。

(一) 罗马法地役权与物权法定原则

罗马法时物权法定原则并未被确立为一项法律原则。但罗马法以“支配方式”为基础的“权利类型化”的法律技术，业已随着物权体系的建立而产生的事实却是无庸置疑的。[1] 显而易见的是，物之支配方式所体现的本质上是支配者在其所支配的物上的利益，基于生活需要的千变万化，人在物上的支配利益，必定是变动不拘的。由此，物权的类型化与物上支配利益的多样性之间，便形成了一组方向相反的力量。[2]

这组力量作用的结果，极大地丰富了罗马地役权内容，致使罗马法上的地役权呈现出令人瞩目的“权利类型细化”的面貌。详言之，法律将社会生活中存在的各种各样的役权支配现象，尽可能详细分类，使之成为法律制度上的役权的类型，从而纳入物权法定主义的原则之下。[3] 例如“耕地役权”之一的“通行役权”，便可分为步行地役（iter 或 servitusitineris）、兽畜通行地役（actus 或 servitusactus）、货车通过地役（via 或 servitus vias）以及水上通过地役（servitus navigandi）等类型。但是，如此详尽的地役权类型划分，事实上仍然不可能涵盖需役地上利益的全部。为了适应社会生活的需要，罗马法将当事人之间的“特约”，作为了协调物之支配利益的多样性与物权类型化之冲突的工具。例如，在“役权不得表现为要求作为（Servitus in faciendo consistere nequit）”[4] 类型限制之下，地役权人为了自己的需要，可以

---

〔1〕张鹤：“我国物权法定原则与地役权：宏观法定与微观意定之融合”，载《法学杂志》2007 年第 6 期。

〔2〕张翔：“论支配利益的多样性与物权法定主义之协调”，载《河北法学》2006 年第 2 期。

〔3〕张翔：“论支配利益的多样性与物权法定主义之协调”，载《河北法学》2006 年第 2 期。

〔4〕［意］彼德罗·彭梵得：《罗马法教科书》，黄风译，中国政法大学出版社 1992 年版，第 251 页。

"特别约定"的方式，要求供役地人实施积极行为的义务。如约定供役地人为地役权人实现"取水地役"，而需要承担蓄水和排水的义务，以保持供役地的自然流水与需役地的通常水位相平衡。为此，供役地所有人不得过量排泄其蓄水，至其水位低于需役地的自然水面，也不能阻碍其排泄，至其水位高于需役地的自然水面。〔1〕这种"特约"罗马法律并不禁止。因为这种"特约"在罗马法上不可能具有对世的物权效力，因而被认为属于"债权关系"的范畴，排除于役权制度之外。但是，当事人之间于物权法原则之外的"特约"，即他物权契约中的"意定性"特征，其所具有的能够满足当事人多样化需求的功能，在罗马法中，业已显露无遗。〔2〕

罗马法学家巧妙地运用地役权制度来协调权利人的利益的多样性与物权类型化要求之间的矛盾，这种巧妙性可谓罗马法的立法技术。其可总结为：

第一，采用具有相对抽象性的物权分类标准建立物权体系，如使用"需役地便利之需要"等用语。此时的"物权类型"是较为抽象的。不过，这样法定的抽象的物权类型才有可能包容多样、多变的具体支配方式。〔3〕

第二，在不但要满足权利人特定用益需要，而且在不能违反物权法定原则的前提下，对"抽象物权"类型，再次进行类型细分。对"抽象物权"进行再次细分的方式是灵活多样的，既可以绝对细化，又可以适度细化。绝对细化，能详尽列举权利人有可能存在的利益形态，并在此基础上规定出极尽细致、类型繁多的物权的具体类型，如罗马法"地役权"概念下的多种详尽的具体分类。适度细化是在不可能通过前一种方式予以绝对细化的时候，只能采用较低的抽象性的划

〔1〕周枏：《罗马法原论》（上册），商务印书馆2004年版，第395页。

〔2〕张翔："论支配利益的多样性与物权法定主义之协调"，载《河北法学》2006年第2期。

〔3〕张翔："论支配利益的多样性与物权法定主义之协调"，载《河北法学》2006年第2期。

分标准予以适度细化，如罗马法地役权之下的“乡村地役”与“建筑地役”的划分。适度细化的结果是，权利人的支配形态虽然进一步受制于较为具体的划分标准，但是由于这种标准不可能绝对的具体化，所以经适度细化后的物权类型，仍然保留着相当大的弹性。[1]

第三，在对“抽象物权”类型，再次进行类型细分时，罗马法又将那些在“抽象物权”类型中，发生频繁较高、重复性较多的具体支配方式，从其上位概念中分离出来，使之成为一种独立的物权类型。如人役权从地役权中的分离，就属于此类情。分离之后，被独立分出的具体物权类型与其原来的上位概念——“抽象物权”类型形成并列关系。由此所形成的“一般”与“特别”并列物权类型格局，能够使前者成为后者的“兜底”类型，从而适应多样化的社会生活的需要。[2]

第四，充分发挥当事人之间“特别约定”的作用，以特约满足当事人的特别需求，如对供役地人施加“作为义务”的特约。这种“特约”仅具有债权效力，但其淋漓尽致地表现出地役权的“意定性”所具有的克服物权法定主义之僵化功能，满足多样性的人之需求的意义。[3]

综上，罗马法地役权为绝对所有权概念的产生，用益物权的形成与发展起到了举足轻重的作用。而用益物权制度的建立和完善不但固定了所有权与其权能相分离的社会关系，还确认了这种分离的基本形式和不同种类。与此同时，地役权为物权法定观念下的权益多样性的实现提供了制度保障。

---

〔1〕 张翔：“论支配利益的多样性与物权法定主义之协调”，载《河北法学》2006年第2期。

〔2〕 张翔：“论支配利益的多样性与物权法定主义之协调”，载《河北法学》2006年第2期。

〔3〕 张翔：“论支配利益的多样性与物权法定主义之协调”，载《河北法学》2006年第2期。

（二）国外地役权对物权法定原则之缓和

罗马法地役权对于物权类型化之缓和的技术，对后世的影响是深远的。近现代部分国家在协调物权法定原则和支配利益多样化之间的矛盾时，也采用了地役权制度。因为地役权既是法定的物权类型，又具备足以突破法定的限制，进而满足社会需要物权种类多样性的需求。

1.《法国民法典》是否采用了物权法定原则，是一个争议较大的问题。持肯定态度的学者认为：法国民法为近代民法之肇端，而物权法定原则系近代民法基本原则之一，故应肯定法国民法采取了这一原则。[1] 虽然1804年《法国民法典》未明文规定物权法定原则，但该法典颁布以来占支配地位的民法理论认为：物权的范围应当而且实际上已经受到法律规定的限制，在法律无明文规定的情况下，物权是不可能产生的。而且《法国民法典》第543条的规定则常常被用来作为物权法定思想的证明（该条文规定："对于财产，得取得所有权，或取得单纯的用益权，或仅仅取得土地供自己役使之权"）。[2] 但以日本星野英一为代表的否定论者认为，物权法定原则非为近代物权立法的当然原则，法国民法在立法上始终没有承认这一原则。[3] 而且从法典来看，地役权是缓解该原则之局限性的制度之一。《法国民法典》的地役权制度，是由"因场所的自然位置产生的役权"、"由法律规定设立的役权"和"由人的行为设定的役权"三个部分组成。在这三个部分中，如果说前两者由自然事实或法定事实所决定，仍然不可避免地存在着法定原则的因素，那么第三种——"由人的行为设定的役权"，则赋予了地役权极大的灵活性。如《法国民法典》第686条规定："允许财产所有人对其财产或其财产之利益，设定其认为适当的役权，……。由此设定的役权的使用与范围，由设定该役权的证书规

〔1〕 尹田："论物权法定原则的解释及其根据"，载《河南省政法管理干部学院学报》2000年第4期。

〔2〕 尹田："论物权法定原则的解释及其根据"，载《民商法学》2002年第12期。

〔3〕 陈华彬：《物权法》，法律出版社2004年版，第79页。

定……”〔1〕此规定既使当事人通过约定设定前两种法定类型之外的权益，又具有了物权法定原则上的正当性。

由此可见，罗马法原有的地役权制度中极其详尽的“绝对细化”的立法技术被《法国民法典》摒弃，而以产生役权的不同“法律事实”作为类型化的标准。换言之，罗马法用地役权的“意定性”作为协调物之支配利益的多样性与物权类型化之间矛盾的立法技术，在《法国民法典》中得到了承袭。正如有的学者认为，“法国民法典中地役权规定充分体现了意思自治原则，根据这一规定，当事人可以设定法律就其类型未作明文规定，但地役权可以涵盖的权利类型。这是物权法定原则之松动。”〔2〕这种基于权利类型上的“抽象性”及其“意定性”所导致的对于物权类型法定化的缓和，正是地役权的兜底作用在物权法定原则上的体现。

2.《德国民法典》无明文规定物权法定原则，但理论和实践均认为物权法定原则是物权法的基本原则已是不争之事实，〔3〕并且德国民法的地役权在克服该原则局限性时扮演主要角色。这从《德国民法典》第五章“役权”所包括的“地役权”、“用益权”和“限制的人役权”三种役权类型中，我们可以看出。

较之于罗马法的地役权制度，《德国民法典》同样没有采用其“绝对细化”的技术，甚至没有采用《法国民法典》地役权上“法律事实”分类标准，而是用抽象的地役权概念来表明法律对于地役权的要求。《德国民法典》第1018条规定：“一块土地为了另一块土地的现时所有权人的利益，可以此种方式设定负担，使该所有权人可以在个别关系中使用该土地，或者使在该土地上不得实施某种行为，或者排除由供役地的所有权对需役地所产生的权利。”〔4〕可见《德国民法

〔1〕《法国民法典》，罗结珍译，中国政法大学出版社2001年版，第196、197页。

〔2〕尹田：《法国物权法》，法律出版社2009年版，第424页。

〔3〕［德］罗伯特·霍恩、海因·科茨、汉斯·G. 莱塞：《德国民商法导论》，楚建译，中国大百科全书出版社1996年版，第187页。

〔4〕《德国民法典》，郑冲、贾红梅译，法律出版社1999年版，第247页。

典》将地役权设定的出发点，定位于抽象的“需役地所有权人的利益”。至于需役人的利益究竟是什么，法典并未规定，而是直接将其交给当事人在地役权契约中来加以约定，从而使得地役权人的支配范围和用途获得了灵活性。换言之，《德国民法典》的地役权制度，仍然一如既往地延续着罗马法的以“意定性”来缓和物权法定主义与支配利益多样性之间紧张关系的技术。

3.《瑞士民法典》承袭《德国民法典》关于地役权的立法技术。《瑞士民法典》的“建筑权”的性质大致与地上权相类似,〔1〕但《瑞士民法典》并未将其界定为地上权，立法也未确定其为一种法定物权形式。根据民法典第958条，可登记的权利形式，只有所有权、地役权、土地负担、担保权。值得注意的是，立法赋予当事人可以地役权名义创设建筑权，并予以登记。如第779条规定：“在土地上可以设定役权，役权人有权在土地的地上或地下建造或维修建筑物的权利”,〔2〕第674条规定：“土地上的建筑物或其他权利登记于不动产登记簿”。〔3〕这实际上是一种利用他人空间而享有建筑物所有权的物权。只是由于这类权利内容虽是现实中需要的，但因不具代表性，立法未认可其为一种法定物权形式，因此它的实现只能依赖于地役权。因为其他物权形式都无法包容这类利用他人空间而享有的建筑物所有权的物权形式。

4. 日本也通过地役权解决物权法定原则的刚性。《日本民法典·物权编》规定了9种物权，但没有将入会权视为法定物权。入会权只有在日本教科书中被作为一项物权。因为民法典制定时，起草者对其的本质和内容没有明确认识，故未设专章规定，而仅在所有权和地役权两章中各自设有一条规定，如，所有权编第263条规定：“关于有共

〔1〕所谓建筑权是指在他人土地的地上或地下建造或保留建筑物的权利。

〔2〕《瑞士民法典》，殷生根、王燕译，中国政法大学出版社1999年版，第219、220页。

〔3〕《瑞士民法典》，殷生根、王燕译，中国政法大学出版社1999年版，第180~187页。

有性质的入会权，除从各地方习惯外，适用本节的规定”。地役权编第294条规定：“关于无共有性质的入会权，除从各地方习惯外，准用本章的规定。”〔1〕如今日本学者对于入会权的研究已有相当深入，一般民法教科书把它列为民法的第十种物权。〔2〕

5. 美国是否采用物权法定原则在美国学者中也引起争鸣。但从美国司法实践中的一系列案例看，美国法一般不允许当事人创设新的财产权种类。而且美国财产权体系的完善，有赖于美国法中的地役权制度。美国财产权的种类大多是关于财产的绝对支配权，而对于财产部分利用的权利类型则不多，只有普通法上的地役权和收益权。由于传统的英美普通法中，对他人财产加以利用的方式不能完全满足社会实际需求，于是，英国大法官法院创设了衡平法上的地役权制度。这样，美国财产法中对于他人财产予以利用的权利种类得到了丰富。正如《美国财产法重述（2000年）》所指出的，“本重述的一个基本观点就是承认当事人之间通过合同约定地役权的有效性。……过去的地役权观念过于强调土地利用的自由而忽视了当事人的意愿。现在，我们应当用合同自由的观念来重新审视地役权制度。”〔3〕这一重述意味着地役权不仅仅局限于土地的利用，当事人也可以地役权的名义约定各种对他人财产的利用，且都能获得地役权的保护。另外，除当事人之间可以约定地役权之外，法院也可以用地役权包含其他权利。如美国的路易斯安那州因深受法国法之影响，物权法定原则也被视为物权法不可动摇的原则。不过，地役权的价值也在此得到体现。例如，“在1974年矿业法颁布之前，一个法院比照地役权创设了一种重要的采矿权，”〔4〕使这种不能为其他物权涵盖的新型物之利用形式成了地役权之内容，进而受到物权法的保护。待矿业法颁布，采矿权就脱离地役

---

〔1〕《日本民法典》，王书江译，中国政法大学出版社2000年版，第53页。

〔2〕邓曾甲：《日本民法概论》，法律出版社1995年版，第144页。

〔3〕*Restatement* (*Third*) *of Property*: *Servitudes*, 2000, Introductory Note to Chapter 4.

〔4〕S. J. Stoliar, *Problems of Codification*, Canberra: The Australian National University Press, 1977, p. 74.

权而成为一种独立的法定物权。这完全是罗马法役权技术的沿袭。即，当该权利类型不成熟但又需要时，就将其作为地役权的下位权利，待其成熟后，就将其抽象出来，作为与地役权平行的物权种类。〔1〕

上述可见，尽管近代民法上的地役权制度是经过抽象化处理的，但罗马法上地役权制度的弹性与包容性，在近代民法中不仅没有被放弃，而且得到了进一步的强化。当然，这种抽象性是社会发展的需要。而且经过抽象化处理过的地役权：一方面，其具有了兜底的功能。凡与土地或者不动产有关的新型的权利类型都可以包容，达到物权种类周延的目的，从而避免物权法定原则负面效应，实现其正面效果。另一方面，通过抽象条件的设定使得物权法定原则与公示制度结合，反映公示制度的发展，从而避免物权法定原则的弊端，较好地满足人们多样化的利益，平衡利益多元化与物权法定原则之间的矛盾。〔2〕

（三）地役权与我国物权法定原则的缓和

物权法定原则在我国的确立，迫使我们去思考，如何弥补该原则的不证自明之缺陷？因为该原则作为《物权法》的一项基本原则，是贯穿于整个物权制度中的物权立法思想和适用物权规范的根本准则。〔3〕其直接影响着物权法体系的建立，影响着整个私法秩序的建立和社会经济的良性运转。如果其之僵化性和刚性得不到柔和，会使整个《物权法》体系出现了漏洞。〔4〕而如何弥补这个漏洞，我国《物权法》未给予规定。但幸运的是，历史已经为我们提供了解决这个问题的成功范

〔1〕 张鹤："我国物权法定原则与地役权：宏观法定与微观意定之融合"，载《法学杂志》2007年第6期。

〔2〕 张鹤："我国物权法定原则与地役权：宏观法定与微观意定之融合"，载《法学杂志》2007年第6期。

〔3〕 张俊浩：《民法学原理》，中国政法大学出版社2000年版，第387页。

〔4〕 "所谓法律漏洞，含义如下：其一，指现行制定法体系上存在缺陷即不完全性；其二，因此缺陷的存在影响现行法应有功能；其三，此缺陷之存在违反立法意图。可将法律漏洞定义为，现行法体系上存在影响法律功能，且违反立法意图之不完全性"。现行法之不完全性则是"指现行法上欠缺当前事态所必要的规范，或规范不完全，或有补充必要"。梁慧星：《民法解释学》，中国政法大学出版社1995年版，第251页。

例，即罗马法以及近代民法在解决支配利益的多样性与物权法定原则之间的平衡技巧启发了我们，设立法定的兜底条款或制度，可以保证当事人设定权利内容的较大空间，而这个兜底制度即为地役权。

随着人类社会的发展，地役权之结构要素在一些方面发生了变化，但是，其固有的本质特征——意定性依然如故。这正是地役权能历久而弥新之根源所在。在我国《物权法》强调“物权法定原则”的背景下，地役权的意定性更加重要，更加引人瞩目。不过，用地役权软化我国物权法定原则僵硬性的前提是地役权必须成为物权体系下法定物权。只有这样，地役权才能名正言顺的成为兜底制度，地役权的意定性也才能满足人们的不同类型、不同层次的要求。当然，这也是物权法定原则得以生存的根基，是物权法定原则立足的制度保障。因为只有权利的多样性与物权法定不相冲突，该原则才能生存。

地役权由当事人自由约定其权利内容的特点似乎与物权法定原则相违背，其实不然。我国物权法定原则的实质在于类型强制和类型固定，而地役权是法律固定的物权类型，且其本性就是意定。只要当事人通过合同所约定创设的权利内容不违反法律和公序良俗，就属于地役权的范畴。因为地役权是这些约定创设的权利的上位概念，只要上位权利是法定的，其下位权利就理所当然属于法定的权利，就不违背物权法定原则。换言之，当法定之外的“权利”，诸如眺望、宁静、空中架设电缆、电线、狩猎权、生态权（要求财产应当符合生态保护的权利）、审美权（要求财产应当符合审美标准的权利）等权利无法归入所有权编中的相邻关系；也无法被用益物权编中的土地承包经营权、建设用地使用权、宅基地使用权等法定物权包容，但又欲使其得以实现时，只有通过契约设立地役权。地役权可以将那些无名的权利囊括其中，进而协调物权法定原则与支配权利多样性之矛盾。这样，就解决了法定权利类型单一与社会现实需要脱节的问题，使社会的利益多样性在物权法定原则的背景下仍然得以实现。正如德国学者认为，“物权的所谓种类法定原则已使得当事人仅能在一些次要点上有所约定，但地役权制度却因土地之间关系极为多样，而使得权利的主要内容也须由当事人合意决定，这种先天的内容多样性可以说是地役权的最大特色”,〔1〕“也正因为这种内容自由意定，才使得地役权可以从罗马法时代的农业社会，一直到现在工业社会还具有非常实际的功能。”〔2〕如果说，因物权法定原则固有的封闭性让立法者对其心有余悸，那么地役权的确立为立法者解除了这一后顾之忧。

值得一提的是，地役权制度对于物权法定僵化之缓和，并不会对第三人的利益以及交易安全造成负面影响。恰恰相反，登记公示制度的建立，赋予了地役权领域宽松的法定原则技术的可能。正如有的学者所指出的，现今社会生活对于物权法定原则的不断突破，大都发生在担保物权中，用益物权领域中的这种现象却似乎未曾发生。究其原因，在担保物权中，各物权种类的内容大都确定、清晰，没有宽泛地为当事人自由意志留下空间……而在现代用益物权体系中，存在着地役权，以及限制的人役权这两种物权形式，它们标的物范围的广泛性、权利创设目的的随意性、权利内容的不确定性，使其内涵大大丰富，给予当事人留下极大的自由余地……这使整个用益物权体系未出大的漏洞，没有产生根本否定物权法定的必要。〔3〕概言之，物权法定原则的生命力，在于在维护交易安全的前提之下，将对于意思自治的约束减小到最低程度，从而最大限度地保障个人的选择自由。而地役权却是物权法定原则存在的制度保障。

---

〔1〕 Kohlhammer – Komm, Zum BGB, Bd. 6, 1989, § 1080 (Baur), Anm, lb. 参见（台）苏永钦：《私法自治中的经济理性》，中国人民大学出版社 2004 年版，第 252 页。

〔2〕 Münchener – Komm, Zum BGB, Bd. 4, 2A, 1986, § 1018 (Falckenberg), Anm. 2. 参见（台）苏永钦：《私法自治中的经济理性》，中国人民大学出版社 2004 年版，第 252 页。

〔3〕 张鹏：“役权的历史溯源与现代价值定位”，载梁慧星主编：《民商法论丛》（第 18 卷），金桥文化出版（香港）有限公司 2001 年版，第 492 页。

第四节　本章小结

前述分析显示：地役权的意定性之理念和不以占有供役地为条件之优点能较有效、直接地优化配置不动产资源，以较小的社会经济成本换来较大的经济效益，实现土地利用关系的较高程度的调节，进而有力地提高土地资源利用率。

无论从法理的角度，抑或经济的视野都可以发现，地役权的意定性有能力解决法定的相邻关系制度在适用空间及条件、救济方式、权利实现的成本等方面存在的问题，填补相邻权利人不能追求较高利益的空白。因为“地役权还具有排除相邻关系或者改变相邻关系适用、满足人们获得对土地利用形式多样化和稳定化的要求”的功能。[1]

不仅如此，地役权的意定性可以将那些无法归入传统用益物权种类的，但又不违背公序良俗及国家法律的新型的权利类型纳入其之名下，并予以登记，除去其债权形式，还其本来的物权面目，从而获得物权法的保护。这样，交易者在不具对世性的债权无法满足其需求时，通过地役权获取自己应有的利益。这既符合物权法定原则的要求；又满足社会对权利多样性的需求，创造更大的社会财富；而且为物权法定原则的存在提供了制度保障，实现宏观法定与微观意定之融合。

“民法准则只是以法律的形式表现了社会的经济生活条件”。[2] 如果说在经济发展对土地需求不高的时代，地役权的有无无足轻重；那么今天，唤醒在我国沉睡了半个多世纪，但始终屹立于国外民法之林的地役权制度是大势所趋。这不仅仅因为地役权是众多国家和地区民

〔1〕 申卫星：“地役权制度的立法价值与模式选择”，载《现代法学》2004 年第 5 期。

〔2〕 中共中央马克思恩格斯列宁斯大林著作编译局：《马克思恩格斯选集》（第 4 卷），人民出版社 1977 年版，第 248、249 页。

法典以及民事法律法规中的物权制度，而更重要的是其独树一帜的特点，以及因此而固有的制度功能，可以最大限度地释放出提高我国不动产资源的利用率，弥补现行制度之漏洞，让人们更有品质的生产和生活的正能量。这种正能量不仅仅关系到特定的权利人的权利，而且关系到全社会的利益。

第六章 地役权功能的新拓展

“权利永远不可能超出社会的经济结构以及由经济结构所制约的文化发展，”[1] 在食不果腹的时代，人们很难想象眺望役权、不加高建筑物役权的设定。尽管财产利益也是人们永恒的追求。但在以市场经济为基础的现代社会，经济人的出现，私权意识的提高，环境权、空间权等权利类型日益普遍，也相当重要。正如波斯纳所说“发达社会的财产权要比原始社会的财产权广泛得多”。[2]

有鉴于此，地役权不能囿于其产生时的固有功能，而应当承担实现社会经济需要发展的重任。这也是地役权之应然责任。换言之，地役权意定性使其除以通行、汲水、眺望为内容外，尚可用于补充建筑法规的不足，调整相邻关系，规范环境保护及营业竞争等。[3]

---

〔1〕 中共中央马克思恩格斯列宁斯大林著作编译局：《马克思恩格斯选集》（第3卷），人民出版社1977年版，第12页。

〔2〕［美］理查德·A. 波斯纳：《法律的经济分析》，蒋兆康译，中国大百科全书出版社1997年版，第44页。

〔3〕（台）王泽鉴：《民法物权：用益物权·占有》（第二册），中国政法大学出版社2001年版，第77页。

第一节　“意定”不动产之间的利用关系：提升建筑物之价值

时至今日，对某块土地的便利利用往往体现在对该土地上的建筑物等的利用上，而对供役地的影响也开始更多地及于供役地上的建筑物。于是，产生了此建筑物对彼建筑物的“役使”性的利用问题，且这类情形日益增多。

一、不动产之间的役使现象

不动产之间的役使是不动产资源匮乏的必然结果，是提高不动产资源利用率的应然选择。

第一，随着城市的建设，人口的增加，住宅建设用地供应趋紧，建筑物之间的间距越来越小，密度过大，又由于现代建筑技术飞速发展使建筑物的高度也在逐渐增加。而建设工程在进行桩基施工和基坑开挖时，必然利用大量周边空地作为临时建筑用地。[1] 于是，建筑物对土地的“地役”性利用成为现实中较普遍的现象。

第二，现今的通风、采光、通行关系与传统意义上的相邻关系已有所不同。传统的通风、采光相邻关系一般发生在左邻右舍之间，涉及人数少。当今的通风、采光则发生在多栋区分所有建筑物之间，影响面广泛，如相邻通行关系也已由以户为单位变为几个毗邻的住宅小区之间的通行关系。

〔1〕《土地管理法》第57条第1款规定：“建设项目施工和地质勘查需要临时使用国有土地或者农民集体所有的土地的，由县级以上人民政府土地行政主管部门批准。其中，在城市规划区内的临时用地，在报批前，应当先经有关城市规划行政主管部门同意。土地使用者应当根据土地权属，与有关土地行政主管部门或者农村集体经济组织、村民委员会签订临时使用土地合同，并按照合同的约定支付临时使用土地补偿费。”但是，如果按照法定程序取得临时用地，则手续太复杂，实践中，对临时占用土地的时间不是很长的，很少通过法定程序申请临时建筑用地。

第三，不动产所有人或使用人较为重视自己的不动产利用，希望最大限度的改善居住条件和环境。为此，相邻建筑物权利人往往对现行法关于相邻关系的规定作出扩张性的理解，主张相邻利益。如在相邻关系的名目下主张隐私权、眺望权、安宁权、恶臭污染排除权等。对相邻建筑物所有权的延伸或限制而产生的纠纷已成为现今近邻不动产纠纷的主要现象。

第四，在农村，两个楼房之间设置连接通道以便通行，或者平房中的居民为采光在他人的墙上开窗户，相互之间搭梁于他人的房墙上等情形不胜枚举。这种役使往往涉及几家人的利益，因此争议层出不穷，甚至引发纠纷。

生活水平的提高，土地的有限性，使建筑物之间、建筑物与土地间的相互利用已成普遍现象，且呈多样化发展。由此产生的不动产所有人与利用人相互之间的利益冲突非传统的建筑物区分所有权、相邻关系能够予以调整。

二、域外毗邻建筑物之间利用关系的立法例

罗马法时期，相邻建筑物间的利用关系是由地役权予以调整。罗马法的地役权分为适用于土地的田野地役权和适用于建筑物的城市地役权。其中城市地役权即为建筑物地役权，是古罗马法中地役权的重要组成部分。建筑物地役权指为自己土地上的建筑物的建造、使用，而需利用他人土地的地面、地上建筑物或者地上空间的权利。[1]

在传统的用益物权中，各国几乎都特别重视土地之间的役权，而对于建筑物役权则规定较少。这种现象对采取土地与其地上建筑物附合原则的国家而言，没有影响，即地役权不仅适用于土地，同样适用于地上建筑物。但对于采取土地与其地上建筑物分离原则的国家而言，地役权很难适用于其地上的建筑物。

---

〔1〕 周枏：《罗马法原论》，商务印书馆2004年版，第396、397页。

(一) 土地与其建筑物的附合

采用附合原则的国家和地区主要是法国、德国、瑞士等国家和我国台湾地区。《法国民法典》第687条规定："役权，或者为适用建筑物，或者为使用地产而设定。"此外，法国的《法国住宅分层所有权法》还规定了建筑物相邻关系。《德国民法典》第1022条规定："地役权的内容是在供役地的建筑设施上保持其他建筑设施的，如果没有其他规定，在地役权的利益所需范围内，供役地所有人应当维护该设备。"《瑞士民法典》第779条规定："在土地上可设定役权，役权人有权在土地的地上或地下建造或维持建筑物。"第674条规定："土地上的建筑或其他设施的上部突出至他人土地之上时，仍为其所在地的土地的组成部分，只要土地所有人对该役用享有物权。对前款突出建筑物的权利，得以地役权登记于不动产登记簿。"在这些国家和地区里，地役权的设定等同于建筑物役权的设定，无须再单独设立建筑物地役权。只是德国、瑞士除规定地役权可以适用于建筑物外，又在相邻关系的总体框架下建立了"不可量物侵害制度"来调整毗邻建筑物间的利用关系。这些国家对建筑物物权之保护是多渠道的。而我国台湾地区曾出现过明确否认土地对建筑物可以设立役权的判例。其理由是："所谓地役权，乃以他人土地供自己土地便宜之用，如以他人之建筑物供自己土地便宜之用者，自不在地役权范围内。"[1] 我国台湾地区学者郑玉波先生认为，"供役地仅以土地为限，建筑物不包括在内"。[2] 我国台湾地区旧"民法"中的地役权概念也仅有土地，排斥了建筑物。但是，我国台湾地区实务和理论界并不否认对建筑物设定地役权的可能。[3] 更主要的是，我国台湾地区立法者认为：随社会之进步，不动产役权之内容变化多端。具有多样性，现行规定仅限于土地之利

[1] (台) 苏永钦：《走入新世纪的私法自治》，中国政法大学出版社2002年版，第257页。

[2] (台) 郑玉波：《民法物权》，三民书局1999年版，第183页。

[3] (台) 史尚宽：《物权法论》，中国政法大学出版社2000年版，第231页。

用关系已难满足实际需要，为发挥不动产役权之功能，促进土地及其定着物之利用价值，将土地修正为不动产。于是我国台湾地区新修订的“民法”将地役权修正为不动产役权。〔1〕

（二）土地与其建筑物的分离

采取土地与其地上建筑物分离原则的国家主要有日本、奥地利等国家。而日本地役权仅为“以他人土地供自己土地便宜之用的权利”，即不涉及建筑物。奥地利对毗邻建筑物间，建筑物与邻地之间的关系以专门规定的方式来加以调整的。此外，《奥地利民法典》采用列举方式规定了12种主要的房屋役权：紧接属于他人房屋兴建房屋之权；与他人墙上建梁檐；为采光或观景在他人墙上开窗；在邻地上空建屋顶或露台；经又邻居烟窗散发烟气；将房檐伸至他人土地上空间；将水排入、导入或通过邻地；不加高房屋；不影响邻居采光与通风；不影响视野；不移去延伸邻地而有灌溉邻地花园、灌冲水槽等功能的房檐。〔2〕不仅如此，奥地利在这12种房屋役权的解释上还保留了相当大的弹性，以适应实践发展的需要。

英美法系的国家除用役权（地役权或建筑物地役权）来调整建筑物间的关系，保护建筑物物权之外，又通过判例学说长期形成的“安居妨害”、“近邻妨害”及“忍受限度论”法理来规范相邻的建筑物间的利用关系。

从域外几个国家和地区关于调整毗邻建筑物之间的利用关系的立法现状来看，大部分国家都较为重视对建筑物之物权的调整、保护。只是由于各国社会背景、经济结构及法律传统等方面的不同，采取了不尽相同的处理办法和手段。如有的是用地役权规范建筑物之间的权利义务关系，而有的是从立法上直接设置建筑物役权。与之相比，我

---

〔1〕（台）陈忠五主编：《新学林分科六法·民法》，新学林出版股份有限公司2011年版，第C-181页。

〔2〕（台）苏永钦：《走入新世纪的私法自治》，中国政法大学出版社2002年版，第253页。

国有关立法显得单一。

三、我国调整建筑物之间利用关系的立法现状

我国对毗邻建筑物之物权的利用和保护，无论是房屋的所有权，还是使用权，主要基于《中华人民共和国建筑法》（以下简称《建筑法》）、和《中华人民共和国城乡规划法》(以下简称《城乡规划法》)、《中华人民共和国城市房地产管理法》（以下简称《房地产管理法》）和部分民事法律法规，如《民法通则》和《物权法》等。这些立法均存在明显的不足，难以满足实践的需要。

身为建筑管理的基本法——《建筑法》不仅应是建筑活动管理法，而且还应当是建筑物权利人的权益保护法，建筑小区内相邻关系协调法和建筑布局可持续发展促进法。可是其立法宗旨仅是："为了加强对建筑活动的监督管理，维护建筑市场秩序，保证建筑工程的质量和安全，促进建筑业健康发展。"该法仅在"建筑安全生产管理"一章中明确规定了施工时应考虑到与毗邻建筑物的安全问题。[1]

而《城乡规划法》是为了提高我国城乡规划的科学性，加强城乡规划监管，协调城乡合理布局，保护和改善人居环境，促进我国经济社会全面协调可持续发展而制定的。从该法的具体规定来看，其主要解决建筑物的宏观布局问题。至于建筑物的利用效率问题该法没有提到。

同样，《房地产管理法》也未涉及相邻建筑物之间的利用关系，反而，已于2011年1月26日废止的建设部的《城市异产毗连房屋管理规定》第5条确立了建筑物区分所有权人处理"相邻关系"的基本原则。[2]不过，其是从义务角度来加以规定的，且规定颇为原则。

目前在处理有关相邻建筑物之间的利用关系时，主要以《民法通

〔1〕《中华人民共和国建筑法》第39条规定："……施工现场对毗邻的建筑物、构筑物和特殊作业环境可能造成损害的，建筑施工企业应当采取安全防护措施。"

〔2〕《城市异产毗连房屋管理规定》第5条规定："所有人和使用人对房屋的使用和修缮，必须符合城市规划、房地产管理、消防和环境保护等部门的要求，并应按照有利使用、共同协商、公平合理的原则，正确处理毗连关系。"

则》第83条，最高人民法院《关于贯彻执行〈民法通则〉若干问题的意见（试行）》和《物权法》作为依据。虽然《物权法》中的“所有权”编有两章“业主建筑区分所有权”和“相邻关系”都涉及建筑物的利用问题。但“业主建筑区分所有权”章仅就建筑物内部的专有部分，以及建筑物区分所有权，如小区内绿地、道路和物业管理用房的归属问题进行了规定。而“相邻关系”章涉及了建筑物之间的外部问题，但主要是就建筑物建造时与其他建筑物的关系进行规定。如第88条规定：“不动产权利人因建造、修缮建筑物以及铺设电线、电缆、水管、暖气和燃气管线等必须利用相邻土地、建筑物的，该土地、建筑物的权利人应当提供必要的便利。”第89条规定：“建造建筑物，不得违反国家有关工程建设标准，妨碍相邻建筑物的通风、采光和日照。”此两条规定较为原则，难于准确适用。因为什么叫“妨碍”、“便利”，这涉及主观认识性的问题。而且这种笼统规定往往成为适法上的困难所在。至于《物权法》中的“用益物权”编也没有提到建筑物之间的利用问题。

四、地役权对不动产之间利用关系的调整

虽然《物权法》第156条将地役权的客体界定为不动产，但其后之规定与其不统一。[1]“从我国物权法的其他具体规定来看……对建筑物之间以及建筑物与土地之间的地役权关系还缺乏具体规定。”[2]因此即使有地役权之规定，也不会被普遍地用于建筑物之物权关系的利用之中。无形中将此建筑物对彼建筑物的“地役”性利用，建筑物对土地的“地役”性利用排斥在地役权的调整范围之外。于是，我国建筑物的物权关系的调整仍然只能适用建筑物相邻关系。

建筑物相邻关系，指相邻近的建筑物所有人或利用人之间，建筑物所有人或利用人与邻近的土地所有人或利用人之间，以及一栋建筑

---

〔1〕此问题详见第七章第二节。

〔2〕江平主编：《物权法》，法律出版社2009年版，第256页。

物内彼此邻近的住宅所有人或利用人之间，一方所有人或利用人的支配力与相邻方所有人或利用人的排他力相冲突时，为调和其冲突，以谋共同利益，而由建筑法律法规直接规定的权利义务关系。[1] 其一般包括以下三种类型：其一，一栋建筑物（如区分所有建筑物）内，因各所有人或利用人的住宅单元——专有部分彼此邻近而发生的相邻关系。又称“区分所有建筑物相邻关系”。其二，相邻近的建筑物所有人或利用人间，因其建筑物彼此邻近而发生的相邻关系。其三，建筑物所有人或利用人与邻近的土地所有人或利用人间，因建筑物与土地相邻近而发生的相邻关系。[2]

毗邻建筑物之使用关系如此复杂，将其委于建筑物相邻关系调整，一定会有负立法者的期望，应在调整建筑物之相互利用关系方面再辟蹊径。而具有“意定性”的地役权可以辅佐现行的建筑物相邻关系，即两者共同调整毗邻建筑物之利用关系，能更好地保护房屋权利人的权益。毕竟，建筑物相邻关系和地役权在法律性质、产生的原因、受到损害后的救济方式等方面存在较大差异。两者体现着不同的法律价值，所追求的保护层面相差甚远。具体而言：

第一，地役权可对公法上的建筑规章进行私法上的补充。[3] 从理论上讲，保护私人建筑物权益也应是《建筑法》、《城乡规划法》、《房地产管理法》等法律法规的己任之一。但是，现行法律法规主要是从城市管理的角度出发，考虑的是社会整体利益，没有很好地顾忌私人权益。当然，其也不可能从具体的维护每个私人利益的角度进行权益设置，只能从社会整体利益角度出发。否则，在法理上缺乏根据，也损害了“私益处分主义”的私法自治原则，甚至可视为一种依公共利益而对私人权益的剥夺。特别是有些建筑物相邻权，如通风、眺望、

〔1〕 陈华彬：《物权法原理》，国家行政学院出版社 1998 年版，第 379、380 页。

〔2〕 此处的相邻关系并非法律关系，即相邻关系制度，而是指因位置上的邻近而发生的事实关系。

〔3〕［德］鲍尔、施蒂尔纳：《德国物权法》（上册），张双根译，法律出版社 2004 年版，第 713 页。

日照等权利往往涉及特定人（尤其在农村）的私益。[1] 而地役权却恰恰是实现私人不动产利益的制度。

第二，如果说用类似行政法规调整毗邻建筑物权利人间的私益缺乏理论依据，那么由基于民事法规而产生的建筑物相邻关系调整，应属于权限范围。但建筑物相邻关系的权限范围因其是法定的，故无弹性可言。更主要的是建筑物相邻关系是法律为了维护毗邻建筑物间的权利人的正常和睦的生活和生产关系而予以调节的结果，其只能满足房屋权利人利用他人房屋或土地的最低需求。而地役权之意定性的特点使需役建筑物权利者获得了在基本生活、生产条件之外的更高、更好的满足，从而使自己的权利得到扩张与提升。并且，这种提升使该不动产的价值也随之增值，产生更多的效益。因为，需役建筑物的所有人或使用人可以通过协商而对他人土地的地面、地上建筑物、地上空间予以利用或者限制利用，充分发挥地役权保障或者改善需役建筑物权利人的生活环境，维护其经济、精神上的权益，更好地提升建筑物的使用价值、效能和增加社会财富的功能。

第三，法定的建筑物相邻关系并不能满足市民个体的现实需要，或者说建筑物相邻关系已经很难调整现阶段我国毗邻的建筑物间之利用关系了。因相邻不动产的利用而产生的利益关系所固有的复杂性，迫使法定的、较为机械的建筑物相邻关系制度每每遭逢新的情形、新的相邻纠纷时不敷使用，以至于陷于捉襟见肘之境地。相反，用地役权规制建筑物间的关系可以更好地彰显个性，因为其是经由约定而超越了共性的。详言之，采用地役权可让需役建筑物权利人在供役建筑物上设立内容不同的役权，从而满足市民个体的现实的多重需要，使自己的房产发挥更大的价值。比如需役地人与供役地人可以通过设定不作为地役权，禁止供役地人兴建高楼、兴建工厂；供役地所有人仅能建特定种类和风格的房子等；或者约定在需役地和供役地的两边的

[1] 例如，虽然是同一幢的住户，但因楼层不同，采光的效果不同。因此住户对采光的要求也不尽完全相同。

某一部分不得进行建筑，即“完全的建筑禁止”。[1] 当然，双方也可以通过签订其他协议解决毗邻建筑关系中个体的现实问题，但协议一般只能拘束当事人。设定地役权可以在有限的成本下达到排除风险、提升效率的目的，填补立法空白。

第四，无论是行政法规抑或民事法规均没有就单个建筑物与区域建筑群的毗邻关系、此建筑物与彼建筑物之间的空间毗邻关系、区分所有建筑物的毗邻关系等问题进行很好的规制，致使彼此之间的权利义务不明确。没有明确的权利界限，也就没有约束。而人的自利本性决定了人对资源的利用是无休止的。若彼此权利间没有明确界限，人们不能清楚地认识到自己的单位权利界区，民事主体便无所适从。制度并不是目的，而是达到目的的一种手段。地役权制度可以使当事人根据具体的情况明确界定相关者的具体权利义务，防止权利人因滥用其建筑相邻权而造成权利冲突。

第五，地役权有利于处理越界建筑问题。越界建筑理应属越界的相邻关系的调整范围。因为我国《民法通则》未对越界建筑相邻关系作明确规定，《物权法》也没有涉及。又因为越界建筑在一定条件下是被法律“宽恕”的侵权行为，其违法性被阻却而获得了一定的合法性。所以，实务中对此类纠纷的解决感到颇为棘手。在此情形下，运用地役权或许可以使此类纠纷的解决相对简单合理，并可在一定程度上减少此类纠纷的发生。如在建房时如果发生地界不直而由双方截弯取直的情形时，越界一方可设定越界建筑地役权。表现为“建筑物对土地”的役权，当然也不排除设定越界房屋对被越界土地的役权。由于这种越界占有是基于当事人自己的意愿而同意的，由此而支付的价格也是基于当事人自己的意愿而达成的，不是由第三人设定的，故发生纠纷的比例相对小得多。与越界建筑相邻关系的救济方式相比，越界建筑地役权是事前救济，且是主动的。而越界建筑相邻关系的适用

---

〔1〕［德］鲍尔、施蒂尔纳：《德国物权法》（上册），张双根译，法律出版社 2004 年版，第 712 页。

相对被动，往往只能任由相邻不动产双方相互越界，直到引起争议，再诉诸法院。

建筑物相邻关系与地役权均是为了调节不动产利用关系而设计的法律制度。但是两者作为彼此独立的法律制度，各具内涵。从我国的现实来看，用地役权调整建筑物之利用关系不但有其必要性，而且更有合理性。从积极的角度来看，应用消极地役权管理建筑物不仅可以规制现实的每个单元所有者的行为，而且对未来的全部建筑物所有者均有约束力，可以强化对所有人利益的保障，并且保护他们的投资价值。如王泽鉴先生所言："此类地役权具有以私法补充公法上建筑规范的功能。"[1]

第二节　走出私法实现公共利益的困境：公共利益实现的多元化

一、问题的提出

我国《宪法》第10条第3款："国家为了公共利益的需要，可以依照法律规定对土地实行征收或者征用并给予补偿。"《物权法》第42条："为了公共利益的需要，依照法律规定的权限和程序可以征收集体所有的土地和单位、个人的房屋及其他不动产。……。"《中共中央关于推进农村改革发展若干重大问题的决定》（简称《决定》）明确今后政府征地范围将进一步缩小，要严格界定公益性和经营性建设用地。于是，"公益"性，或者说"公共利益"依然成为能否采用法定土地征收的唯一衡量依据。

什么是"公共利益"？这是饱受社会关注的问题之一。在《物权法》立法过程中，社会上普遍呼吁有必要尽快为公共利益正本清源，

〔1〕（台）王泽鉴：《民法物权：用益物权·占有》（第二册），中国政法大学出版社2001年版，第77页。

以防止其被盗用或滥用。为此，学者们也进行了非常有益的探讨，并提出了诸多解决方案，[1] 如“抽象概括式”、“列举式”、“概括加列举再加排除”、“放弃式”等。但是经过激烈讨论、反复权衡，《物权法》最终还是没有界定公共利益的概念。

《物权法》既回避了对公共利益之内涵的法律界定，也没有限定公共利益的外延，却仍将因“公共利益”需要利用集体土地的途径法定为征收。这意味着，在中国的发展进程中因公益事业需要利用集体土地时，还是只能通过法定的土地征收来实现。当然，这是保护私法主体合法财产权益之必要，也是现代法治国家的普遍做法。

然而，公共利益概念的缺失使其惯用的保护制度——土地征收——失去了依据，实践中对土地征收的期待不能得到有效的回应。其结果：要么私权对行政权力的防御机制无法建立，要么正当的行政征收权难以实现。确切地说，“公共利益”的不明确界定势必出现：或者集团利益或个人利益打着“公共利益”的幌子与民争利；或者财产所有权人借否定“公共利益”，从而妨害公共利益的正义表达。因为公共利益是评判“需要”与否的唯一标准，防止土地征收权滥用的约束性规定是政府有权征收集体所有土地的前提条件。

不过，对“公共利益”予以明确界定本身在法学和法律表达上是个难题，其是特定历史语境中的概念。希望通过在《物权法》中严格界定公共利益的概念，一劳永逸地解决政府滥用征收权力的努力可能是徒劳。也就是说，仅仅寄希望于通过《物权法》来界定公共利益的概念，解决征收中存在的问题，是《物权法》所不能承受之重。[2] 各国立法基本上没有对公共利益进行精确定义，仅有少数国家采取了列举的方式予以规定。

---

〔1〕《宪法》、《土地管理法》规定土地征收的目的仅限于公共利益，但什么是公共利益？它包括哪些事项，或者说其范围如何界定？都没有作出明确的规定，于是，人们将界定公共利益的重任寄希望于《物权法》。

〔2〕“界定公共利益·物权法不能承受之重”，载《法制日报》2006 年 10 月 21 日。

界定公共利益之含义的重要性是不言而喻的，而因立法技术使其难于被准确定义的事实也是客观存在的，此即谓私法上的公共利益的实现困境。在缺乏评判一项具体土地征收权是否合法之标准——公共利益概念的前提下，我国现行立法又将公共利益需要集体土地的合法机制锁定在征收制度上，这不得不令人为集体土地的前景担忧。因为土地征收制度自身严重的机制缺陷容易使其异化为肆意剥夺集体土地所有权，浪费土地资源的制度工具，与侵犯农民土地权益的制度暴力。[1]

其实，“公共利益”的研究核心并不是其概念本身，而是要研究公权和私权之间的关系，平衡公共利益和私人利益，从制度层面既保证公共利益的实现，又能阻断地方政府任意扩大征地范围，进而保护集体农民的土地所有权。鉴于公共利益的宽泛性、发展性、不确定性和层次复杂性，立法上难于予以明确定义，本书认为，公共利益的研究重点应从概念之界定转移到其之实现方式上，即在法定的土地征收制度之外，寻找走出公共利益困境之私法途径。从立法上改变当前公益用地法定方式单一化（土地征收）之状况，建立公益用地（包括广义和狭义的公共利益）的双轨制。这个私法途径即为地役权。

二、地役权实现公共利益的国外立法与启示

在国外，无论是大陆法系，还是英美法系中，均有国家将地役权运用于公共利益领域，即，为了公共利益的需要可以设立地役权，在他人土地上强加一定的负担。例如，法国将地役权用于城市规划，以

[1] 在此，并非否认土地征收的合理性。土地征收是国家或政府协调局部利益与社会整体利益关系的措施，其是一种附有严格法定条件的公权力对私权力之合法的直接侵犯，目的在于确保公益的实现。也正因为如此，世界各国都将其法定为实现“公益”的途径。美国法学上称为“最高土地权”的行使；英国法律称为“强制收买”或“强制取得”；法国法将其称之为“公用征收”；德国法称为“征收”。日本法律称“土地征收”或“土地收买”。我国虽然实行土地公有制，但客观上国有土地的数量无法满足城市化的需求，公有化的土地所有权又不能在市场上流转，因此，为公共利益需要占用集体土地时，政府也只有通过征收集体土地来满足土地市场需要。

及有关军事、航空、通讯等方面。《法国民法典》第650条规定："为公共的或地方的便宜而设立的役权，得以沿通航河川的通道，公共或地方道路的建筑或修缮，以及公共或地方其他工事的建筑或修缮为客体，……。"瑞士的地役权也被大量地应用于公众利益的实现中。《瑞士民法典》第781条也规定："……土地所有人为某人或公众的利益，得以射击场、通路等目的，设定各种役权。……除上述规定外，本条的役权适用有关地役权的规定。"法国民法和瑞士民法均在抽象规定的基础上，对地役权实现公众利益的情形予以具体列举。

英国的限制性约据相当于大陆法系的消极地役权。该制度已成为实现英国城乡环境规划的工具之一。在美国，为了特定的公共利益需要，要求不动产所有者或使用权人（下称"供役人"）容忍某种不利益或负担，从而使国家或公众（下称"受役人"）取得某种利益。[1]

地役权运用于公共利益的国外立法和实践启示了我们，现代地役权制度应当冲破生活领域的藩篱，到公共领域里彰显其本色。我国现行法上，当需要长期利用他人土地架设输电、输水、输气管线，修建公路等时，可设定地役权或取得建设用地使用权。而当这些公共基础设施所需要利用的土地是集体土地时，选择后者，则必须先将集体土地征收为国有。可是，基于此类公共利益的特征和功能，其无须取得集体土地所有权，采用地役权足矣。

当然，此时的地役权与传统地役权（意定地役权）有所区别。国外地役权运用于公共利益时，该地役权是公法意义上的。至于称谓：或称行政地役权，或称公共地役权，或称法定地役权等各国不同。

三、地役权实现公共利益的必要性及法理分析

（一）避免无谓地减少集体土地

首先，以水利、水电、能源基础设施用地为例。水利、水电工程，

---

〔1〕 See Jefirey M. Tapick, "Threats to the Continued Existence of Conservation Easements", *Colum. J. Envtl. L.*, 27 (2002), pp. 285 ~ 286.

如南水北调、西电东送等是国家重点扶持的基础设施建设项目。其投资大、占地多，但经济、社会和生态效益显著。基于我国的社会制度及国力水平，这类大型工程的建设常常需要占用农村集体土地，而且往往占用多个集体的土地。从理论上讲，这些设施属于公益性建设，若其需要占用集体土地，集体必须服从国家需要。但是，此类基础设施的用地较为特殊：其或者利用地表下的空间（如管道、电缆线的铺设），或者是利用地表的上空（电线的架设），即无需利用地表。而现实中如果是修建水电站，输油泵站，线路架设等时，政府往往通过征收取得所需要的集体土地，再出让给项目业主；如果是电缆线铺设，则有的通过征收取得项目用地，而有的并不通过征收，却直接使用该集体土地，即“借用”。此外，在设施建设的过程中，如果不可避免地需要利用其他辅助用地（如堆场、通道等）时，按临时用地来处理。

为了只需要占用集体土地的空间就能实现的基础设施建设而征收集体土地的做法，有悖于我国的土地国策。而“借用”土地的做法在某种程度上节约了土地资源，因为“借用”可以让原土地权利人在地面上种植适宜的农作物。但缺乏法律依据，侵犯了农民的权益。至于建设中需要的堆场、通道等其他土地按临时用地来解决违反法律规定。这类用地确实属于临时性的，使用完毕即归还集体。但根据我国《土地管理法》的规定，临时用地的法定期限只是两年，而这些大型项目的施工期限都很长，长达七八年，甚至超过十年，因此，不符合法定的临时用地的适用条件。

虽然我国《物权法》第136条规定了“建设用地使用权可以在土地的地表、地上或者地下分别设立……”，但是，这个法定的空间权只能在国有土地上设立，即该条款不适用于集体土地。因此，对于不占用集体土地地面的基础设施建设用地，由项目业主与被利用土地的权利人设立地役权来取得应为最佳路径。只是地役权的客体不能限于地表，其可以是地下空间或地上空间。[1]瑞士民法规定，在土地上可设定役权，役权人有权在土地的地上或地下建造或维持建筑物。[2]这样，地役权既可以解决铺设输电、输水、输气管道、架设空中电线等的用地需求，达到将电输往异地，将水调运到异地的目的；又能为项目建设过程中所需要的其他临时用地提供法律依据。后者是地役权人为实现其权利内容，得为之必要的行为；[3]而且，在不影响公共目的实现之基础上，供役地人（集体土地所有人或者使用人）有权利也有义务因地制宜地在该土地上从事农林牧渔的生产经营活动，与项目业主共同利用土地，共享土地资源。毕竟，土地空间的财产观念已为人类充分利用土地资源提供了法律基础。[4]

其次，以公路建设用地为例。公路是重要的基础设施产业，是国民经济发展的基础，一个国家综合实力的体现。改革开放以来，我国公路建设突飞猛进，致使物资交流周期大大缩短，人民群众的生活、工作快速、高效、便利。公路建设的重要性，使其成为地方政府的重点工程，加之公路建设用地征收容易、费用不高。所以，很多地方在公路用地上一路绿灯。具体表现为修建高等级公路，一般是未批先用、多征少用，将多余土地用于其他经营性项目，诸如加油站、停车场、收费站及员工宿舍等；或者假借公路的名义征地，实际划拨或出让给企业使用；修建县、乡、村公路则擅自占用、少批多用，尤其是开发区、工业小区道路用地。一言以蔽之，土地征收使公路建设在为经济发展做出巨大贡献的同时，导致了土地资源的极大浪费。迫使已经十

---

〔1〕其是地役权的特殊形式，以他人地上或地下之空间供自己土地（空间）便宜之用的权利。此问题，见第七章第二节。

〔2〕该法典中的役权包含了人役性的和地役性的。由于我国物权法仅仅法定了地役权，所以此时的役权仅指地役性的，另外，为建设公共设施而设立的空间地役权不是为了特定人的利益，而是为了不特定的多数人的利益。

〔3〕（台）谢在全：《民法物权》（上册），中国政法大学出版社1999年版，第440页。

〔4〕陈华彬：《物权法原理》，国家行政学院出版社1998年版，第294页。

分有限且呈不断减少趋势的耕地和土地资源对公路设施建设的用地需求提出了严峻的挑战。为此，国土资源部 、交通部、铁道部联合发布《公路铁路建设项目严格执行用地指标》，2004 年交通部又出台了《关于在公路建设中实行最严格的耕地保护制度的若干意见》。其目的在于引导公路建设这个用地的大户规范用地、科学用地、合理用地和节约用地，减少公路建设对耕地的占用。然而，2009 年度土地卫片执法检查结果显示，公路、铁路项目违法违规用地问题依然突出，虽然违法宗数少，但违法用地面积大，违法占用耕地量大。全国有 7 个省（区）公路项目违法违规用地超过 1 万亩，4 个省（区）铁路项目违法违规用地超过 1 万亩，其中大部分项目是省级以上重点工程。[1]

公路建设节约利用土地，并非不能利用土地，而是要有效利用。从行政管理体制来看，我国按公路所在位置以及在国民经济中的地位和运输特点，可划分为国道、省道、县道和乡道四个等级。而根据我国目前公路等级的划分标准，可分为高速公路、一级公路、二级公路、三级公路、四级公路等。根据不同技术等级公路建设项目用地总体指标测算，2007 年全国公路用地面积为 874. 45 万公顷，其中高速公路占地 42. 54 公顷、一级公路占地 33. 48 万公顷、二级公路占地 86. 18 万公顷、三级公路占地 93. 05 公顷、四级公路占地 409. 52 万公顷、等外公路占地 209. 67 万公顷。如果从全部公路用地需求看，即使不考虑公路技术等级结构的不断优化以及村道建设的土地需求，2006 ~ 2020 年全国公路建设用地还需要 272 万公顷、折合 4 079 万亩。[2]

上述数据显示，在公路用地中一级以下的公路占地面积是一个不小的数目。可随着经济的发展与建设，低等级的公路不可能满足需要，势必被相对高一等级的公路取而代之，即改道，这是公路业发展之必

---

〔1〕 刘振国：“创先争优纽带　执法监管平台——国土资源部等六部委联创齐争综述”，国土部网站，网址：www. mlr. gov. cn. 访问日期：2012 年 4 月 5 日。

〔2〕 李连成：“加快解决公路基础设施建设的用地问题”，新华网，网址：www. xinhuanet. com. 访问日期：2008 年 12 月 4 日。

然。而公路一经核准被废弃、改道，其继续占有相关集体土地的公共利益之依托便不存在。尽管，现实中多数被废弃的低等级公路仍然在使用，但其利用率极其低下，无存在之必要。出现这种现象的原因在于被废弃公路之用地已经属于国有资产，集体经济组织无权管理。而地方政府因该土地夹杂在集体土地之中不便管理和利用，只有任其浪费。然而，低等级公路又是公路产业发展中必不可少的阶段产物，有其历史使命。对于这类社会发展进程中必需的、长期的、但非永久性利用土地的建设项目，只需要取得被利用土地的用益物权，即设定通行地役权即可，不需要改变被利用土地的性质。

通行地役权是古罗马最早的地役权类型之一。时下，其之复兴可以将公路建设用地通过与集体土地所有者设定地役权而取得。这不仅能保证被利用土地之公益性的实现，防止集体土地的流失，而且协调了交通发展与土地集约利用之矛盾。此外，当遇到土地利用规划被政策性修改而需要废弃已有公路时，只要终止通行地役权，该土地自动归还该集体所有者，避免了公路建设用地被抛荒的现象。

（二）为享有保护公共基础设施之权利提供正当性依据

电力、水力、邮电通信、能源等公共基础设施建设，不但施工时需要占用与工程项目相邻的土地，而且在建设完毕后，还需要对相关设施及沿途线路等加以保护。为此，《电力设施保护条例》及其实施细则也有类似的规定，例如不得在电力线路保护区内兴建建筑物、构筑物；不得堆放垃圾、矿渣、易燃易爆物；架空电力线路保护区内不得种植高杆的植物、架空下的房屋不得再增加高度；电缆保护区域内禁止挖坑、取土、种植林木。同样，水力设施的建设与保护也是如此。各省根据《中华人民共和国水法》制定的实施办法均规定，在水工程管理范围内（包括水利工程用地、护渠地、护堤地）禁止：在堤坝上垦植、铲草、放牧、未经批准修建建筑物、进行爆破、采矿、打井、筑坟、采石（砂）、取土。再有，邮电通信也不例外。根据各省邮电通信管理条例，任何单位不得在邮电通信设施之一——微波干线通道净空控制范围内建设妨碍微波传输的高层建筑，等等。

诚然，电力、水力、邮电通信等设施建设之后，还必须得到保护，这是业主的义务，也是权利。法律法规规定的架空电力线路保护区、微波干线通道净空控制范围、水利工程保护范围等正是保证已建设施的安全运行，从而确保人民生活的正常供电、通信、供水等而需要的。问题是：现行立法并未就输电线路、电缆走廊的建设及设施保护区提供合法的用地路径。现行法律法规关于保护类似设施的规定仅仅从设施的安全性来考虑，忽略了与设施相毗邻的沿途不动产权利人的利益。于是，这些必要的法律规定无形中侵害了这部分人的权利。换言之，与设施相比邻的沿途不动产权利人占有或使用的不动产被迫背负了法定的，但不公平的负担，以至于不能充分利用其所有或使用的土地。这种不公平性缘于其所承担的类似容忍义务缺乏法理依据；或者说，业主要求他们不在自己土地上作为的权利缺乏正当性依据。因为，征收取得的仅仅是设施所占用的土地，即主要设施基地的所有权，如电力线路的塔基用地和输水渠用地。该用地不包含为维护它们的相关设施所需要的区域用地。当然，业主权力的行使或许可以通过采用民法解释学的方法将这种权利的法理基础解释为相邻关系，但这种扩大解释不妥。相邻关系仅仅是相邻不动产合法占有人之间的一种最低限度的法律调整，解决邻人关系的和谐问题。[1]

基于物权法的“公产私产平等保护”的立法宗旨，不能将维护公共基础设施的义务强加给沿途不动产的权利人。业主拥有的保护设施安全的区域用地应有法理根据。例如，凡是不需要独占他人土地地表的公益基础设施的建设用地均应当通过设立地役权而取得。地役权不但能满足修建设施的目的，而且为业主（地役权人）维护相关设施所需要的权利，或者让沿途不动产权利人（供役地人）负容忍义务提供

〔1〕 参见［德］鲍尔、施蒂尔纳：《德国物权法》（上册），张双根译，法律出版社2004年版，第537页。

了正当性依据。因为地役权人有为维持设施之义务，[1] 为此，需要对供役地人的行为予以较高程度的限制。易言之，业主在他人土地上取得建设基础设施的地役权之后，为达到设立地役权的目的，有维持相关设施（线路）所需要的所有权之妨害预防请求权或妨害除去请求权。[2] 当然，这种限制以维持权利所必要为限。这是地役权之权利的合法延伸。而且，业主（地役权人）的这种权利扩张是建立在支付自己愿意承受的对价，供役地人认可的费用之上的。

四、公共利益的地役权实现之可行性考量

设立地役权实现公共利益除源于土地征收自身的众多弊端和上述必要性之外，[3] 还因地役权与土地征收存在着异同。这为地役权实现有些公共利益提供了空间。

（一）地役权与土地征收的共性

第一，两者都是关于土地资源再分配的制度，其宗旨均在于充分发挥土地利用效率和土地资产效益。如地役权旨在在土地现状不可改变之客观条件下，通过调节两宗土地间的利用关系，在整体上提高土地资源的使用价值，乃至价值；[4] 而土地征收将集体所有的土地纳入政府的利用之中，充分发挥该土地资源的整体效率，让该土地从仅仅满足局部利益到社会公共利益。

第二，当采用地役权取得公益性基础设施建设用地时，其与土地

---

〔1〕（台）谢在全：《民法物权论》（中册），中国政法大学出版社 1999 年版，第 442 页。

〔2〕（台）谢在全：《民法物权论》（中册），中国政法大学出版社 1999 年版，第 441 页。

〔3〕 即使是公共利益的正当表达，也会因为土地征收的公法特点致使政府滥用征收权，而征收权的滥用必然导致土地征收的宗旨大打折扣。毕竟，资源的再分配理论使政府对市场的干涉获得认可，而且“一切有权力的人都容易滥用权力，这是万古不易的一条经验”。

〔4〕 地役权的设立是为了提高了需役地之使用价值，而使用价值的提高，需役地的价值也必然随之得到提升。

征收的目的是相同的，即实现公共利益。设定地役权实现某些公共利益之必要性前面已有分析，结论是肯定的。需要讨论的是，采用地役权来实现此类公共利益的可行性。确切地说，为实现公共利益而设定类似地役权时，有需役地这个必要要件存在吗？地役权的设立可以为了人的利益吗？是一个值得探讨的问题。

“地役权应当直接给土地而不是脱离土地给人带来功利。”〔1〕“没有土地这些役权就不能创制。”〔2〕罗马法的这个原则被贯穿于大陆法系中，致使“为成立地役权，以有两个土地为必要，即需役地和供役地”。〔3〕其目的是：“一方面可使地役权的内容具有尽可能的精确性与长期确定性；另一方面也保证受负担人免受——随需役地上所有权关系变化而不断变更之需求的影响。”〔4〕显然，地役权强调的是地与地的关系，并且地役权的设定目的是便利需役地，而非需役地权利人。不过，罗马法又规定：“城市地役权以维护需役地所有主或其建筑物所有主的一般生活需求，保障或者改善其生活环境为特征。”〔5〕由此不难看出，关于地役权的设定目的，罗马法的规定也是灵活的。并且近现代民法中也有一些国家的地役权之设立可以“为了需役地人的利益”。如《德国民法典》第1018条规定：“……为了另一块土地的现时所有人的利益……”；《瑞士民法典》第730条规定：“……为乙地所有人的利益……”；《俄罗斯民法典》第274条第1款规定：“……不动产所有人的其他需要……”。

其实，即使罗马法认为地役权是为需役地的利益，也是因为罗马

〔1〕［意］彼得罗·彭梵得：《罗马法教科书》，黄风译，中国政法大学出版社1992年版，第253页。

〔2〕江平：《罗马法基础》，中国政法大学出版社1987年版，第166页。

〔3〕（台）史尚宽：《物权法论》，中国政法大学出版社2000年版，第226页。

〔4〕［德］鲍尔、施蒂尔纳：《德国物权法》（上册），张双根译，法律出版社2004年版，第714页。

〔5〕［意］彼得罗·彭梵得：《罗马法教科书》，黄风译，中国政法大学出版社1992年版，第253页。

人从直观出发，认为地役权是需役地与供役地之间的关系，是物与物之间的关系，实际上是人与人之间的关系，不过是通过物而表现出来的。[1] 地役权法律构造产生的法效益的享受者是需役地人，致使需役地利益和需役地人的利益成为相互牵连，很难完全隔离的概念。在实际生活中，不乏名为需役地利益，然行需役地人利益之实的情形。“要想找出一种脱离于土地所有人利益的不同利益并使之形成法律人格，这是不可能的。……权利只能为人所利用而不能为物所利用。”[2] 也即虽然地役权的负担是施加于土地之上，但经过地与地的转化，其利益为需役地人受用。因此，通过设立地役权实现公共利益是可行的。

即使要呆板地坚持地役权的成立必须是为了需役地的利益，那么通过地役权实现公共利益也不乏需役地。从形式上看，此类地役权似乎因缺少需役地的利益这一构成要件而不能成立。但除需役地利益和需役地人的利益分辨不清之外，为建设公益设施而设立的地役权同样存在需役地的利益。如为建设“西电东送”的电缆或电线而设立的地役权之需役地是东部地区，目的是改善该地区的缺电状况，提高该地区生产和生活环境；为“南水北调”设立的导水地役权也是同理；为公路建设而设立的通行地役权的目的在于提高除供役地（被利用土地）之外的凡需要由此地通行的区域之利益。只是此时的需役地和供役地相距较为遥远，甚至远隔千山万水。而且，需役地是数宗土地的结合体，非为一宗。不过，正是因为有缺乏此类资源的地方（需役地）存在，才使地役权的适用显得如此必要，并具有可行性。

第三，两种法律关系的主体和客体极为相似。首先，主体双方均为特定的。为公共利益的实现而设立的地役权之权利主体是地役权人，即公益设施的业主，义务主体是被利用土地者（供役地人），享受地役权之利益的不特定人群是受益人；而土地征收的权利主体是政府，义务主体是被利用土地的集体组织，被征收土地的真正使用者是受益

[1] 周枏：《罗马法原论》，商务印书馆 2004 年版，第 392 页。
[2] 尹田：《法国物权法》，法律出版社 2009 年版，第 431 页。

者。其次，两种法律关系的客体也相同，即都以他人土地为其客体。没有他人土地，公共利益的实现便成为泡影。

（二）地役权与土地征收的差异

第一，两种权利的性质不同，其客体的性质也不同。地役权属于意定的私权利，而土地征收权属于法定的公权力。而两者性质上的较大差异决定了地役权的适用和征收权的行使只能针对不同性质的土地。

地役权的设立因不以独占为条件，因此，地役权的设立不改变供役地性质，这样，供役地上所负载的土地物权（无论是所有权，还是他物权）不会因此发生转移，被利用土地的数量也不发生变化。故地役权的客体（供役地）既可以是所有权人的，也可以是非所有人使用的。

土地征收因是非常特殊的物权变动形式，其行使必然导致土地所有权的变动，即原土地所有权人因此失去了原有的土地所有权。因此，土地征收的客体只能是集体所有的土地。详言之，土地征收通过重新分配土地资源，使集体所有的土地变为国家所有，国家成为被征收土地的所有权人，而被征收土地的农民集体因此丧失了对该土地的占有、使用、收益和处分权能。

第二，两种权利的性质不同，取得方式必然不同。地役权是通过约定取得的。约定取得的方式为公共利益与集体、个人利益之间划分彼此权利义务创造了合法的契机，避免因公共利益的实现而损害另一方的利益。因为其赋予集体土地所有权人或一切用益物权人与公益设施的业主就占地面积、补偿标准、支付方式等具体问题平等协商的权利和机会。供役地人（集体）成为名副其实的土地权利人。于是，地役权从权利的产生到权利、义务的具体内容等都是基于双方主体地位平等的基础上通过协商确定的。

土地征收权是法定取得。法定取得使政府可以以行政命令方式从农民集体手中取得土地所有权。这种强制性决定了征收土地的政府与被征收土地的农民集体处于不平等地位，集体所有权人面对政府征地权的行使，没有选择的余地，也没有谈判的资格，必须服从，不得阻挠。显然，土地征收不是平等基础上的交易，因此土地征收容易成为公共利益侵害集体利益的“合法”渠道。

第三，两者都是有偿的，但因其本质不同，致使其结果异样。地役权的有偿是以物权契约形式取得的，这是一种权利设定时的对价给付，故其有偿及其对价标准是意定的。对价的意定有利于保护集体和私人的财产权，使财产的和谐成为可能，而和谐的财产利益营造和谐的社会。

土地征收的补偿不是对价给付，仅是对已成立的权利被侵害的救济，而且救济标准是法定的。土地征收的核心在于将社会的公共负担转嫁到集体土地上，并且不需要经过土地所有人的同意就直接取得他人土地所有权，所以，应对被征收的土地权利人予以补偿。但这种补偿与地役权的有偿不同，其不是对价给付。

土地征收补偿的理论根据，一般认为是违反了个人公共负担平等原则。〔1〕按照该原则的要求，社会应该对作出特别牺牲的、承担了应由社会全体成员分摊的负担的自然人和法人予以补偿，进而在实质上回到了财产不可侵犯的价值预设和人权设定上，体现宪法保障财产权的一致性和周全性。〔2〕我国《宪法》对征地补偿已有明确规定。〔3〕至于补偿标准，在《物权法》出台以前，《土地管理法》第47条和有关法律法规已有规定。〔4〕只是，这些规定的补偿标准过低，不反映被

〔1〕程洁：《高级法律英语选读：宪法学与行政法学》，外文出版社2000年版，第61页。

〔2〕梅夏英：《物权法·所有权》，中国法制出版社2005年版，第119页。

〔3〕《宪法》第13条第3款规定：“国家为了公共利益的需要，可以依照法律规定对土地实行征收或征用并给予补偿。”

〔4〕《土地管理法》第47条规定：“征收土地的，按照被征收土地的原用途给予补偿。征收耕地的补偿费用包括土地补偿费、安置补助费以及地上附着物和青苗的补偿费。征收耕地的土地补偿费，为该耕地被征收前三年平均年产值的六至十倍。征收耕地的安置补助费，按照需要安置的农业人口数计算。需要安置的农业人口数，按照被征收的耕地数量除以征地前被征收单位平均每人占有耕地的数量计算。每一个需要安置的农业人口的安置补助费标准，为该耕地被征收前三年平均年产值的四至六倍。但是，每公

征土地的真实价值。《物权法》的颁布从立法上保护了被征收土地人的权益。《物权法》第42条第2款、第121条、第132条都是关于征收补偿的规定。[1]然而，第42条第2款中的“足额”是一个不确定的概念，其容易造成补偿、安置等费用的畸轻畸重，即要么不足于补偿被征地农民的生产需要；要么给被征地农民漫天要价提供依据，增加公共利益的实现成本，同时导致其成员集体性暴富，衍生了新一代城市贵族。这种现象已经比比皆是。相比之下，地役权的有偿较之于土地征收的补偿，有较大的公平性。因为，地役权在促成更大公共利益实现的同时，维护了另一部分人的利益，防止以牺牲集体土地所有权换取他人之利益，实现了国家、集体、个人三者的利益平衡。罗马法古谚“对心甘情愿者不存在不公正”，而且在一定程度上，法律公平与否，取决于利益平衡与否。

上述比较表明，为公共利益需要他人土地时，地役权与土地征收有着同样的目的、功能和法效益。两者的差异仅仅在于权利的性质不同，由此导致权利行使的条件、取得方式、被利用土地的归属等方面有所区别。不过，正是这些共性和异性，才使设立地役权实现公共利益成为必要，并且有了可能。因为，两者之共性为地役权实现公共利益提供了充分条件；而两者之不同又为地役权替代某些土地征收制度，进而为保证公共利益的实现创造了必要条件。重要的是，采用意定的方式使用他人土地，或者限制他人使用自己的土地来满足公共利益的

（接上页）顷被征收耕地的安置补助费，最高不得超过被征收前三年平均年产值的十五倍。征收其他土地的土地补偿费和安置补助费标准，由省、自治区、直辖市参照征收耕地的土地补偿费和安置补助费的标准规定……”

〔1〕《物权法》第42条第2款规定，“征收集体所有的土地，应当依法足额支付土地补偿费、安置补助费、地上附着物和青苗的补偿费等费用，安排被征地农民的社会保障费用，保障被征地农民的生活，维护被征地农民的合法权益”。第121条规定，“因不动产或者动产被征收、征用致使用益物权消灭或者影响用益物权行使的，用益物权人有权依照本法第42条、第44条的规定获得相应补偿”。第132条规定，“承包地被征收的，土地承包经营权人有权依照本法第42条第2款的规定获得相应补偿”。

用地需要，不但弥补土地征收自身的局限性，而且避免了复杂的征地程序。因为集体土地上往往并存着多种权利，征收时需要对各种物权按照规定给予补偿。[1]

综上，为了保证《物权法》不失私有财产保护的意义，使“促使一切创造社会财富的源泉充分涌流”、“公产私产平等保护”的立法初衷得以实现，应将本质上不在于调节土地之所有，而以调节土地之利用为其主要机能的地役权制度作为实现某些公共利益的渠道，与土地征收一道构成公益用地的二元模式。简言之，凡符合地役权构成要件，且其成立就可满足用地要求，并经过政府审批具有合法性的公益性建设应通过地役权获得所需之用地。

第三节 公民环境利益的实现

一、公民环境利益与生态环境

维持健康的基本条件除社会和平、衣食住行、个人教育之外，还包括稳定的生态系统、可持续的自然资源等良好的环境。而后者是每个人都应平等享有的权利，每个社会成员的共同愿望。生态环境是公民作为生物个体生存的基本物质条件和空间场所。而环境包括大气、水、海洋、土地、矿藏、森林、草原、野生生物等所能给人们带来的好处，即所谓的公民环境利益。环境利益与每一个生态社会中的成员的物质和精神等方面的利益密切相关，是公民生存和发展的重要保障。因此，在不被污染和破坏的生活环境和生产环境中得到生理、心理等各方面的利益是每个公民的权利。该权利不同于其他权利类型，其他

---

〔1〕《物权法》第121条规定：“因不动产或者动产被征收、征用致使用益物权消灭或者影响用益物权行使的，用益物权人有权依照本法第42条、第44条的规定获得相应补偿。”

权利可能因种种原因而丧失或者被剥夺，如财产权可能因处分而转移，继承权因杀害被继承人而被剥夺。而公民获得生态环境方面的利益之权利，即公民的环境权利却不能受到限制或剥夺，否则，等于剥夺了公民的生存基础。

诚然，公民获得环境利益是天赋的权利。但这一权利的享有与生态环境状况息息相关。当生态环境处于良性状态时，人们的环境利益不被重视。只有在环境非常恶劣时，公民的环境利益才被强调予以特殊保护。

二、公民环境权益的提出

从理论上讲，在良好、适宜、健康环境中自由、平等地生活是公民与生俱来的权利，公民无需拥有特别的方式方能实现。但现实并非总是如此。

在工业社会之前，清洁空气、阳光、风景、安宁、清洁水等与人类生存直接相关的生态环境要素取之不尽、用之不竭，不具有稀缺性。其既可以满足人们的生存需要，又可以满足人们的生产需要，二者之间不产生竞争关系。换言之，在那时公民享受着良好的生态环境利益，没有环境方面的权益意识。至于毗邻居民间因利用环境要素而产生的利益冲突，主要是日照、灰尘等。这种矛盾采用传统的相邻关系即可解决。

到了工业社会，人口的迅速增长，特别是生产力水平的提高、工业化大生产对自然资源的撷取，导致愈来愈多的生态环境遭到破坏。清洁的水、空气、宁静和阳光等环境资源的稀缺性问题逐渐显露。同时，大量废弃物的制造以及土地的开发利用等，造成了严重的环境污染，直接威胁到人们的健康及财产的安全。此时，公民的环境利益才得到关注。只不过那时社会个体成员的环境利益的实现主要依附于人格权、财产权。其中较为倚重财产权，而人格权在此方面的意义却微乎其微。[1] 具体来说，在生态环境要素的利用过程中产生的利益冲突，主要用财产权来调和，辅之以人格权。

到了现代社会即垄断资本主义社会之后，环境问题日趋严重。“环境危机”成为威胁人类生存、制约经济发展和影响社会稳定的直接因素。与此同时，人们也意识到当自然资源成为少数资金拥有人的财富和财产时，他们会凭借其财产优势滥用资源、破坏生态，践踏环境正义，进而产生实质的不公平。因此，在某种程度上传统意义的个人财产权已经在很大程度上造成了环境损害和环境污染。[2]

生态环境资源作为人类生存的基本条件，其价值不仅是物质上的，而且包括了精神方面的，譬如自然景观的美学与文学价值、自然历史价值等，这些都是人作为人生存所必不可少的精神因素。人在大自然中获得身心享受既是人的生理需求也是人的精神需求。生态环境的利益是无法仅用经济价值来衡量的，它还包括了人类无形的精神财产价值。由此推知，环境权益不仅只涉及经济或财产利益。这也是财产权无法独自扭转环境恶化局面的根本原因。

当财产权无法扼制现代环境问题的急剧恶化时，人们求助于人权中的生存权。1972 年斯德哥尔摩的《人类环境宣言》把环境权作为一项基本人权规定下来。该宣言庄严宣示：“人类有在一种能够过尊严和福利的生活的环境中，享有自由、平等和充足的生活条件的基本权利，并且负有保护和改善当代的和未来的世世代代的环境的庄严责任。”1973 年维也纳欧洲环境部长会议上制定的《欧洲自然资源人权草案》也肯定地将环境权作为新的人权。这个定位被日本学者松本昌悦认为：是继法国《人权宣言》、苏联宪法、《世界人权宣言》之后人权历史发展的第四个里程碑。日本环境法学者大须贺明先生也认为，《日本国宪

---

〔1〕 赵红梅：“环境权的法理念解析与法技术构造”，载《法商研究》2004 年第 3 期。

〔2〕 周训芳：“论公民环境权的发展趋势与特点”，武汉大学环境法研究所网站，网址：http：//www. riel. whu. edu. cn. 访问日期：2013 年 9 月 17 日。

法》的生存权条款正是日本公民环境权的宪法依据。[1]

在《人类环境宣言》的影响下，一些国家在本国宪法、专门的环境法或者环境基本法中确立了公民环境权益。如日本的《东京都公害防止条例》序言就明确规定“所有市民都有过健康、安全以及舒适的生活的权利，这种权利不能因公害而滥受侵害。”美国马萨诸塞州宪法第44条规定：“人们享有对清洁空气和水、对免受过量和不必要的噪声侵害以及对他们的环境的自然的、风景的、历史的和美学的质量的权利……。”1979年美国《国家环境政策法》第3条规定：“国会认为，每个人都应当享受健康的环境，同时每个人也有责任参与对环境的改善和保护。”1980年《秘鲁政治宪法》第2章第123条规定：“公民有保护环境的义务，有生活在一个有利于健康、生态平衡、生命繁衍的环境的权利。”1998年《法国环境法典》规定：“有关的法律和法规明确规定每位公民均有权拥有一个有益于健康的良好环境，并且由他们确保城市和乡村地区之间的平衡与协调发展”等。印度的一些法院在判例法中也认为，在肮脏的环境中生活是与人类尊严相悖逆的。[2]这一系列的立法实践标志着独立的、现代意义上的公民环境权在西方法律制度层面上正式得到确认。

而在我国，据2012《中国环境状况公报》显示：虽然我国部分环境质量指标持续好转，但主要生态环境问题依然突出；水环境质量不容乐观；生物多样性下降趋势并未得到有效遏制；部分城市的空气污染仍较严重……，环境总体形势依然十分严峻。[3]由此不难看出，我国的生态环境问题依然严重，公民的环境利益已受到了严重损害，到了需要予以特别保护之境地。鉴于公民环境利益的实现是环境保护的

〔1〕［日］大须贺明：《生存权论》，林浩译，法律出版社2001年版，第195页。

〔2〕 Md. Zafar Mahfooz Nomani, “The Human Right to Enironment in India: Legal Precepts and Judicial Doctrines in Critical Perspective”, *Asia Pacific Journal of Environmental Law*, 15 (2000).

〔3〕《中国环境状况公报》，载“中国政府网”：http://www.gov.cn，访问日期：2014年2月10日。

目的和手段，有必要赋予公民实现自己环境利益之权利。

一项权利之所以成立是为了保护某种利益，是由于利在其中。[1]公民的环境权益也不例外。当环境问题日益凸显，而传统的财产权以及人权内容不能涵盖公民环境方面的利益，但又需要以法律的形式分配环境利益时，就产生了公民环境权益。简而言之，公民环境权益是公民环境利益法定化的结果。这个结果使“权利从价值判断的应然领域转化为实然领域”；[2]使维持公民生存所需要的健康和保障的良好环境有了法律之庇护。从此，公民有权同侵犯自己环境利益的行为作斗争，同时也有权监督、促进政府有效地履行环境行政管理职责，进而使公民不但能获得生态资源的经济性利益，更重要的是生态利益。

三、我国公民环境利益保护之检讨

（一）相关立法缺失

立法是资源配置最强有力的方法。不同的利益主体都希望自己的利益要求在立法中得到体现。在保护公民的环境利益方面，我国制定了大量的法律、法规。不过，从宪法到具体的环境行政法规，或者是关于行政环境权力的规定，或者仅有公民环境保护的义务条款，缺少对公民环境利益的关怀。确切地说，没有专门对公民环境方面的实体权益做出明确规定，仅有程序性权利。就程序性权利而言，除了诉权以外，《环境保护法》还规定有检举控告权，《环境影响评价法》和《水污染防治法》规定在一定条件下享有知情权和建议权，但都并不完善。至于私法对调整公民的环境利益之贡献体现在相邻关系制度。

（二）过于倚重行政权力

1. 保护环境乃国家之义务

政府权力对环境保护的广泛介入，有着深刻的合理性。环境外部的不经济性和为避免环境的公地悲剧都需要政府权力的介人才能予以

〔1〕 李步云主编：《法理学》，经济科学出版社2000年版，第155页。

〔2〕 程燎原、王人博：《权利及其救济》，山东人民出版社1998年版，第301页。

克服。可见，“在一个复杂的社会中，有许多相互冲突的利益需要调整，公共福利也必须加以保护，以使其免受反社会的破坏性行为的侵害，因此，由政府直接采取行动进行管理也就成了势在必行之事了”。[1]就生态环境而言，基于其之公共物品属性，我国对其保护一直以来由公权力承担。

公民环境利益的实现同样也有赖于国家环境责任和义务的履行。因为，保护生态、营造良好的生存环境是国家行使环境管理权的宗旨。正如《人类环境宣言》中指出的：“保护和改善人类环境是关系到全世界各国人民的幸福和经济发展的重要问题，也是全世界各国人民的迫切希望和各国政府的责任。”因此，“国民对国家可以请求其保护良好环境的权利，……不管公私之性质，国家和地方公共团体对于企业等所造成的环境破坏所施行的公法性规制，或者为改善已经恶化的环境所采取的积极性措施，都是基于国家的环境保护义务的……”。[2]从总的目的来看，国家环境行政管理权与公民的环境权益所要实现的利益是一致的，并且公权力的强制性保护较私权更有力度。

2. 环境行政管理权力不从心

至2013年，我国环境保护事业已开展四十多年，环境状况总体趋稳向好。但是，由经济结构和总量所决定，我国未来污染物排放总量仍将很高；“黑三角”、“锰三角”等集中性区域资源破坏和环境污染触目惊心，农村地区生产生活污染态势加重和蔓延，且又出现了新型环境问题如城市和区域雾霾问题等。[3]这种环境现状警醒我们公权力或者公法难以对社会经济利益和环境利益进行平衡。以常见的企业污染为例。已成立的企业必然是根据有关法律规定，并经过有关主管部门严格审批的。且在环境影响评价、环境质量标准以及是否采取先进

〔1〕［美］E. 博登海默：《法理学——法律哲学与法律方法》，邓正来译，中国政法大学出版社1999年版，第369页。

〔2〕［日］大须贺明：《生存权论》，林浩译，法律出版社2001年版，第199页。

〔3〕夏光：“当前环境形势该如何评价”，载《中国环境报》2013年第7期。

的清洁工艺技术和建立污染防治设施等方面采用实质审查。而且，根据《中华人民共和国环境影响评价法》第11条规定：“专项规划的编制机关对可能造成不良环境影响并直接涉及公众环境权益的规划，应当在该规划草案报送审批前，举行论证会、听证会，或者采取其他形式，征求有关单位、专家和公众对环境影响报告书草案的意见。”可见企业成立程序之繁杂。但为什么经过如此严格审核的企业仍然排放影响环境的污染物？由此不难看出，公权力难以完成对环境的全面控制或全过程控制。其原因在于：

首先，公权力的运用使其在保护环境时的力量源泉或者来自于公民、集体对生态环境的尊重；或者以相对人的无条件服从作为目标实现的前提。前者在保护环境时属于道义机制，即其在保护环境利益时只能靠公民的责任感。实施的结果是消极的、被动的、依命令而作出的。后者是通过限制社会个体利益，强行确认各法律关系主体的行为方式和利益格局，这导致当事人在事关自己利益的问题上毫无自治空间。

其次，我国现行的污染物排放标准及环保产业政策主要是针对传统产业领域。也即对高新技术产业带来的环境问题认识不足，缺乏相应的环保标准和政策。而与传统产业领域相关的环境法律法规的价值取向偏重于社会经济利益。这些评价环境质量的标准虽具有较大的科学性，但往往过于宽松，以至于即使污染物的排放未超标，也造成污染损害的后果。此外，污染企业在生产过程中也会违反环境法律法规，而监督部门没有及时发现。其结果公民只能生活在污浊的，但是“达标”、“合法”的环境之中。

企业污染只是众多环境问题中的一种，暴露出的问题却足以说明一系列环境法律制度和庞大的国家环境执法机构还是保护不了生态环境，难以为公民营造一个宁静、清洁、良好的生存环境。有鉴于此，人们将视野转向相邻关系，求助于私法，希冀通过私权救济以达到保护自己环境方面的利益之目的。

（三）相邻关系无能为力

1. 地理位置相邻的必然要求

相邻关系是一个古老的制度，其和环境权概念的外延常常重合，即许多相邻关系都是环境利益关系，都以环境要素为客体，如相邻用水、排水、通风、采光权等。又因为相邻关系和环境权两者在限制所有权或者利用权的绝对化上是一致的，均要求人们在行使自己的权利时不得妨害他人的环境利益。因此，现代意义上的“环境损害”在许多国家都是建立在“土地相邻关系”的理论基础之上，甚至把“不可量物侵害”的禁止性规定作为相邻关系一章的主要内容。于是，相邻关系成为公民实现环境利益的重要制度。例如，《瑞士民法典》第684条规定了不可量物侵害，[1] 该条在相邻关系体系中居于举足轻重的地位。《德国民法典》也用相邻关系防治不可量物侵害。[2] 法国民法和日本民法以“侵扰制度”、“近邻妨害”和“生活妨害”来规范相邻的建筑物间、建筑物与土地间以及土地与土地间由煤烟、震动、噪音、污染等所生的不可量物侵害。[3] 英美法系国家用“妨扰”制度来概括因环境污染和破坏造成的危害。可以说，凡发生在特定相邻主体之间的环境污染都以影响生活或生产的利用为由，并应用相邻关系调整。

同样，我国相邻关系也肩负着约束人们对环境的利用的重任，使之不对环境造成损害或减轻对环境之损害。《民法通则》第五章“民事权

---

〔1〕《瑞士民法典》第684条第2项规定：“因煤烟、不洁气体、音响或震动而造成的侵害，依土地的位置或性质或依当地习惯属于邻人所不能容忍的情况的，应禁止之。”

〔2〕《德国民法典》第906条规定：“在不损害或者轻微损害的前提下，不动产权利人不得禁止相邻不动产的煤气、蒸汽、臭气、烟气、煤烟、热气、噪音、振动或其他类似物侵入自己的土地，但是，如果此种妨碍超出预期的程度时，可以向造成损害的相邻土地权利人请求相当数额的金钱作为赔偿。”

〔3〕陈华彬：《物权法原理》，国家行政学院出版社1998年版，第393页。

利”中第83条,[1]《物权法》第七章“相邻关系”中第89条[2]和第90条,[3]都是我国社会成员实现环境利益的法律依据。其一方面使相邻的不动产主体之间相互制约，防治环境污染与破坏，充分利用自然环境，减少环境纠纷；另一方面，使污染者与受害者之间的事实关系上升为法律关系，进而受到法律的调整和保护。

2. 法定的相邻关系爱莫能助

客观地说，《物权法》的这两条规定在解决现代环境污染给公民造成的危害时，存在着局限性。

第一，难于衡平经济利益（一方行使使用权的结果）和环境利益（另一方行使限制权的结果）。基于环境保护的要求，相邻关系主要考虑的不应当是怎样利用环境要素才更具有经济效益，而应当关注怎样才能满足人类生存的基本需求。特别是随着现代科学技术的飞跃发展，产业规模的扩大，不可量物侵害层出不穷。当这种不可量物侵害已成为经济社会发展和土地利用中必然发生的、不得不在一定限度内加以忍受的“副产品”时，相邻关系制度可起到一定的抑制作用。因为这种“副产品”的受害者首当其冲的是与其毗邻的特定或不特定的人群等。但事实上，相邻关系仅仅能限制小企业之不可量物侵害的产生，对于大型的，特别是由国有企业造成的不可量物侵害，相邻关系制度未必可行。因为大企业产生的不可量物侵害与其受害者之间一般无互换的可能性。加之主体多元和利益冲突多层次化，即经济私益与环境私益之间、经济私益与环境公益之间，经济公益与环境私益之间，环

[1]《民法通则》第五章“民事权利”中第83条规定：“不动产的相邻各方，应当按照有利生产、方便生活、团结互助、公平合理的精神，正确处理截水、排水、通行、通风、采光等方面的相邻关系……”

[2]《物权法》第七章“相邻关系”中第89条规定：“建造建筑物，不得违反国家有关工程建设标准，妨碍相邻建筑物的通风、采光和日照。”

[3]《物权法》第七章“相邻关系”中第90条规定：“不动产权利人不得违反国家规定弃置固体废物，排放大气污染物、水污染物、噪声、光、电磁波辐射等有害物质。”

境公益与经济公益之间存在冲突。若依相邻关系，赋予受害者对大企业的侵害行使妨害停止请求权，则会影响国民经济的发展。从现实来看，我国污染物的排放大部分都来自企业，特别是煤炭、化工、冶金、建材、造纸、印染、纺织等行业。此类侵害在环境污染中比较重大。如果不对大企业的侵害行使妨害停止请求权，不仅会失去法律的公平正义，而且会造成严重的“公害”，引发社会的不安定。面对此二者间的冲突，相邻关系无法成为顾全大局的调停者。

第二，难以满足环境利益的多样化需求。环境利益是多层次的。其中有为生存而要求限制相邻人排放污染物的；有为经济目的需要相邻人对自己的行为加以限制，如农民不允许在其庄稼附近的工厂排污；有为精神利益而要求相邻人就其不动产的利用方式加以限制，如不得建高层建筑物、不得制造噪音。即使同一小区的居民或同一公寓的住户对环境利益的需求也不尽相同。因为每个人对各自所追求的利益的期望值是不同的，或者说每个公民主观上的感受不尽相同，但能够得到法律承认和支持的一般仅仅是具有普遍意义的标准。而公民环境方面的利益关注的是个人的主观感受，相邻关系不可能如此精确、细化。刚性的相邻关系面对千姿百态的环境利益必然捉襟见肘。

第三，物权法第89条和第90条被安排在相邻关系这一章中，说明当发生条款中列举的侵害时，只有在不动产相邻时，该条文才有拘束力。而现代污染远远超出毗邻之范围，相邻关系难以覆盖。特别是不可量物侵害，如酸雨、雾霾、海洋污染等大多表现为污染物进入大气、海洋之中，从而损害了不相邻的远距离的区域。在此情形下即使采用扩大解释的方法来解释相邻关系的范围，也太牵强。毕竟，相邻关系是基于不动产位置的相邻而产生的。如果扩大相邻的范围，有违传统民法理论的完整性和协调性。

综上，行政环境管理权力也好，相邻关系也罢，都难于使我国公民应有的清洁环境、组织利用清洁环境从事经济社会活动的权利充分转化为实有权利。甚至可以认为这些权力或制度离环境保护的要求相去甚远。其症结在于：一方面，环境利益的多样性、多层次性和时空性（阶段性）决定了行政环境管理权和相邻关系制度很难公平、合理地满足人们环境利益的需求度。另一方面，行政环境管理权有太强的公法色彩。相邻关系虽然属于私法制度，但其法定性使其不可避免地带有刚性。公民环境利益的实现需要具有极大的灵活性和开放性的制度。因为，公民在事关自己之生存环境的问题上必须具有自治空间，目的在于当公权力不作为时得以自我保护，进而拯救自己赖以生存的生态环境。

四、公民环境利益的地役权实现：公法与私法沟通的桥梁

现代社会能否保证人有尊严的生活是衡量人的生活水平的标尺和国家进步的标志。为了让环境有益于个体的身心健康，给人们带来物质和精神的利益，有学者认为公民环境方面的权益应纳入宪法、环境法等公法之中。作者认为，即便如此，也仅能使公民环境方面的利益规范化和法定化，并未能使其真正从应有的法定利益转化为实有权益（前已论述）。有的学者希冀于构建新的权利类型——公民环境权来限制泛滥的权利背后无限扩张的利益膨胀，并认为，公民环境权制度应作为环境基本法的内容。〔1〕诚然，公民环境权的确立必然有利于公民环境利益的实现，但一项法律制度的确立并不是一蹴而就的，而公民的环境利益也不能因立法的缺失而疏于保护。

严峻的环境问题，不得不综合运用所有的手段来维护和保护环境，进而实现不同主体的环境利益。“法律的重要作用之一乃是调整和调和种种相互冲突的利益。”鉴于我国现行立法还没有对公民环境权加以规定的现实，又由于公民的环境利益具有很大的私权性，对其之保护除公权力之外，还应充分发挥私权利的功能。在物权法定原则的框架下，只能通过现行的法定物权才能实现。而在现行的法定物权中，地役权

---

〔1〕吕忠梅对如何修改现行的《环境保护法》，提出了7条建议：其中一条即确立公民环境权制度，规定环境权与民事权利、行政权力的关系与协调原则。中国人大网，网址：www. npc. gov. cn. 访问日期：2004年3月8日。

基于其意定性在保护生态环境时具有其他权利类型无法比拟的绝对优势。

(一) 地役权保护公民环境利益之法理

法律是利益获取的方式和手段，在一般意义上，法律关系即指利益关系。因为法律权利、法律义务、法律制裁实际是围绕利益展开的。由于环境利益有很强的公益性，需要对生态环境资源的使用范围，环境要素的利用程度予以具体界定，避免主体之间的经济利益与环境利益，环境利益与环境利益发生冲突。当然，有的环境法律法规已对某些环境要素中所含的有害成分的最高限额作了限制。这在一定程度上维护了生态平衡，保护了人体的健康，维护人们的环境利益。但是，这些规定具有普遍性，其之弊端如前所述。

地役权从产生起，其意定性就能高效地实现彼此权利较高程度之调节，也因此一直受到发达国家的重视。随着世界各国环境法制的不断发展以及对公民环境权益的法律保护力度的加大，许多国家在理论上和实践中已经把地役权发展成为一种保护公民环境利益的有效的私法手段。其实，早在罗马法时代，地役权就被用于调整市民之间的环境利益了。美国将其衡平法上的地役权运用于良好居住环境的保持、环境污染的综合治理中。[1] 英国也把地役权——限制性约据——作为市政环境规划的工具，供役地所有人负有不违反城乡规划、不实施有损环境的行为等不作为义务。[2] 王泽鉴先生同样认为，地役权尚可用于规范环境保护。[3] 美国学者波斯纳认为，航空公司对于因飞机起落给周围环境形成的噪音污染应该承担法律责任，但它可以通过向有关居民（不动产权利人）购买噪音地役权的方式得以免责，即用金钱换

---

〔1〕马新彦："美国衡平法上的地役权研究"，载《吉林大学学报》2000年第2期。

〔2〕[英] F. H. 劳森、B. 拉登：《财产法》，施天涛译，中国大百科全书出版社1998年版，第130页。

〔3〕(台) 王泽鉴：《民法物权：用益物权占有》(第二册)，中国政法大学出版社2001年版，第77页。

来不动产权利人的容忍义务。[1] 其理论基础在于：

第一，地役权“内容的意定性”允许公民、集体在不违反法律法规、政策规定以及公序良俗的前提下，根据需要而任意发挥自主权，开拓当事人的自治空间，让环境利益的相关者设定彼此的权限范围、合理的环境指标，充分体现自由、平等、人权的精神。美国经济分析法学派指出，“有效率地使用资源必须借助于意思自治的方式”。因为利益关系人会出于自己的私利考虑反复权衡，以实现自己利益的最大化。如果权利界定不明确或者不符合客观实际，就极易产生环境问题。[2] 其结果，公民在环境安全、健康和舒适等方面的利益化为乌有。

第二，理论和实践证明，维护环境利益，由当事人直接向环境破坏者主张物权，较为及时、有效。我国现行立法未明确公民环境权益，公民没有向环境破坏者主张权利的基础。于是，需要赋予人们一种权利，使维护自己的环境利益具有正当性基础。保护环境之地役权的设立不但能满足权利人直接主张环境利益的愿望，而且权利人可以此对抗第三人破坏环境的行为。

第三，地役权的应用不仅为相邻的，而且为不相邻的公民的环境利益之保护提供可能性，从而避免司法实践中解决环境利益纠纷时，因对相邻范围的理解不同而使受害者的利益得不到公正的保护。虽然，相邻关系也属于私法范畴，但如前所述，将相邻关系作为救济途径缺乏可操作性。当然，环境公益诉讼也是一个重要的路径。虽然环境加害者所侵害的是社会公众的环境利益，但受损的是每一个个体的具体的环境利益。每一个个体的诉权同样是不能被忽视的，并且这种个体诉权有时显得更为有效。毕竟“权利人是对自己权益最大的保护者”。

第四，地役权对公民的环境利益之保护，在效果上优于环境侵权制度。以侵权行为理论来解决环境问题是典型的事后救济手段，其补

〔1〕［美］理查德·A. 波斯纳：《法律的经济分析》，蒋兆康译，中国大百科全书出版社 1997 年版，第 78、79 页。

〔2〕吕忠梅：《环境法》，法律出版社 1997 年版，第 3 页。

偿措施对保护环境是远远不够的。环境问题的特殊性决定，在环境损害尚未爆发时就依据私权提出请求保护，对于防患未然有更为积极的意义。因为环境问题的特点是污染和破坏容易，治理与恢复困难，甚至不可逆转。譬如，有些环境污染与破坏导致了矿藏资源枯竭、物种灭绝等。另外，拯救被污染的环境所耗费的成本必然远远大于预防污染的。就环境保护而言，防患于未然的意义远甚于“亡羊补牢”。而地役权这种事前设立的契约，使当事人之间的权利义务已事前明了，污染环境的可能性被遏制在摇篮之中，为预防环境破坏和污染提供了一个契机。

（二）地役权保护公民环境利益之可行性分析

环境保护的核心是利益问题，污染防治也好，资源利用开发也好，都是环境资源或环境要素这种利益的分配与再分配。而《物权法》作为资源配置的基本法，其关于资源归属的制度安排和实施都将直接对环境资源产生重大影响。因为无论是资源的合理分配，还是资源的合理利用都是其基本内容。如前所述，地役权的非排他性及其对象的资源性决定了人们能通过设立地役权以规范和约束对方，达到保护环境的目的。

值得注意的是，采用地役权保护公民的生态环境利益存在着两个方面的困惑。其一，公民环境利益中的环境要素能否作为地役权之客体？其二，设立地役权的目的与保护公民环境利益的目的是否一致，即为人的利益能否设立地役权？针对这两个问题，试分析如下：

第一，与公民环境利益有关的环境要素能否成为地役权之客体？《物权法》第156条规定：“地役权人有权按照合同约定，利用他人的不动产，以提高自己的不动产的效益。”而根据地役权逻辑上和体系上的要求，地役权的客体必须是不动产，即特定的有形物。其目的是“一方面可使地役权的内容具有尽可能的精确性与长期稳定性；另一方面也保证受负担人免受——随需役地上所有权关系变化而不断变更之需求的影响”。[1]而与公民的环境利益有关的环境要素包括两个方面：其一，与公民的生存和健康直接相关的，如通风、眺望、安宁、达滨、嫌烟等；其二，既与公民个人生存和健康直接相关，又与公益性或公共性密切联系的，如阳光、空气、水、风景、环境美学等。

根据传统民法理论，流动的河水、空气、阳光等环境要素因具有极大的不特定性，被认为是无形物，不可能成为物权法中的物，更不能成为地役权的客体。但有些环境要素，例如通风、眺望、安宁、达滨、嫌烟等权益可以通过设立地役权而实现。因为这些环境要素与建筑物紧密联系，并且影响着建筑物的使用价值乃至价值，因而具有特定性。例如，以安宁、达滨、嫌烟等为目的而设立的地役权，其目的是要排除影响不动产利用的噪声、振动等环境干扰的因素。至于设立通风、日照和眺望地役权所要保证的是基于建筑物的通风权和采光权。而获取由这类环境要素产生之利益的最终目的在于提高不动产的利用率。

从理论上讲，阳光、清洁空气、清洁水、风景、环境美学等无形环境要素也不可能成为具体物权的客体。但是，这类环境要素与土地有联系。此类环境要素产生之利益是土地利益的主要组成部分，影响着土地的价值。众所周知，良好环境要素的分布从来就不是平衡的，不同区域的环境状况因环境要素的不同而有所区别，甚至是天壤之别。由此决定了不同区域的土地所具有的效益不同。如果将这类环境要素纳入地役权的保护之下，可以通过防止该地区的环境受污染，以提高该区域的土地价值。

如何使抽象的环境要素成为具体物权——地役权的客体？其实，无形环境要素中的某些功能可以通过量化而以物权凭证的方式表现出来。地役权兼具财产性利益和非财产性利益，生存利益和精神利益。权利人可基于地役权的意定性就两种利益进行协商，以矫正环境利用

---

〔1〕［德］鲍尔、施蒂尔纳：《德国物权法》（上册），张双根译，法律出版社 2004 年版，第 714 页。

中只考虑经济利益的价值取向，从而平衡两种利益。例如，为了享有清新的空气和清洁的水，土地权利人可以与相邻土地的权利人（不可量物的排放者）订立不排放一定限度的废气或废水的地役权；或者新建的工厂也可以与邻地所有人设定排放废气和废水的地役权，即排污地役权，以支付一定的费用来换取邻地所有人或使用人的容忍义务。〔1〕从表面上看，受害人与加害人的交易，针对的仅仅是彼此的经济利益，对环境要素的保护并没有实质意义。但是，这种交易并非仅仅是环境要素之生态价值经济化（环境资源成为一种经济利益）的具体体现，更重要的是通过支付费用换取的排污量必定是有限的，即排污企业出于排污成本的考虑，必然减少排污量。结果是，有效地遏制企业排放污染物的行为，制约企业在追求经济效益的过程中之外溢环境外部性行为，防止将清洁的大气和水这样的共有财产变为企业的垃圾场。

上述分析表明，环境要素因与不动产利益密切相关，可以采用生态货币化的私法方法使其成为地役权的客体。

第二，为公民环境利益能否设立地役权？保护公民环境利益的目的在于实现公民的基本权利，并非为不动产的利益。而根据我国《物权法》第156条规定，我国地役权的成立目的在于提高不动产的效益，便利需役地，而非需役地权利人。从现象上看，设立地役权的目的与保护公民环境利益的目的存在较大差异。前者是为了提高自己不动产的效益，而后者是为了人的环境利益。此问题从以下几个方面予以解决。

首先，在我国《物权法》无人役权之规定的背景下，应当效仿英美法系地役权，即将地役权分为，为土地的利益而设立的属地地役权与为人的利益而设立的属人地役权。这样地役权的设立目的从仅仅为了不动产的效益，扩大到为了人的特定利益。

其次，即使属人地役权不被认可，此问题也可以解决。如前所述，环境利益配置的不均衡，除自然因素之外，更重要的是治理和保护的

〔1〕（台）王泽鉴：《民法物权：用益物权·占有》（第二册），中国政法大学出版2001年版，第77页。

结果。事实上，保护环境就是保护“某地、某区域的环境”。如果某一地域的环境质量不符合标准，该区域公民的环境利益就要受到侵害。基于依托自然环境生存和发展，并要求环境质量能够保障人体健康是公民基本权利的底线，公民有权要求其所居住区域的环境状况符合标准。

诚然，公民环境利益的实现有赖于其所处地域的环境资源的优良与否。而通过地役权保护“某地、某区域”的生态环境，不但可以提高“该地、该区域”的不动产的价值，而且让该区域的公民实现环境利益。详言之，将附着在土地上的无形物——阳光、清洁空气、清洁水、风景、环境美学等环境要素以货币化的方法使其成为地役权的客体。从表面上看，为居住在该地域的社会成员营造优美和舒适的环境，使他们从这些环境要素，或者环境的某种特性或功能中得到更多的益处。如沐浴到充足的阳光，吸到清洁的空气，饮用清洁的水，观赏秀丽的风景等。还从实际上提高了该区域不动产的价值或效益。此时，可能被污染物影响的区域即是需役地，而生活在该区域的特定人或者是受一定环境中的不特定的社会成员委托的环保组织是地役权人，供役地则是污染物的源发地，供役地人是污染制造者。

之所以用地役权保护环境，是因为地役权人可以根据自己主观对环境的不同感受和需要，在法律承认和支持的环境标准范围内与供役地人约定双方能接受的标准，排除法定的环境标准；明确各自的环境权利和环境义务，减少权利模糊区域的存在，避免权利人因滥用其行政许可权而造成权利冲突或环境侵权；制约政府可能出现的决策偏差，以及过分注重经济效益的趋向；自动平衡环境污染者和受害者之间的利益关系，从根本上实现环境保护和经济发展的协调，最大限度地实现地役权人自己的环境利益。

综上，“人权的第一要义即人作为人的尊严和自由……自由不仅包括我靠什么生存，而且也包括我怎样生存。”[1] 而生存环境的良好与

〔1〕 吕世伦：《法理念探索》，法律出版社2002年版，第296页。

否则是决定“怎样生存”的重要因素之一。为此，需要使与公民健康舒适相关的环境得到尊重、保护，进而让公民享受美好环境所带来的利益。然而，社会的进步和经济的发展导致了利益的多样化和复杂化。其往往产生于个人与个人之间，个人与社会组织以及组织之间的相互竞争之中。这些竞争是现行有关环境保护法律法规难于解决，但地役权可以解决的。应当说，由地役权保障公民环境利益的实现是缘于人们对环境利益的增长，而相邻关系又不能最大限度地满足人们追求高层次的生活环境和生态环境的现实需要，以及对政府权力的不满足等而提出的制度要求。其目的之一就是以私权来保障公民的生存权。因这种私权的利益驱动机制将保护环境的力量源泉植入公民的心中，故其既可以最大限度地保护环境私利的实现，又有利于环境公益的保护。

第四节　矿地使用权的取得

在很大程度上，对矿产资源的开发、利用程度关系到国家的经济命脉，甚至决定着该国的战略地位。而采矿权是矿产资源所有权实现的基本方式、国家矿产资源管理的基本内容、矿业的核心权利、重要的法律要件。

基于采矿权在矿产资源开发中的重要性，国家给以立法规定。《民法通则》第81条第2款规定：“国家所有的矿藏，可以依法由全民所有制单位和集体所有制单位开采，也可以依法由公民采挖，国家保护合法的采矿权。”该条款明确规定了可以开采国有矿产的主体。不过，基于矿产资源的重要性，采矿权需要经过法定的审批程序才能获得，并非随意可得。许多国家视其矿产资源情况的不同，实行不同的矿产开采准入制度。我国也不例外。《中华人民共和国矿产资源法》（以下简称《矿产资源法》）第3条规定：“……勘查、开采矿产资源，必须依法分别申请、经批准取得探矿权、采矿权，并办理登记……”可见，在我国开采矿产资源，必须依法申请，领取采矿许可证。

我国的采矿权准入经历了从无偿行政授予到有偿行政授予为主，招标授予为辅；再到以招拍挂市场竞争有偿出让为主、协议有偿出让和申请在先出让为辅三个阶段。〔1〕

一、采矿权与矿地使用权的关系

矿地使用权是采矿权实现的基础。所谓“采矿权是指在依法取得的采矿许可证规定的范围内，开采矿产资源和获得所开采的矿产品的权利。……”,〔2〕此规定不但界定了采矿权的概念，规定了采矿人对其采出矿产品拥有所有权；而且将采矿权的客体限定为仅仅是被许可的特定范围的矿产上。这说明，采矿权仅指地下使用权，并不包括覆盖在矿产上面的地表使用权（矿地使用权），以及其他临时用地的使用权。权利立于客体之上。《物权法》第123条规定，依法取得的探矿权、采矿权受法律保护。该法明确了采矿权的民事权利性质，使这个一直以来具有浓厚公法色彩的权力从此获得物权的效力。这样：一方面，采矿权有了物权的稳定清晰的权利状态，从而具有定分止争效果；另一方面，采矿权人作为独立的民事主体可以提起民事诉讼进行自救。然而《物权法》和矿产资源法律法规一样，也没有规定矿地使用权的取得等问题。

矿地使用权是指用于开采矿产资源时所需要的土地使用权，其客体为覆盖在矿产资源上面的地表，属于采矿权的基础性权利。矿产资源是埋藏于地下或出露于地表，并具有开发利用价值的矿物或有用元素的集合体。这种特殊的地理位置决定了采矿权人在将特定的矿产与土地及矿床相分离而转化成矿产品时，不可避免地占用埋藏矿产的地表和为开采矿产所需要的其他土地。也即采矿活动毫无疑问地要与矿地发生关系。而采矿权又不包括地表的使用权，拥有采矿权并不等于

〔1〕 蒋文军：《矿产物权疑难法律问题解析与实务操作》，中国法制出版社2008年版，第10~13页。

〔2〕《中华人民共和国矿产资源法实施细则》第6条第2款。

就取得矿地使用权。因此，采矿权人在实施开采矿产资源的作业时必须取得矿地使用权。

采矿权和矿地使用权是两类不同的自然资源权利，采矿权的实施须以合法使用埋藏矿产的地表为前提。而欲合法地使用这些矿地就须取得以该地表为客体的土地使用权，以及附属设施用地的使用权，否则无权进行开采作业。如果矿产资源得不到开采，则矿产资源必然成为无法取用的“呆矿”；矿产资源的资产效益无从实现，社会经济的发展失去一个重要的物质基础；丰富的矿产资源只能成为中国地图册上无用的美丽装饰。即使开采了，其结果：或者原土地使用权与采矿权的不同权利主体之间，在权利归属、权利内容、权利流转等方面发生冲突；或者因采矿权的行使而侵害到该地表上已有的土地权利，进而失去公平、正义。而无论是哪一种情形都会极大的影响经济的发展。现实中，后者的情形较为多见。如果说这种制度供给的顾此失彼的结果，在我国采矿权准入的第一、二阶段不凸显；那么在当今已成为一个社会问题。一言以蔽之，矿产资源的开采仅仅有采矿权还不够，还需取得与之相配套的矿地使用权。

二、我国采矿用地的取得实务及其评析〔1〕

如前所述，我国《矿产资源法》未对矿地使用权之取得做出规定，而《中华人民共和国矿产资源法实施细则》（以下简称《实施细则》）第30条仅规定，“采矿权人享有下列权利：……根据生产建设的需要依法取得土地使用权……”。至于怎么取得？该《实施细则》同样没有具体规定。实务中采矿权人只有比照相关法律法规进行。主要通过以下方式获得：

第一，出让取得。国有土地使用权出让是指土地使用者向国家交纳土地使用权出让金，国家将土地使用权在一定年限内让与土地使用

〔1〕 张鹤：“采矿用地使用权的取得——以地役权解‘采矿用地’之结”，载《昆明理工大学学报》2009年第1期。

者的行为。如果被许可开采的矿产埋葬在国有土地之下，且该土地上没有承载着其他权利时，依《国有土地使用权出让和转让暂行条例》的规定，办理土地使用权出让及登记手续，并支付采矿用地使用权出让金，采矿权人获得采矿用地和其他相关土地的使用权。如果该土地上已存在着其他物权时，一般情况下，由当事人双方协商解决。协商同意了，将国有土地使用权改设为矿地使用权，采矿权人赔偿原土地使用权人的损失。若就补偿问题不能达成协议，可申请裁决。若因国计民生，战略利益的需要，则矿地使用权效力优先于土地使用权。但如果在《矿产资源法》第17条规定的区域内，[1] 非经国务院授权的有关主管部门同意，矿地使用权不得取代土地使用权。

根据《中华人民共和国土地管理法》（以下简称《土地管理法》）的规定，采矿用地按工业用地的政策执行。但采矿用地受开发的矿产资源之用途、位置以及开发年限的限制，其不同于一般意义上的工业用地，难以适用公开竞价的出让方式。此外，《矿产资源开采登记管理办法》第7条规定："采矿许可证有效期，按照矿山建设规模确定：大型以上的，采矿许可证有效期最长为30年；中型的，采矿许可证有效期最长为20年；小型的，采矿许可证有效期最长为10年……"此办法规定的采矿权的有效期远远低于工业用地的使用年限。采矿权的有效期和矿地使用权之存续年限的差异必然导致已取得的两权终止时间不一，从而打破基于开采矿产需要而形成的权利状态。并且，在实际开采之前，对矿地使用权期限的确定只能是一种估算，故两权使用年限难于吻合。这样，当采矿许可的期限短于采矿用地的出让期限时，必然浪费土地资源。反之，采矿权不能继续行使，除非重新申请。至

---

[1] 《矿产资源法》第20条规定："非经国务院授权的有关主管部门同意，不得在下列地区开采矿产资源：（一）港口、机场、国防工程设施圈定地区以内；（二）重要工业区、大型水利工程设施、城镇市政工程设施附近一定距离以内；（三）铁路、重要公路两侧一定距离以内；（四）重要河流、堤坝两侧一定距离以内；（五）国家划定的自然保护区、重要风景区，国家重点保护的不能移动的历史文物和名胜古迹所在地；（六）国家规定不得开采矿产资源的其他地区。"

于协商取得，有协商不成的可能。

第二，征收取得。征收是指国家基于公共利益的需要，以行政权取得集体、个人财产所有权并给予适当补偿的行政行为。当所需要的采矿用地属于集体所有土地时，首先将该土地征收为国有，再出让给采矿权人，采矿权人办理所需手续。

征收取得是法定方式。在计划经济时期，矿业权主体单一，一般是国有企业。其开采矿产资源是为了“国家利益、公共利益”，因此国家先征收该矿区土地，再将其划拨给国有企业使用，这是合理的。但随着我国矿业权体制改革，土地征收制度已呈现出不适应性。第一，采矿权主体呈多样化，主要有：国有矿山企业、合伙、个体采矿者和其他经济组织。在众多的采矿权主体中，除国有矿山企业之外，其他主体行使采矿权的主要目的是为了私利，公共利益仅仅是附带效益。而近几十年来，合伙、个体采矿者是主要的采矿主体。如果仍然适用征收，则有违土地征收之公共利益的目的。第二，征收改变了土地所有权的性质，农民因此失去了赖以生存的土地，其利益严重受损。第三，集体所有的土地上往往承载着其他物权，如土地承包经营权，宅基地使用权。如何协调先成立的土地权利与后来被许可的采矿权的关系，目前尚无具体法律规范。第四，复垦后土地产权不明晰。第五，征收费用低，所以多征、粗放使用的现象较为普遍。第六，绝大多数中小型矿山只需几年或十几年就开采完了，所以对矿山土地没有永久性征收的必要。

第三，租赁取得。土地管理部门作为出租人，将特定的土地（埋藏矿产的地表）出租给采矿权人使用。采矿权人按年度支付租金，并在租赁关系终止时将所使用的土地返还给出租人。

租赁是国际通行的一种矿业用地取得方式。其特点是，其一，不需要采矿权人一次性缴纳大笔的出让金；其二，对于集体土地来说，农民每年可以领到的租金比从事农业生产的收入高。在国家严格控制土地供应之际，采用租赁的方式将农民集体土地变为矿区土地的做法已数不胜数。

然而，租赁取得矿地使用权有违法之嫌：首先，规避依法审批制度；规避依法缴纳新增建设用地有偿使用费；规避依法缴纳征地补偿费和安置补助费，因此严重影响国家土地管理秩序，使国家最严格的土地管理制度不能落到实处。其次，因违背土地法律法规而损害农民利益。根据我国《土地管理法》的规定，农村集体土地在租用、承包、转包过程中，不得改变土地用途。如果要改变用途，必须征收后，才能转让给企业进行非农业开发。因此农民将土地出租用于开采矿藏的行为不受法律保护。值得注意，我国大部分的矿产资源均埋藏在集体土地之下。

上述矿地使用权的取得方式，或者缺乏法律依据（出让）；或者有协商不成的可能（协商）；或者是以牺牲集体利益为代价（征收）；或者是违法的（租赁）。

三、国外矿地使用权的取得方式〔1〕

基于采矿用地使用权在采矿权中的基础性地位，世界上许多国家通过立法对其取得方式予以规定。具有代表性的是以下几种：

1. 矿产资源附随土地。美国受其历史发展的影响，矿产资源被视作土地的组成部分，土地所有人当然享有其土地中蕴藏的矿产资源所有权。这样，矿产资源所有权人按自己的意志处分矿产时，采矿用地使用权随之处分。而且土地与矿产资源的不可分性不会导致利益的冲突。

2. 部分矿产资源附随土地。德国采用此模式。《德国矿业法》第3条规定，土地所有权人只对依附于土地的指定种类的矿藏、矿物享有先占权利，其他矿藏一律归国家所有……如果采矿权和土地所有权分属不同主体，对于一般的矿藏可以经由添附而归于土地所有权人。对于国家规定的特定种类矿藏，矿业权人对矿区土地享有法定的地上权，土地所有人负有容忍义务。由此不难看出，在德国，当采矿权和土地

〔1〕 张鹤：“采矿用地使用权的取得——以地役权解‘采矿用地’之结”，载《昆明理工大学学报》2009年第11期。

所有权分别属于两个主体时，一般矿藏被土地吸收，即矿藏和土地成为一体。有矿地使用权，即取得采矿权。而对特定种类的矿藏，矿业法赋予矿藏权人享有地上权，即矿藏权人与土地所有权人用协议的方式设立用益物权，解决他们之间的权利冲突，进而获得采矿用地。[1]

3. 土地和矿产资源分离。该模式因坚持矿产资源的独立性，所以需要分别设立土地所有权和矿产资源所有权。以法国为代表。《法国矿业法》第21规定，土地所有人不享有某些地下矿藏开采权利，它们属于国家，国家可自行行使或特别许可其他人行使。……。在国家或他人享有开采权时，土地所有权人与采矿权人通过设定法定地役权的途径解决其权利效力的冲突。在这种模式下，采矿权和矿地使用权各自独立，采矿权依行政授权取得，而矿地使用权通过订立法定地役权获得。

4. 征收（征用）与使用（土地所有权不转移）他人土地相结合。《韩国矿业法》将矿业活动用地的取得方式划分两种：第一，征收（征用）他人土地；第二，使用（土地所有权不转移）他人土地。该法规定矿业权人或租矿权人在矿区、租矿区或其附近，在符合下列各项目的之一时，可征用他人土地：坑口的开设；露天矿矿物采掘；采矿或矿物采掘作业所需机械设备的设置；土石或矿渣堆积场的设置，……。日本的采矿用地基本制度与韩国相同。但《日本矿业法》规定，无论是使用还是征用他人土地，都必须向通商产业局长提出申请，经许可方能使用或征用。[2]

从国外矿地使用权之取得模式可知，当采矿权和矿地使用权分属不同主体时，国外矿业法并没有绝对地实行矿地使用权绝对优先原则，而是依采矿所占用的土地权属的不同以及采矿活动之目的的不同而准用不同的用地方式。这些方式可分为强制性取得、自然取得和意定取得。强制性取得指无论土地所有人或占有人是否同意，法律优先保障

[1] 孙宪忠：《德国当代物权法》，法律出版社1997年版，第223页。

[2] 袭燕燕："国外矿业用地制度面面观"，载《中国国土资源报》2005年第3期。

采矿活动用地。其主要适用于具有公益性的，如韩国和日本的收用(征用)。自然取得，即对于不同的矿产依其地理位置自然获得，如德国的添附制度。意定取得是法律虽然规定采矿权人有使用他人土地的权利，但能否取得土地使用权进行采矿活动，完全取决于采矿权人与土地所有人、土地使用人等相关土地权利人之间的谈判与协商。如果土地权利人不同意采矿权人使用其土地，采矿权人则无权进入，如，韩国和日本关于他人土地的使用。而德国通过地上权取得对重要矿产的开采用地和法国的法定地役权兼具强制性和意定性双重特点。

四、我国采矿用地之地役权取得

有道是：君子爱财，取之有道。我国土地上的权利层次和权利结构比较复杂，以至于采矿用地涉及民法上的众多的土地物权，如相邻权、建设用地使用权等；涉及相关公法规制，如生态环境保护制度、征地制度、土地用途管制制度、土地和矿产资源的行政管理制度等。采矿时发生冲突是必然的。

国外许多国家通过立法解决采矿权和矿地使用权之冲突，而我国在如何有效衔接采矿权与矿地使用权的问题上仍缺乏较为明确的法律规定。现行《矿产资源法》主要围绕矿业权的设置进行规定，对土地使用权基本没有涉及。如何确保依法取得的采矿权顺利、合法地实现，不仅是矿山企业关注的问题，也是法律制度设计需要给予解决的问题。为此，有必要探讨采矿用地使用权的取得方式。作者认为，如果欲开采的矿产资源属于事关国计民生，具有国家战略利益的重要矿产，那么采矿用地使用权可以强制取得，适用“采矿用地使用权优先”原则；若该矿产资源属于一般矿产，则通过设立地役权取得矿地使用权。

我国地役权之设立目的在于为土地（需役地）的利益。从理论上讲，地役权不能作为采矿用地的取得路径。但如前所述，大陆法系许多国家已经突破这个限制，如《法国矿业法》第21条的规定等。而英美法系的取益地役权也不受设立目的约束。鉴于我国土地权利的多元化，采矿用地的取得方式不妨效仿法国模式，同时采纳英美法系开放的地役权制度。因为：

第一，采矿权是物权，其与所需的矿地使用权是物权之间的一般关系，不存在效力优先的问题，因此，其实现时所需的采矿用地可以通过设立具有物权属性的地役权来取得。这样既能保证采矿权的实现，又能使行使采矿权所需要的矿地使用权具有稳定性。因为地役权的从属性决定了采矿权转让时，矿地使用权随之让与新的采矿权人。这可以保证采矿活动的顺利进行。

第二，矿产资源的开采属于在他人土地上之取益，这意味着，采矿权的行使是暂时的，当矿产资源开采完毕，采矿用地对采矿权人来说就失去意义。如果是征收取得的采矿用地，虽然政府可以使用该土地，但通过牺牲集体土地的利益来满足少数采矿权人利益的做法有失公允。换言之，为了采矿权人的利益而由政府出面强制农民集体廉价地让出自己赖以生存的土地，等于利用行政权力通过损害某个集体的利益来使另一个主体受益。这种使一部分人生活变好的同时，令另一部分人的生活变得更差的用地决策，没有增进社会和谐，反而造成紊乱。当然，征收的弊端绝非仅此而已（本章第二节已有论述，在此不赘述）。相比之下，通过地役权可以公平、合理地杜绝征收的恶果。而且当矿产开采完毕，采矿权人按照法律规定和地役权合同的约定予以复垦。复垦完毕，地役权合同终止，采矿用地自动归还该集体所有。

第三，设立地役权取得采矿用地的另一个意义还在于，采矿权人在取得矿地使用权的同时，拥有了采矿必须利用的其他土地（堆放矿产物、矿渣、设备、爆炸物等）的权利。这是地役权人（采矿权人）为实现其权利内容，得为之必要的附随行为之使然，即地役权的其他附随权利。[1]《土地管理法》仅仅规定勘查用地可以按临时用地使用，这意味着采矿用地无临时用地可用。矿产一般身处大山之中，采矿人员的出入，运出设备和产品等都必须从与其毗邻地段通行。关于采矿

〔1〕（台）谢在全：《民法物权论》（中册），中国政法大学出版社 1999 年版，第 442 页。

权相邻关系，《民法通则》没有直接规范，《矿产资源法》也未做任何规定。《实施细则》只为相邻探矿权提供便利规定了几个简单的条款，[1]但其未涉及采矿权的相邻关系。虽然根据相邻关系的法理，相邻土地的权利人有提供道路的义务，但这种提供较为有限。若设立地役权，则可以一箭双雕，即不仅为使用矿地提供合法依据，而且为保证采矿所需的其他土地利用提供了正当权源。当然，附随权利的行使应选择对矿地地表损害最少的方式，即“权利人尽可能保全设定负担的土地所有人之利益”。[2]

第四，平等协商为双方权利的行使，义务的自觉履行提供保障。地役权的意定性使采矿权人可与矿地地表权人就采矿用地的具体数量、使用目的和方式、期限、补偿、争议的解决等问题平等协商。

综上所述，采矿权的目的在于获取矿产品的财产权，而地役权为采矿权人获得该产品提供了合法、便捷的通道。并且较之于土地使用权的其他民事取得方式，地役权在权利设立的成本、权利的法律效力和稳定的预期等方面更具优势。其能有效地解决长期以来困扰采矿权实现时需要的矿地使用权之症结，在一定程度上弥补了我国立法上采矿权与矿地使用权严重脱节的现象。

第五节　本章小结

地役权促进了两大法系许多国家经济的发展，同样能为我国经济建设作一番贡献。除固有功能之外，其天生的制度优势能有效地调整现代相邻建筑物之间的权利义务关系，提高不动产资源的利用率；将

---

〔1〕《矿产资源法实施细则》第16条规定：“探矿权人享有下列权利：（一）按照勘查许可证规定的区域、期限、工作对象进行勘查；（二）在勘查作业区及相邻区域架设供电、供水、通讯管线，但是不得影响或者损害原有的供电、供水设施和通讯管线；（三）在勘查作业区及相邻区域通行；……。”

〔2〕《德国民法典》，郑冲、贾红梅译，法律出版社2001年版，第246页。

公益设施建设需要用地地役权化处理，为公共利益的实现提供多元渠道，避免商业性的公益建设侵害农民集体的利益，平衡从公共利益中获益的不特定多数人与特定的被利用土地的农民集体之间的利益，进一步遏制公权侵害私权，公益挤压私利的现象；保护生态环境资源，让公民生活在良好的环境中，享有应用的环境利益；使采矿权人正当地使用矿地，保证矿产资源的合法开采。

其实，地役权的功能不仅仅可以拓展到上述领域，而且在营业竞争领域中也有适用的空间，即通过设立地役权将其他竞争者屏蔽于该竞争之外，进而保护自己的经营地位。这种营业竞争地役权对营业者而言，可以预见营业行为的物权化后果，从而激励营业者的创造性。其在欧洲大陆已广泛使用，是一种随社会的发展而出现的新型地役权类型，学者们称之为“地役权的第二春”。[1]

立法的目的就是要通过对权利义务的划分来达到法律所规制对象间的利益平衡，而地役权的意定性恰好是利益平衡的调节器。在公权力相对强大的我国，其能更好地实现私法对当事人利益的深层保护，具有以私法补充公法的特殊功能。[2]不过，地役权之意定性使其设立的任意性较大，需要予以宏观控制。因此，不能用意定取代法定，强调私法自治而忽视国家作用，而是坚持在公法的行政干预和宏观调控下，重视私法手段的运用。将公法的行政强制（即对极端行为的公力禁止或排除）和私法的意思自治融为一体，实现私法与公法的互相协调与配合，公益和私利的有机统一。

---

〔1〕（台）王泽鉴：《民法物权：用益物权·占有》（第二册），中国政法大学出版社2001年版，第77页。

〔2〕（台）王泽鉴：《民法物权：用益物权·占有》（第二册），中国政法大学出版社2001年版，第77页。

第七章 我国地役权内部构造之新走向

"不动产役权具有适应现代社会经济需要的发展空间。如何推动运用不动产役权，俾能更有效率的规范不动产利用关系，应值重视。"〔1〕科学的制度设计是其有效运行的基础。地役权在漫长的历史发展中，得到众多国家的重视与发展，其品格已经形成，理论体系颇为成熟，基本制度的构架相当完备。但是，今天与古罗马时代的社会背景相差甚远，不可同日而语。

"法律系由于社会生活之结果而成立之形态"，"系支配社会生活而行之者"。〔2〕法律的使命在于对社会现实的承认和调整，法律制度的基本价值在于实践。从这一意义上审视我国的地役权制度，因在社会生活中鲜被应用而沦为"沉睡的"制度。出现这种状况的原因很多，但我国地役权制度本身的结构、体系等设计跟不上时代的变迁是主要原因。

现代地役权潜在的新功能对传统地役权的基本构造提出了挑战。欲让地役权在我国释放出光彩照人的正能量，需要总结我国现行地役权法律文本的成功与不足，厘清地役权规范之间的矛盾，减少效力冲

〔1〕（台）王泽鉴：《民法物权》，北京大学出版社2010年版，第327页。

〔2〕［日］牧野英一；《法律上之进化与进步》，朱广文译，孟祥沛点校，中国政法大学出版社2003年版，第1页。

突。用科学的法技术对地役权从多个方面进行立法上的自我调整。甚至予以突破、变革。为地役权的新功能之发挥提供坚实的理论基础，制度保障。

第一节　丰富地役权的内涵

一、地役权的概念

关于地役权的概念我国民法学者的表述纷杂不一。我国台湾学者史尚宽先生认为："地役权乃为增加一定土地（需役地）之利用价值，使其支配及于他土地（供役地）之权利。"〔1〕谢在全先生称："地役权系在他人土地（供役地）上存有负担，以提高自己土地（需役地）价值之权利。"〔2〕李由义先生认为："地役权是指为了自己使用、经营土地的方便和利益而使用他人土地的权利。该定义吻合了所有权和经营权相分离的原则。"〔3〕大陆学者佟柔先生称："地役权是指土地所有人或使用人为了满足自己土地的某种便利的需要而使用他人土地的权利。"〔4〕孙宪忠教授坚持："所谓地役权，指的是一块土地的所有权人利用他人土地，或者要求他人在自己的土地上不为某种行为的权利。"〔5〕学者们对地役权的表述虽略有差异，但其内涵中均包含了地役权的目的性因素，都是于他人土地之上设定的使用或利用他人土地的财产权利，并主要是以需役地的利益为出发点。

《物权法》将地役权定义为，是指按照合同约定，利用他人的不

〔1〕（台）史尚宽：《物权法论》，中国政法大学出版社2000年版，第221页。

〔2〕（台）谢在全：《民法物权论》（上册），中国政法大学出版社1999年版，第419页。

〔3〕李由义：《民法学》，北京大学出版社1987年版，第156页。

〔4〕佟柔：《民法原理》（修订版），法律出版社1988年版，第152页。

〔5〕孙宪忠：《德国当代物权法》，法律出版社1997年版，第240页。

动产，以提高自己不动产的效益所享有的用益物权。此概念的核心要素与学界的定义和其他国家的界定大同小异。如成立于两块土地之间；主体为不同之人；目的在于便利；权利的行使表现为限制或负容忍义务，差别仅仅在个别具体方面。

在社会经济发展的今天，我国仍然坚持罗马法的地役权是“为一块称作为需役地的土地而设立的，它应当直接给土地而不是脱离土地的人带来功利”的传统地役权含义，〔1〕必然将所有的除“人役权”之外的役权类型都被排斥在外，这极为不符合我国没有“为了人的某种利益”而需要使用他人不动产制度的现实。因为，现实中有的权利人为自己土地的所有权或使用权的便利而要利用他人的土地；而有的权利人仅仅是为了自己利益的需要而利用他人的土地。例如，在他人（所有或使用）土地上铺设电线、输油管道、架设电缆等。这种不为任何土地的利益而利用他人土地的情形普遍存在，比比皆是。“随着社会的发展，地役权逐步增加着内容，其中城市役权越来越多，继续役权越来越少；消极役权越来越多，表现役权越来越少。特别是现代化社会生活中，由于大工业、交通运输和科学技术的发展，情况尤其如此。”〔2〕这种现象，一方面日渐冲蚀着利益主体只能是土地的我国地役权制度，从而不断压缩其适用空间；另一方面为了人的利益（如公益设施的建设）需要利用他人所有（使用）的土地的问题却一直没有得到很好的解决，以至于现实中用地纠纷层出不穷。《物权法》关于地役权概念的界定未能很好地顺应社会的发展趋势，势必影响该制度在实务中的应用，有必要予以修正。

法律概念是构成法律规则和原则的基本要素。在特定场合，当法律规范不够完备时，法律概念也可以同法律原则结合起来，直接规范主体的行为。为了构建一个既能在实践上满足社会发展的需求，又在

〔1〕孙宪忠主编：《中国物权法：原理释义和立法解读》，经济管理出版社2008年版，第394页。

〔2〕江平、米健：《罗马法基础》，中国政法大学出版社1991年版，第167页。

理论上符合体系化要求的，完整的地役权体系，需要丰富我国地役权之内涵。

二、丰富地役权内涵的先例

虽然，罗马法坚持“地役权应当直接给土地而不是脱离土地给人带来功利”的原则。但“罗马法非常注重实际而不专尚理论。……当理论与实际发生矛盾和冲突时，罗马法总是舍弃纯理论的要求而致力于满足实际的需要”。〔1〕因此，罗马法也允许以地役权的名义，为某人设立放牧的权利，以使其获得收益。这在很大程度上已经很难再与土地使用的便利、需要挂钩，而纯粹是依个人需要而设定的权利形式。

罗马法的这一原则和务实做法已历经悠悠数千年，被贯彻到两大法系地役权的设计之中。大陆法系的许多国家和地区的民法并非仅仅继承为自己土地之便利才能设立地役权的理念，而且也继承了允许成立为个人利益而设的地役权。例如：

德国模式。《德国民法典》用限制性人役权来解决为了人的某种利益，而需要利用他人土地的问题。限制性人役权是德国民法对罗马役权制度的最大革新，〔2〕是为特定的某个人设定的物权性质的土地使用权，为个人利益而设立的地役权。法典第1090条规定：“土地得以此种方式设定权利，使因权利而受利益的人，有权在个别关系中使用土地或享有其他可以构成地役权的内容的权能。”《瑞士民法典》第730条规定：“甲地所有人，为乙地的利益，可允许乙地所有人进行某些特定方式的侵害，或为乙地所有人的利益，在特定范围内，不行驶自己的所有权，以便自己的土地承担负担。”〔3〕第781条（其他地役权）规定：“（1）土地所有人为某人或公众的利益，得以射击场、道路等目的，设定各种役权。（2）前款的役权，如无其他约定，不得让

---

〔1〕 周枏：《罗马法原论》，商务印书馆1994年版，第368页。

〔2〕 详见第三章第一节一（二）。

〔3〕 《瑞士民法典》，殷生根、王燕译，中国政法大学出版社1999年版。

与，其内容依权利人的通常需要而定……”瑞士民法的这两条规定对“需役地利益”予以了突破，直接表明地役权亦可为了需役地人的利益而创设。

法国模式。《法国民法典》第649条规定：“由法律规定设定的役权，以……，或者个人利益为目的。”《意大利民法典》第1057条（电缆的通过）也规定：“如何土地所有人均应当按照有关法律的规定，应许通过自己的土地铺设农业或者工业用电所需的电缆，并且应许在自己的土地上进行必要的施工、安放必要的设备以及为此占用必要的土地。”可见，这两个国家也有不以“需役地”的存在为条件的地役权。

作为深受法国民法，继而又受葡萄牙民法制度影响的我国《澳门民法典》第1435条规定：“凡可被需役地享用之任何利益，均可成为地役权之标的，即使该利益只属将来或偶然存在，且不增加需役地之价值者亦然。”这条规定更是直白地表明，在澳门地区能否提高需役地价值不是决定地役权设立与否的唯一要件。换言之，除为了需役地的利益可以设定地役权之外，为不能提高需役地价值的利益也可以设定地役权。

美国地役权的设立也并不限于为土地使用之便利，在有些情况下，地役权人可以为了其他目的而使用他人土地。此时，地役权是给特定的人或者不特定的人带来利益，而不是和特定的土地联系在一起。

三、地役权内涵的扩大解释

上述国家和地区民法典关于地役权的定义如此周全。而我国《物权法》虽然于2007年才颁布，晚于这些国家一两百年，但有关地役权内涵的界定却完全忽略了工业化、城市化、土地集约化之浪潮带来的不为任何土地的利益而利用他人土地的现实。问题是，此种情形必然越来越突出，尤其是在公共利益的土地利用中。

根据传统地役权的理论，现实中大量的基于公共事业用地而设立的地役权基本上不具备传统地役权的构成条件，地役权很难容纳为人的利益而设立的役权内容。因为这些内容在某种程度上突破了地役权的属物性。即便是不相毗邻的不动产人，亦可成为地役权法律关系的主体。例如，一条长达数千公里的输油管线的修筑和运作，作为公共设施，沿途地役权的设定无疑带着明显的公益性和公共权力运作的痕迹，而其基本上不存在需役地的利益问题。在某种程度上，此种情形更应倾向于人役权。

在我们没有人役权之立法的规定中，如何使这类现象合法化？德国民法为我们提供了鲜活的示范，即在立法上设计限制性人役权。然而，限制性人役权的立法成本较高，且物权法已经颁布实施，近年修改物权法的可能性几乎为零。而解决当前土地利用问题已迫在眉睫。由于地役权的核心是权利人利用不动产之效用，该效用不限于经济利益，亦包括精神或情感利益。[1]因此，最便捷的方式是通过司法解释对地役权的内涵予以展开性解读，即我国地役权不仅仅是以提高土地利用效益为目的而利用他人土地，也是为其他目的而使用他人土地的一种制度安排。只要能从供役不动产中取得利益，满足了需役不动产权利人的需要，即使未增加需役不动产本身的价值，也能订立地役权。这样我国地役权才能浴火重生，真正成为物权法定原则的兜底制度。

第二节　扩大地役权的客体

一、地役权的客体

地役权之客体，是指地役权人在使用、收益意义上的支配权权能所作用的对象，其直接决定了地役权人行使权利的空间维度。而不同的时代，不同的法制背景下，地役权的客体有所不同。有的国家仅限

〔1〕（台）谢在全：“不动产役权之诞生—地役权之蜕变”，载《月旦法学》2010年第4期。

于土地，而有的国家除土地之外，还包括建筑物，甚至有的国家泛指不动产。

我国《物权法》对地役权客体的规定含糊不清，即地役权的客体仅仅是土地，还是不动产，引起了不少争议。有学者认为：我国“地役权是存在于他人土地之上的他物权”，“地役权的标的是土地，而不是其他不动产，更不是动产”。[1] 也有学者认为：“从我国《物权法》第159条至第165条有关地役权的规定上看，其中仅规定了土地上的地役权，而无建筑物上的地役权，根据物权法定原则，我国的地役权仅在土地上设立。”[2] 但另一种观点主张，“地役权主要是在土地上设立，但也不排斥对房屋和其他附属物之上设立地役权，因此，对地役权中的地的含义应当做扩大解释。”[3] 我国地役权客体的不明确规定，严重影响地役权在实践中的适用。

从第156条的规定观之，我国地役权的客体似乎是不动产，但从《物权法》其他的有关条款中可知，我国地役权的客体其实仅指土地。因《物权法》中大量使用“供役地”、“需役地”之措辞。例如：该条将他人不动产规定为供役地，自己的不动产规定为需役地；《物权法》第159条规定：“供役地权利人应当按照合同约定，允许地役权人利用其土地，不得妨害地役权人行使权利”；第160条规定：“地役权人应当按照合同约定的利用目的和方法利用供役地，尽量减少对供役地权利人物权的限制”；第161条规定：“地役权的期限由当事人约定，但不得超过土地承包经营权、建设用地使用权等用益物权的剩余期限”；此外，第162条、第164条、第165条、第166条以及第167条都是根据土地来规定的。因此，“从我国物权法的其他具体规定来看，地役权还是主要适用于土地之间。”[4]

---

〔1〕 杨立新：《物权法》（第二版），中国人民大学出版社2007年版，第238页。
〔2〕 江平主编：《物权法教程》，中国政法大学出版社2007年版，第210页。
〔3〕 王利明：《物权法论》（修订本），中国政法大学出版社2003年版，第495页。
〔4〕 江平主编：《物权法》，法律出版社2009年版，第256页。

《物权法》对地役权客体的规定模棱两可，使人们不得而知。如果仅指土地，那么客体太单一、狭窄，限制了地役权功能的发挥；如果将其解释为不动产，那么又存在上述矛盾。这种对权利客体规定前后不统一的立法技术，使地役权在实践中的应用率大打折扣。

二、地役权之应然客体

我国地役权应为农、林、牧、矿等各领域、各行业的用地提供广泛的服务，于是，地役权不能仅为单纯的土地权利，而应为不动产权利。这就需要从立法上明确将地役权的客体从土地扩大到不动产，而且是他人和自己的不动产。“从法律逻辑及发挥地役权的功能而言，将供役地扩张及于不动产，土地及其定着物均包括在内，实有必要。”[1]

然而，那些财产属于不动产？关于不动产的外延，各国立法有所差异。《法国民法典》第518条规定土地及建筑物，依其性质为不动产。《日本民法典》第86条规定土地及其定着物为不动产。我国《担保法》第92条规定“本法所称的不动产是指土地以及房屋、林木等地上定着物。”由此不难看出，立法上的不动产主要包括土地及附着于土地上的建筑物及其他定着物、建筑物的固定附属设备。

关于土地的范围，许多国家的立法均有规定。如《法国民法典》第552条规定：“土地所有权包括该地上及地下的所有权。”《德国民法典》第905条规定：“土地所有人之权利，扩充到地面上之空间与地面以下之地壳。”《日本民法典》第207条规定：“土地所有权于法令限制的范围内，及于土地的上下。”本书认为基于充分发挥地役权之功能的理念，应对地役权客体中的土地作扩大理解。在经济发展水平较低时土地范围主要为表面。而在经济发展对土地的需求越来越强烈的情况下，仅仅利用土地之表面是对土地资源的极大浪费。其实，现实

〔1〕（台）王泽鉴：《民法物权：用益物权·占有》（第二册），中国政法大学出版社2001年版，第97页。

中土地上下之空间的利用越来越广泛，对土地的利用已逐渐从平面走向立体式，如空中走廊、立交桥或地下街、地下交通等。此时的土地就范围而言：在横的方面应以地界确定为限；在纵的方面依“行使有利益的范围”（利益存在限度）来确定土地之地面，地上及地下的空间范围。就土地的类型而言，不可狭义地将其解释为耕地、建设用地。除此之外，还包括林地、草地、矿床、水域等。他们之间需要互役，且水域与陆地间也有互役。〔1〕《海域使用管理法》已将海域规定为与土地并列的一类不动产，且内陆水域利用亦愈发多样，如已出现停泊位开发等新型法律问题。〔2〕

“地产是私有财产的第一个形式”，〔3〕而在实行土地公有制的我国，对个人来说，建筑物的财产价值也不逊色于土地。然我国调整近邻建筑物间，建筑物与土地间的利用关系的法律法规颇为单薄，将建筑物作为地役权的客体，无疑有利于对建筑物之保护。〔4〕尤其是人们必须依靠公寓大厦来满足商业、居住空间需求的今天，若不承认建筑物之间的役权，也必将排除区分所有人之间设立役权，以补充集体性规约不足的可能性，如楼层间设定某种管线通过的役权，对于处理公寓大厦所产生的复杂财产权问题，无疑减少了一个重要的民事机制。〔5〕

至于定作物，虽与土地连结，但不是土地的组成部分，故属独立之物。其是指固定于土地并不能移动的有独立实用价值的物，如房屋、地下管道、树木、沟渠等。定作物虽然可以与土地分离，但这种分离是不经济的。分离后，要么会破坏土地、建筑物的完整性、使用价值、功能，要么会使土地、建筑物的价值明显减损。

---

〔1〕李永军：《海域使用权研究》，中国政法大学出版社2006年版，第317页。

〔2〕孙鹏、徐银波：“社会变迁与地役权的现代化”，载《现代法学》2013年第3期。

〔3〕［德］马克思：《1844年经济学哲学手稿》，人民出版社1985年版，第71页。

〔4〕详见“第五章·第一节”。

〔5〕（台）苏永钦：《走入新世纪的私法自治》，中国政法大学出版社2002年版，第259页。

而建筑物的附属设施是指同房屋、建筑物不可分割的、不单独计算价值的配套设施，包括房屋、建筑物内的通气、通水、通油管道、通讯、输电线路、电梯、卫生设备等。

不动产的外延如此广泛，将不动产规定为地役权的客体，无形中扩充了地役权的调整范围。同时，也使不动产资源得到充分地利用。

三、不动产作为地役权客体的法律基础

地役权之内容具有多样性，现行规定仅限于土地之利用关系已难满足实际需要。为发挥地役权之功能，促进土地及其定着物之利用价值，爰将原需役地之客体扩张及于“不动产”，土地及其定着物均包括在内。[1]

地役权的客体涵盖土地和建筑物两个部分的渊源在于罗马法。罗马法中最早出现的耕作地役，以土地为标的。随后出现的城市地役，则以建筑为标的。只是罗马法实行吸附原则，建筑物为土地的当然组成部分，所以称为地役权。故地役权关于土地的含义包括房屋等在内。[2]

近现代许多国家和地区也渐次地将地役权的客体从土地拓展到不动产。法国民法因将相邻关系作为法定地役权，于是，法国地役权的客体自然是土地和建筑物。《法国民法典》第637条明确规定：“土地上的建筑物亦可作为地役权之标的。”德国民法承继了罗马法上的吸附原则，即“根据自然法，地面上的物品添附于地皮”。[3]德国民法最初也认为，建筑物应为土地的一部分，不能构成独立的不动产，建筑物自然无法独立成为地役权的客体。随着土地利用的多样化，对某块土地的便利利用，往往体现在对该土地上的建筑物等的利用，德国立

---

〔1〕（台）苏永钦：《走入新世纪的私法治》，中国政法大学出版社2002年版，第258页。

〔2〕周枏：《罗马法原论》，商务印书馆2004年版，第391页。

〔3〕［意］彼德罗·彭梵得：《罗马教科书》，黄风译，中国政法大学出版社2005年版，第203页。

法把土地之上的建筑物作为独立的地役权客体。《瑞士民法典》第 779 条还规定："在土地的地上或地下建造并保留建筑物上权利，可设定为役权。"另外，依照该法第 674 条，建筑突出占用他人土地空间的，也可以设定为地役权。我国台湾地区旧"民法"修订前的地役权客体仅指土地。[1] 但修改后的"民法"已将地役权更名为"不动产役权"。这样，我国台湾地区地役权的客体从土地扩大到不动产，建筑物可以独立地成为地役权之客体。

第三节　界分地役权与相邻关系的适用范围

一、问题的提出

一种物权的适用范围是该由权利的内容所决定。而"地役权却因土地之间关系极为多样，而使得权利的主要内容由当事人合意决定。这种先天的内容多样性可以说是地役权的最大特色"。[2] 地役权的这一特色使其适用范围从罗马法至各国民法均是授权当事人依需役地之需要予以确定，具有开放性。而需役地利益同样委诸当事人依意志自由决定，只要不损害公共秩序即可。于是，地役权适用范围的大小实际上是由"需役地利益"而定。

地役权享有的最大程度的私法自治范围之亮点，[3] 使其关于不动产的适用范围无边无际。这种抽象、"广泛"的适用范围与其孪生姊妹——相邻关系在很多时候必然重叠，或有所交叉。因为，传统地役

〔1〕"称地役权者，谓以他人土地供自己土地便宜之用之权"，参见（台）黄宗乐监修：《基本小六法》，新保成出版事业有限公司 2007 年版，第 122 页。

〔2〕（台）谢在全：《民法物权论》（上册），中国政法大学出版社 1999 年版，第 369 页。

〔3〕（台）王泽鉴：《民法物权：用益物权・占有》（第二册），中国政法大学出版社 2001 年版，第 78 页。

权是为规范相邻不动产之间的通行、取水、采光等而产生的，是耕作地役权和建筑物地役的抽象，因此，有必要界定地役权的大致适用范围。正如孙宪忠教授所说，《物权法》涉及适用范围的条款并不太多，尤其是关于地役权的适用空间，还有赖于判例和学说的通力合作，以类型化的思考方法，完成对地役权制度的再构造。[1]

而地役权适用空间的界定有赖地役权与相邻关系两者适用范围的划分。《物权法》第七章详细列举了相邻关系的调整范围，相当广泛，具体包括不动产相邻权利人之间的取水、排水、通行、建造、修缮建筑物，铺设电线、电缆、水管、暖气和煤气等；以及禁止相邻权利人排放大气污染物、水污染物、固体废物，释放噪声、光、磁波辐射等有害物质。而地役权的适用范围是授权当事人依自由意志决定。但《物权法》把现实中可能会导致设立地役权的不少情形都囊括到相邻关系中，以至于我们的想象力无论有多么丰富，就传统地役权的适用范围而言，很难完全超出立法上关于相邻关系列举的情形。为此，有必要从立法上对他们各自的适用范围进行界分，以便权利人知道自己的权利界线。

二、界分两者的必要性

（一）正确地行使权利

《物权法》将地役权与相邻关系分别规定在不同章节，以此表明两种权利的性质，以及形式上的不同。但是这种区分过于简单化，难以在实务中起到引导作用。

对相邻关系与地役权的区分，从理论上讲不困难。相邻关系是法律为保障相邻不动产的有效利用而进行的最低限度的调整；而地役权的使用程度则不限于此，其是权利人对自己不动产较高程度的利用。因此一为法定、一为意定；一为相邻、一为不以相邻为限；一为无偿、

---

[1] 孙宪忠主编：《中国物权法：原理释义和立法解读》，经济管理出版社2008年版，第419页。

一为有偿等。但是，在实践中进行具体判断的难度相当大，以至于常常导致当事人或司法实践中很难区分某一个纠纷究竟是属于相邻关系，还是地役权关系。因为，同一类型的使用要根据使用程度，在“相邻关系”与“地役权”之间进行选择。例如，邻地通行权就涉及相邻通行权与通行地役权的区分。而何种情形是法定的？何种情形可以意定？在实务中难以把握。“相邻关系”与“地役权”两者最终目的都在于提高不动产资源的利用率，仅仅在提高的程度上有所差别，相邻关系是基本保证，地役权是更高要求。[1] 把在同一民事关系中究竟采用哪一个制度的判断标准建立在对他人不动产的利用程度上，而不是根据使用的种类、性质的立法，大有纸上谈兵之嫌。

利用邻人土地的需要超出相邻关系所能调整的限度，则要纳入地役权的范畴。这个“限度”因涉及主观认识的问题而成为适法上的困难所在。其原因在于，人们对“效益”这个“度”的正确把握，仁者见仁，难以统一。而不同的理解会作出不同的选择，不同的选择导致处理结果不尽相同，甚至千差万别，毕竟这是两种不同的民事权利。例如，甲方在自己拥有使用权的土地上建造房屋，必须使用相邻的乙方土地（如建造中的通行、铺设管道等便利），如果按照“权利竞合”的规则，可能会有两种方案：对甲方来说，肯定选择根据《物权法》第88条规定行使相邻权。这样在一般情况下至少可以免除补偿费的支付，此时地役权成为一个多余的制度。而对被利用土地的乙方来说，毫无疑问地选用地役权。因为他可以获得土地利用之对价，此时相邻关系的命运岌岌可危。之所以出现这种现象，是因为相邻关系或地役权人享有的利益的多寡有很大的区别，权利人行使权利给义务人造成的损害的程度也不同。譬如，地役权在给权利人享有更多的利益时，给义务人造成的损害也大；而相邻关系的适用仅仅满足权利人的生存需要，对义务人的侵害不大。不同的选择，对双方当事人来说，必然

〔1〕 申卫星：“地役权制度的立法价值与模式选择”，载《现代法学》2004年第5期。

产生不同的权利义务。可见，法律规范的适用对当事人来说是何等的重要，而界分地役权与相邻关系的适用范围是正确适用法律规范的基础。

（二）从规则上厘清二者的单位权利界区

正确行使权利的前提是清晰的单位权利界区。一个法律事实的准确识别，取决于正确无误的逻辑前提和法律规则。如果不从规则上厘清二者的界限或区别点，人们就没有正确判断一个法律事实的基础，无法正确行使权利。具体到相邻关系与地役权，尽管两者作为彼此独立的法律制度，各有特色，各具内涵，在本质属性上也有所差异，不难区分。但如前所述，相邻关系与地役权均是为了调节不动产利用关系而设计的法律制度，其之并存，使同一个民事法律关系，由于适用不同的法律制度，而产生迥然不同的法律后果。法律后果迥异，双方当事人在规范的适用上难以达成共识。适用规范分歧的结果是不动产资源利用率的提高难以实现，甚至邻里不和，诉讼不断，有悖于构建和谐社会之法——《物权法》的目的。

为了充分发挥这两个制度的积极作用，避免因调整范围的不明确而造成制度的闲置，甚至导致纠纷，有必要在认识上统一标准。特别是在我国这样一个长期以来无地役权制度乃至缺乏对此概念的认识、了解的社会，如果不从理论上区分两者的适用范围，这两个制度在适用中极易滋生歧义和困惑。的确，当法律没有明确给出规范的选择原则和方法时，如果同一法律关系适用不同的法律规范导致双方当事人权利义务大相径庭时，无疑会给当事人及司法者带来适用上的巨大困难。因此，需要在相邻关系和地役权两者中间勾画出一个相对客观的标准，厘清地役权与相邻关系各自适用范围。这不仅可使主观认识客观化，节减磋商、争议等成本，指导实践中的案件处理，消除司法时间和空间上的不平衡性；而且有助于在理论上认清各自的本质，使人们能清楚地认识到自己的单位权利界区，进而能较好地分辨到底于何种情形下可以不必征得邻人的同意而径直适用相邻关系，何种情形下必须克服随意性，与邻人协议设立地役权，从而避免或减少相邻纠纷的发生。即使发生了纠纷，因明了法定与意定的界限，也有利于法院裁决案件，消弥纠纷。

没有科学、明晰的权利划分和界定，任何一种权利的保护都只是一句空话，而权利配置的任何偏差或者疏漏，都将化为现实问题。

三、部分国家和台湾地区就两者适用范围之立法

地役权巨大的包容性，以及由此而具有的广泛的适用范围在罗马法中就已经具备了，之后又得到后世民法的发展。不过，在不同的法制背景下，各国和地区关于地役权和相邻关系的适用范围的立法并不完全相同。

同属于英美法系的英国和美国关于“采光”的规定却是异样的。在美国法律中“采光”属于地役权，当事人可以对此专作约定；而在英国法律中则属于相邻关系。

在法国民法中，地役权是全面解决不动产相邻关系的法律制度，为此，《法国民法典》确立了自然地役权、法定地役权和意定地役权三种类型。用地役权囊括不动产利用关系的各种情形，同时，在调整范围上进行了划分，起到了适用中引导作用。

《德国民法典》在立法上就相邻权和地役权分别予以规定。在编排体例上地役权与相邻关系各在不同的编章。在具体规范上，相邻关系主要从限制所有权的角度进行规制，将不可量物的侵入、招致危险的设备、有倒塌危险的建筑物、开掘、材根或材枝、逾界建筑、必要通道、共同使用地界等内容作为相邻关系加以考虑，故义务内容占主要部分（第907～924条）。而役权专设一章。地役权制度的调整范围大致与法国民法中的意定地役权的相同。在立法技术上，法典详细规定了相邻关系的适用范围，而对地役权没有进行具体的类型列举，仅规定了一个高度抽象的地役权内容。不过有学者认为，地役权的适用范围主要：一是对他人土地的真正而且由外部表现的使用，包括通行权、砾石采取权、取水权等；二是外部没有表现的地役权，这一地役权通常是对相邻关系某一内容的特许构造（如不得超过某一高度的建筑物）；三是借助于地役权制度，解决营业竞争的问题，这种形式的地

役权为地役权发展提供了新空间。〔1〕

《意大利民法典》对相邻权与地役权分别作出了规定。在所有权一章中规定采光、眺望、汲水、界墙等相邻关系的内容，其后又专设地役权章。将地役权区分为强制地役权和任意地役权。强制地役权列举了排水、通行、电缆通过等地役权类型，与相邻关系并无二致。任意地役权适用范围主要规定于在第1028条中。〔2〕根据此条款，“经济利益”、“方便条件”、“良好环境”、“工业用途”均可成为地役权设立的原因。

《瑞士民法典》物权编中第十九章的第二节“土地所有权的内容及限制”，有一目以相邻权命名。其中将挖掘及建筑、树木、水的自然流向、排水、管道的通过、通路权、围障纳入了相邻权的范围。〔3〕第二十一章是关于“役权及土地负担”的规定。法典在地役权的适用范围上除有抽象的规定，即以“为需役地的利益”为适用的原因之外，还予以略为类型化的规定，如可为建筑、射击场、通路等目的而设定地役权。又如第781条列举，为了射击场、通路等目的可设地役权。〔4〕第779条和第674条规定了建筑物役权。〔5〕

日本的相邻关系是放在《日本民法典》物权第三章“所有权”第一节“所有权的限制”中。其主要包括邻地进入权、围绕地通行权、

〔1〕［德］鲍尔、施迪尔纳：《德国物权法》（上册），张双根译，法律出版社2004年版，第709页。

〔2〕第1028条规定：“除经济利益以外，需役地本身具有的较多的方便条件或者良好环境也是便利。同样，需役地本身具有的工业用途也是一种便利。”见《意大利民法典》，费安玲、丁枚译，中国政法大学出版社1996年，第284页。

〔3〕《瑞士民法典》第685～697条，殷生根、王燕译，中国政法大学出版社1999年版，第190～193页。

〔4〕第781条：“土地所有人为某人或公众的利益，得以射击场、通路等目的，设定各种役权。……除上述规定外，本条的役权适用有关地役权的规定。”见《瑞士民法典》，殷生根、王燕译，中国政法大学出版社1999年版，第209页。

〔5〕第779条规定，在土地的地上或地下建造并保留建筑物的权利，可设定为役权。另依第674条规定，建筑突出占用他人土地空间的，也可以设定为地役权。见《瑞士民法典》，殷生根、王燕译，中国政法大学出版社1999年版，第219页。

自然排水的忍受义务、疏通工事权、预防工事请求权、雨水注泻的禁止等。[1] 地役权则于第六章专章加以规定。在具体类型上仅对“用水地役权”作明确规定。除此之外，依第280条规定，[2] 地役权设立的范围仅以不损害公共秩序为限，因此，其范围大大超出相邻关系。

奥地利民法几乎恢复了罗马法的原貌，保留了房屋地役权和土地地役权的二分法。第475和476条采取类型化的方式具体规定了12种主要地役权类型（见第六章第一节）。

我国台湾地区的相邻关系规定于“民法”物权编中第二章“所有权”中的第二节“不动产所有权”之中，其类型也较为具体明确。[3] 地役权规定于第五章中，修订前的地役权之适用范围也是依当事人意志决定，一概不加以限制（第851条）。对于第851条中“便宜”如何理解，立法理由书称“便宜其类匪一，悉依设定行为定之”。谢在全先生认为“所谓便宜，系指方便利益或便利相宜而言，而此种便宜不限于经济上或有财产价值之方便利益，具有精神或感情上之利益亦包括在内。且此项便宜，无须从客观上之情形斟酌，故从属客观上虽非便宜，且无必要，但当事人仍得设定之”。[4] 值得注意的是，新修订的“民法”第851条将便宜使用加以类型化为“不动产通行、汲水、采光、眺望、电信或其他以特定便宜之用”。其理由系因原规定“便宜”一词过于抽象及概括，不仅致社会未能充分利用，且登记上又仅以不动产役权登记之，而无便宜的具体内容，无从发挥公示之目的，因此，明文例示不动产役权的便宜类型，以利社会的运用，并便宜登记。不

---

〔1〕《日本民法典》第209～238条。

〔2〕第280条规定：“地役权人，依设定行为所定的目的，有以他人土地供自己土地便宜之用的权利。但不得违反第三章第一节中关于公共秩序的规定。”见《日本民法典》，王书江译，第51页。

〔3〕《基本小六法》，保成文化出版社2005年版，民法类第106～111页。

〔4〕（台）谢在全：《民法物权论》（上册），中国政法大学出版社1999年版，第419页。

动产役权便宜的具体内容属于不动产役权的核心部分。[1]

上述立法可以看出，大部分国家和地区对地役权与相邻关系两者适用范围的区分表现在：对相邻关系的适用范围采用类型化（列举式）的立法模式；而地役权的适用范围却授权当事人依需役地之需要确定权利的内容。然，何谓“需役地利益”，各国和地区民法基本没有具体回答，主要采用两种方式加以实现：一是在抽象规定的基础上进行具体的列举式，如奥地利民法、新修订的我国台湾地区“民法”。这种模式毫无疑问对地役权的适用发挥了高度引导的作用。其性质仍属例示，在解释上保留了相当大的弹性。二是通过使用带着不确切含义的词语加以说明，如法国民法的“负担”、“ 产业”“产业利益”；德国民法的“使用”、“限制使用”；意大利的“便宜”；日本民法的“依设定行为所定之目的”。有的国家和地区之“便利”的具体内容由判例学说或解释加以说明。采用第二种立法模式的国家和地区较多。这种方式使地役权的适用范围具有较大的弹性，保留了较大的任意性空间，但易与相邻关系混淆，并不利于交易安全。

四、拓展地役权的适用空间

（一）确定地役权适用空间的原则

后世各国和地区物权法在遵循罗马法规定的基础上，扩展了地役权的适用范围并表现出各自的特色。相比之下，我国《物权法》就地役权的规定不免太空洞，有必要在《物权法》抽象规定的指导下，通过司法解释对地役权的适用范围进行大致的划分，留出地役权的调整空间，尽量减少规范的竞合。当然，立法者在设定市民社会中权利与权利之间的界域时，不可能像城市规划的设计师那样，可以将楼厦、绿地、公路、广场、桥梁的位置与地域规划得精确明晰，毫厘不差。随着物之利用多元化以及社会发展的进步，地役权制度本身有着很大

[1] （台）王泽鉴：《民法物权》，北京大学出版社2010年版，第323页。

的开放性，对我国地役权适用范围应以采用抽象性界定为主，列举为辅，并在坚持有利于实践操作的基础上，从调整对象的领域、性质等方面予以划分。

考察部分国家和地区关于地役权适用范围的立法情况，结合地役权的特点、性质和功能，界定我国地役权的适用空间应遵循一定的原则。

第一，权利扩张一方与权利受限制一方的地理位置是否邻近、毗邻，这是一个基本的判断标准。其无疑为适用地役权提供了明确的依据：一旦双方的不动产不毗邻，则自然只能与被利用土地者设立地役权。根据此标准，如果不动产权利人因建造、修缮建筑物以及铺设电线、电缆、水管、暖气和煤气等管线必须利用不相毗邻的土地、建筑物时就只能适用地役权。

第二，综合考虑地域、习惯、避害可能性等因素。地理位置相邻与否远不足以解决地役权与相邻关系两者在适用范围方面的全部问题。因为地役权关系只是“不以不动产相互毗邻为条件”，这样，在不动产相邻的情况下，既可以行使相邻关系，也可以行使地役权。按照传统观点，此时应考虑扩张权利的一方，是否是为了保障其基本生活的需要，即是否属于“正常化”。符合此“正常化”构成者宜认定为相邻关系，超出该要件则应从地役权角度考量 。

由于所谓的“正常化”乃是一个主观判断的问题，因此需要综合地域、习惯、避害可能性等因素加以考虑。例如，在地域方面，主要需对工业区和住宅区予以区别。住宅区适用相邻关系，工业区适用地役权。基于沿袭多年的习惯，利用邻方土地一般应通过相邻关系解决。详言之，应充分尊重历史形成的用水、排水等以及分界墙、分界沟、通道、间隔等习惯。在相邻关系上，各国都重视习惯对于法律的补充效力。如《德国民法典》是在德国各邦（州）法的基础上制定而成，因此在相邻关系制度上，它尊重各邦（州）民众的长期传统习惯，从而在具体的个别场合并存着数种规范，以资应用。我国台湾地区新、旧“民法典”第1条均规定：“民事，法律所未规定者，依习惯，无习惯者，依法理。”而适用相邻关系的习惯是视对方对损害的容忍度。当该损害没有达到不能容忍的程度时适用相邻关系。相邻关系的适用不应给相对方造成损害，即使造成损害也应是可以容忍的。反之，如果超越此损害程度则由地役权进行调和。

值得注意的是，超出“正常化”基准并非一定构成地役权，因为超出“正常化”的合意有时是地役权的内容；有时是对相邻关系的补充；有时是相邻关系和地役权内容的混杂，如合同中规定了相邻关系的条款，又牵涉地役权的内容，故需要对二者予以识别。识别可从以下三方面考察：其一，是否是逾越了“正常化”基准而在他人土地上设置额外负担，如果无此额外负担，土地的常规权利仍能照常行使，则只能采用相邻关系。其二，对他人不动产的利用是否能增加自己不动产的价值，或者能满足人的某种利益。传统地役权的基本功能在于通过在他人土地上设定负担的方式来增加自己土地的价值，否则，不符合地役权的构成要件，其合同也不属于地役权合同，而是一种债之形式。如在邻人土地上种植水果，己方土地并未因此得利，则只能认定以此为内容的合同不为地役权合同。换言之，地役权的适用是能使己方土地有获益可能性。邻地的额外负担为因，自己土地获利为果。至于这种可能性仅指按照当时社会所达到的知识和经验，认为能够满足需役地的增值愿望，并不要求达到需役地确实增值获益的结果。而不以需役地为要件的地役权之适用则要考察是否能为特定人带来利益(如环境利益、资源利益)。

（二）地役权的适用空间

客观地说，有些传统的地役权，如通行权、引水权等，在当代已无太大的必要。为了更好地适用地役权，应转变观念。

第一，根据上述地役权的适用原则，我国地役权的适用领域应当着重应用于非生活领域。即使用于生活领域，也是为了享受高品质的生活。换言之，地役权应是以工业等资本利益为目的之利用或为增加自己资本利益之利用，以社会、历史文化、生态环境等的保护为目的之利用。

第二，不可量物侵害是20世纪以来民法的重要概念之一。[1] 纵观各国立法，许多国家将其界定为相邻关系的一种类型，并规定于其中。英美法系采用非制定法，即通过判例学说形成了解决相毗邻的建筑物间、土地间、建筑物与土地间所产生的不可量物侵害的若干规则和理论。不可量物侵害之禁止虽然属于强制性规定，但由于相邻关系是一种利益平衡机制，其在调整由不可量物侵害所引起的纠纷时，难以妥善平衡受害者与不可量物制造企业之间的利益。因此，在规制不可量物侵害时，除采用相邻关系，还须辅之以地役权制度。即在某种情况下，可以设立地役权排除相邻关系的强制性规范，[2] 以达到保护环境的目的。地役权之有偿性在一定程度上可以减少或遏制不可量物的产生。

上述基本划分，可以厘清地役权和相邻关系之间的适用范围。相邻关系作用于生活领域的不动产的利用中，是保证生活需要的制度；而地役权则作用于生产、经营、城市规划、环境保护等领域。这样，地役权和相邻关系有各自的适用空间，两者共存，相得益彰。

英美法系的普通法地役权与衡平法地役权之适用范围就是这样划分的。他们两者在属性上并没有本质不同，基本法理是一致的。二者的不同在于适用范围的不同：普通法上的地役权适用于一般生活领域，而衡平法上的地役权适用于经商活动领域。各自在自己轨道上运行，共同服务于社会经济的发展。

第四节　本章小结

制度的建构应当考虑以市场经济为基础的现代社会基本结构。我

---

〔1〕 法国判例学说将煤烟、震动、噪音等造成的侵害归于近邻妨害责任，其性质是一种使加害人承担无过错的侵权行为责任的民事制度。

〔2〕 申卫星：“地役权制度的立法价值与模式选择”，载《现代法学》2004年第5期。

国现行地役权制度有不适应未来社会经济发展之嫌。表现在：内涵不够丰富，客体模糊、适用范围仍然拘泥于传统观念等。这些立法缺陷限制了地役权因意定性而具有的多重功能的发挥，使地役权在现代社会受到冷落。为了让地役权古老的生命力生机盎然，有必要通过司法解释修正我国地役权的有关规定，进而使地役权华丽转身。

第一，转变理念，赋予地役权丰富的内涵。传统观念认为地役权的使命自诞生起就是为了提高土地（需役地）的价值，这是设定地役权的原则。但是，即使在罗马法上，也可以为某人的利益，而设定地役权（本章第二节已论述）。而且，近现代许多国家和地区的立法也突破了此原则，如德国的限制人役权等。因此，我国不能机械地死守这个观念，要予以更新。将我国地役权解释为既可以为了提高土地的价值，也可为满足人（特定和不特定）的利益需要而设定。

第二，《物权法》关于地役权的另一个构成要件——客体的规定充满矛盾，捉摸不透。为了让地役权最大限度地彰显其灵活多样的功能，应将地役权的客体明确界定为不动产，为地役权施展拳脚提供广阔的舞台。

第三，鉴于我国采用地役权和相邻关系并列的立法模式，有必要将原来规范人们日常生活的地役权应用于非生活领域。这是地役权适用领域的一大飞跃。这个飞跃避免两者适用范围的重叠，最大限度地发挥《物权法》保护财产权的功能，为充分提高不动产资源利用率，实现不动产权利人之权益提供多元保障。这既符合现实需要，也正好区别于相邻关系，是制度逻辑和现实需要的双重要求。

第八章 我国地役权变动与保护之新思路

地役权内涵的丰富，客体范围的扩张和适用空间的变化，客观上使现行地役权的取得方式满足不了需要，有必要开阔思路，增设其取得方式，这是发挥地役权作用的保障。而地役权的财产权属性决定了其取得、变更，甚至消灭等变动应当获得社会和法律的认可效力。这种效力必须得到物权请求权的保护。

第一节　地役权取得方式之多样化

“所谓权利取得，指某项权利归属于某个（某几个）当事人的情形”[1]，是权利内容体系的重要组成部分。而权利的取得方式又是权利取得制度中不可或缺的内容之一，是权利行使的前提。同理，地役权的取得也是地役权制度体系中必要的组成部分，其是因一定的法律事实的出现，使某一主体在供役不动产上取得或者限制他人（供役不动产权利人）使用自己不动产的权利。

〔1〕 张俊浩主编：《民法学原理》（上册），中国政法大学出版社 2000 年版，第 82 页。

一、现行地役权的取得方式

《物权法》第 158 条规定："地役权自地役权合同生效时设立，……" 和第 162 条规定："土地所有权人享有地役权或者负担地役权的，设立土地承包经营权、宅基地使用权时，该土地承包经营权人、宅基地使用权人继续享有或者负担已设立的地役权。" 第 164 条规定："地役权不得单独转让。土地承包经营权、建设用地使用权等转让的，地役权一并转让，但合同另有约定的除外。" 这三条规定分别说明，在我国作为对他人土地的一种便宜性权利——地役权的取得或发生根据基于两种情形：其一，基于当事人的约定而取得；其二，基于某种法定事由的发生而直接取得，即自然取得。较之其他国家和我国的台湾、香港以及澳门地区的地役权取得方式，我们地役权的取得权源较为单调。

二、域外地役权取得方式之枚举

有地役权之立法，必然有其取得方式之立法。鉴于地役权取得方式在地役权体系中的地位，罗马法确定了多样的地役权取得情形，近现代各国和地区民法对罗马法地役权的取得方式予以不同程度的继承和发展，形成了各具特色的取得方式或取得制度。具体如下：

古罗马时代，役权和财产所有权一样，其取得方式有要式买卖、拟诉弃权、时效取得、遗嘱和分割裁判等。〔1〕在盖尤斯时，主要以简约和要式契约的方法间接地达到设定役权的目的，〔2〕如《法学阶梯》规定"如某人有意为邻人的利益设定地役权，他必须以约定和要式口约的方式为之"。〔3〕此外，"他也可以在遗嘱中载明，责成他的继承人

---

〔1〕 周枏：《罗马法原论》（上册），商务印书馆 2004 年版，第 407 页。

〔2〕 周枏：《罗马法原论》（上册），商务印书馆 2004 年版，第 409 页。

〔3〕［古罗马］查士丁尼：《法学总论——法学阶梯》，张企泰译，商务印书馆 1989 年版，第 60 页。

不加高他的房屋以免阻挡邻屋的光线，或允许邻居将其房屋的横梁架在自己房屋的墙上，或允许从邻屋滴落雨水，或允许邻居在自己土地上通行、驱兽驾车通行，或导水。”〔1〕到了优帝一世时，役权设定的最主要的方式，由遗嘱、契约并存，变为契约为主。〔2〕契约赋予当事人自由空间，不必假借自然因素的影响，只要需役地需要，地役权就可创设。因而摆脱了过去非人为因素的层层束缚，增强了地役权的独立性。

《法国民法典》规定三种地役权取得方式：设定权利证书、取得时效以及所有人指定。《德国民法典》仅承认地役权可依设定行为或取得时效两种取得方式。不过必须同时具备行为人的意思表示和地役权的登记两个要件。意大利民法规定地役权可通过：强制设立、任意设立、时效取得和家父指定等方式而取得。《澳门民法典》关于地役权的规定共29条。而涉及地役权取得情形的有6个条款。其中第1438条规定，地役权的取得方式有：合同、遗嘱、取得时效、前所有人之指定、〔3〕通过司法判决而取得，〔4〕除此之外，地役权可因其“不可

〔1〕［古罗马］查士丁尼：《法学总论——法学阶梯》，张企泰译，商务印书馆1989年版，第60、61页。

〔2〕周枏：《罗马法原论》（上册），商务印书馆2004年版，第409页。

〔3〕“因前所有人之指定而设定”指同一物主有两个房地产或同一房地产的两部分有可见及持久的一项或多项标记显示出其之间有地役权关系的，如果基于共有关系分割该房地产或该房地产因分割而分离时，利害关系人又未作出另一意思表示或在司法裁判中没有指定者，则该地役权继续存在。《澳门民法典》第1422条规定：“（地役权）一、地上权之设定，导致为工作物之使用及收益所必需之地役权亦被设定；在设定地上权之有关凭证中未指定行使地役权之地点及其他条件者，依协议定出，无协议时，则由法院定出。二、仅在设定地上权时，属其标的之房地产已属被包围者，方可在第三人之房地产上强制设定通道地役权。”

〔4〕《澳门民法典》第1438条专门规定：“一、地役权之设定得通过合同、遗嘱、取得时效或前所有人之指定而为之。二、未自愿设定本法典所规定之法定地役权时，得通过司法判决设定之。”

分离”或“不可分割”的属性而自然取得，[1] 基于地上权而取得[2]等。澳门地役权不但几乎全盘继承了罗马地役权的取得情形，而且与时俱进地予以了发展。

三、增加基于法律行为以外的事实而取得之方式

如前第三章第一节的“二、(四)”所述，地役权的取得情形可分为基于法律行为的取得和基于法律行为以外的事实之取得两种。其中，基于法律行为的取得又包括地役权的设定取得和让与取得；基于法律行为以外的事实之取得涵盖继承、法定、时效等方式。如此多样的地役权取得方式没有得到我国立法的接受。

权利取得方式的丰富与否与其适用范围有关。既然扩展了我国地役权的适用领域及范围，那么客观上就需要增加我国地役权的取得方式，以此与地役权广泛的适用范围相匹配，也是发挥地役权功能的逻

---

〔1〕 前者是指除法律规定之例外情况外，地役权不得与其所涉及之需役地及供役地分离；而且将地役权本身之利益赋予其他房地产，导致新地役权之设定及旧地役权之消灭。《澳门民法典》第1436条规定：“（地役权之不可分离）一、除法律规定之例外情况外，地役权不得与其所涉及之需役地及供役地分离。二、将地役权本身之利益赋予其他房地产，即导致新地役权之设定及旧地役权之消灭。”后者是指地役权在性质上属于不可分割的物权，如供役地被数名主人分割，则分割后之每部分即负有在分割前本身所负担之地役部分；如需役地被分割，则每名共同权利人均有权在无任何更改或变更下行使地役权。《澳门民法典》第1437条规定：“（地役权之不可分割）地役权不可分割：如供役地被数名主人分割，则分割后之每部分即负有在分割前本身所负担之地役部分；如需役地被分割，则每名共同权利人均有权在无任何更改或变更下行使地役权。”

〔2〕 为了保障地上权的实现，法典规定地上权人享有相应的地役权。例如：某一主体在行使地上权时，如果使用的工作物及收益必须利用他人土地时，可以设定地役权。至于地役权的地点和条件可在地上权的有关凭证中注明，否则依协议适用，无协议时，则由法院规定。另外在设定地上权时，如果其标的之房地产已被包围，可在第三人之房地产上强制设定通道地役权。《澳门民法典》第1422条规定：“（地役权）一、地上权之设定，导致为工作物之使用及收益所必需之地役权亦被设定；在设定地上权之有关凭证中未指定行使地役权之地点及其他条件者，依协议定出，无协议时，则由法院定出。二、仅在设定地上权时，属其标的之房地产已属被包围者，方可在第三人之房地产上强制设定通道地役权。”

辑要求，提高法律制度的效率。

我国《物权法》规定的地役权之取得方式，实际上仅为合同设定，以及因地役权的从属性而附随取得两种。这种单一的取得方式极为不利于不动产资源的高效利用。为了彰显法律对不动产资源配置的强制性，我国应当增添基于法律行为以外的事实而取得之情形。基于法律行为以外的事实而取得是通过忽略当事人的主观状态，进而依照法律的公意强力配置稀缺资源。其意旨与其说是保护其中某一方主体的利益，不如说是维护社会的整体利益——尽管其中有时显得不公正。

具体而言，基于法律行为以外的事实而取得之情形如下：

（一）继承取得地役权

继承取得是因继承的事实而发生之取得。地役权是财产权，当然可以成为继承权的客体。当取得地役权之用益物权人死亡时，用益物权由被继承人的继承人继承时，根据地役权的从属性，继承人自然取得地役权。

（二）地役权的法定取得

地役权的法定取得即根据法律规定直接取得地役权。在地役权适用于生活领域的频率会逐渐减少，而被用于公共的基础设施建设，环境保护，市政规划等领域的概率越来越高的趋势下，应将法定取得规定为地役权的取得方式之一。

法定取得只能适用于法定地役权。法定地役权之立法例以法国为代表。不过《法国民法典》第649条列举了法律规定设定的役权之情形，凡属此情形的即可依法直接取得地役权。《意大利民法典》规定了强制地役权。[1]我国澳门的地役权有约定与法定之分。其中，法定地役权有法定通行权、法定水役权、因征收或征用而必行的“行政地

〔1〕《澳门民法典》第1032条规定“法律上有明确规定的土地的所有人，有权在他人所有的土地上设立地役权。除了法律规定直接取得和判决取得，如果法律有特别许可，行政机关进行设立地役权”。

役权”。除民法典之外，澳门地区还通过一些单行的特别法令创设一些称为“役权”的权利，如“航空役权”、“制图役权”和“无线电役权”等。香港地区的easement，包括公共（地）役权，其取得方式就是通过制定法予以明确规定的。例如，公共组织，包括电、气、水或者排污之类的公用企业，就经常因排布管道的需要由制定法赋予地役权。〔1〕

规定地役权的法定取得是我国地役权融入时代发展产出的新的役权类型的结果。其较为合理地为现代社会所产生出来的一些新的役权类型，例如航空役权、无线电役权、电缆建设地役权等的直接取得提供了法律依据，解决新型役权的取得困惑。有法定地役权，自然需要法定取得方式。

为了防止地役权的法定取得被滥用，需要规定地役权法定取得之情形。符合法定情形，无需征得供役地人的同意即可直接取得地役权。这样可以避免因协商失败而影响公益事业的建设。

（三）基于建设用地使用权而取得地役权

我国的土地只能属于国家和集体所有，而“单纯法律上的土地所有权，不会为土地所有者创造任何地租”，〔2〕只有委诸他人加以利用。在市场经济的条件下，这种利用的最佳方式是通过设定用益物权而实现。从现行的法律规定来看，建设用地使用权是指权利人依法享有的对国家所有的土地进行占有、使用和收益的权利。如果该权利的行使需要必要之地役权应当被设定。《澳门民法典》第1422条规定，地役权可因地上权的取得而设定。

土地本自然之物，相互混杂。虽然被出让或被转让使用权的土地已标明界线，但在利用该建设用地时，存在需要支配他人土地的情形，如通行、汲水等。特别是电缆，输油管道等建设不借助于邻地不可能

---

〔1〕 See S. H. Goo, Alice Lee, *Land Law in Hong Kong*, LexisNexis, 2010, p. 677.

〔2〕 中共中央马克思恩格斯列宁斯大林著作编译局：《马克思恩格斯全集》（第25卷），人民出版社2001年版，第853页。

有效地实现目标。因为，类似项目的建设对邻地的使用是相邻关系不能承受的。为了有效地实现建设用地使用权的目的，建设用地使用权人可以与被利用土地人订立行使建设用地使用权所需要的地役权。

当然，法律应当规定这种地役权的取得情形。例如，建设用地使用权取得之后，如果为工作物之使用及收益所必需时可以取得地役权。此外，在取得建设用地使用权时，如果其标的之房地产已被包围，则可以在第三人之房地产上强制设定通行地役权。

（四）时效取得地役权

时效取得是大陆法系和英美法系中大部分国家均认可的地役权取得方式之一。其本质在于法律对土地的原权利人意思表示的公然排斥，并以此为前提赋予地役权人享有权利。因此，地役权时效取得和其他权利的时效取得一样虽然也涉及物权的变动，但并不是基于意思表示的物权变动，而是法律作出的强制性的物权变动方式。

1. 地役权时效取得之产生

古罗马时，役权就可依时效取得。罗马《十二表法》规定，对土地（包括房屋）持续占有两年，其他物持续占有一年，即可因时效取得所有权。只是在公元1世纪末，罗马的《斯克里薄尼亚法》以役权不能占有，且取得时效短，易滋纠纷为由废除了以时效作为役权的取得方式。随着准占有概念的确立，至公元3世纪，敕令规定长期时效可适用于地役权的取得。但需具备一定的条件：须有行使地役权的事实，即准占有；准占有须有一定的期限；无暴力、隐匿和瑕疵。但准占有人须证明其开始占有时无上述的瑕疵即可，此外，并不必须具备善意即适法原因的条件。[1] 就这样，地役权时效取得制度经过历练，最终被载入罗马法的史册。从此以“事实胜于权利”的时效制度打破了“权利胜于事实”的法律基本原则。

英美法系地役权的时效取得制度是受罗马法的“权利可因时间的

---

〔1〕 周枏：《罗马法原论》（上册），商务印书馆2004年版，第359～408页。

推移而获得”之理论影响建立起来的。英国最早的因时效而取得的地役权是一种“自古以来使用他人土地的地役权”。1275 年，为解决因早期占有而权属不明的争议，英国国会制定了一项法律规定：自 1189 年起对土地进行占有，非所有权人因时效可取得土地所有权，原所有权人不得对其主张所有权。此规定很快被法院扩大解释并适用于地役权的取得。尽管法官不免陷入难于证明地役权主张人或其前任是否自 1189 年起以地役权行使方式使用他人土地的困境。〔1〕美国是一个新生的国家，不可能有一个自 1189 年开始使用他人土地的地役权。因此，美国法院拒绝了英国的地役权时效取得制度，适用地役权授予推定规则，该规则是为摆脱英国时效取得制度中的繁重的举证责任的巧妙设计。〔2〕

2. 地役权时效取得之域外立法

时效取得最早见诸古罗马法。至近代，这一制度率先为《法国民法典》所采纳，后来为大多数大陆法系国家所承袭。《法国民法典》第 690 条规定：“持续且为表现的地役权，可依 30 年的占有而取得。”《瑞士民法典》第 731 条第三项规定：“地役权的时效取得仅适用于其所有权可依时效取得的土地。”《意大利民法典》第 1031 条、第 1062 条规定，可依取得时效而取得地役权。《日本民法典》的第 283 条和第 284 条规定，地役权，以继续且表现者为限，因时效而取得；共有人之一人因时效取得地役权时，其他共有人亦取得该地役权；对共有人的时效中断，除非对行使地役权的各共有人为之，不发生效力；行使地役权共有人有数人时，虽对其中一个有时效停止原因，但时效仍为各共有人进行。

美国法律规定，根据授予推定规则取得之地役权，其权利的继续

---

〔1〕 马新彦：“美国不动产法上的地役权”，载梁慧星主编：《迎接 WTO——梁慧星先生主编之域外法律制度研究集（第二辑）》，第 173 页。

〔2〕 马新彦：“美国不动产法上的地役权”，载梁慧星主编：《迎接 WTO——梁慧星先生主编之域外法律制度研究集（第二辑）》，第 173 页。

享有必须是公开的、不躲避供役地所有人的适当检查，土地非使用人确在使用，且是连续不断的。〔1〕

我国台湾地区和澳门地区的“民法”都肯定了地役权的时效取得。在立法上对时效取得予以详细规定的当数《澳门民法典》。该法典既对时效取得的概念进行了界定，〔2〕又对地役权时效取得的适用条件予以规定。〔3〕如：第一，地役权有可见及持久的标记。当然，如果占有属有依据，而且是从供役地所有人取得者除外。第二，需役地人需要连续不断地使用供役地。第三，经过一定期间。〔4〕关于“一定期间”，法典用了三个条文予以解释，不动产之时效取得，“如属有依据之占有，且已就取得占有之依据作出登记，则取得时效经过下列期间完成：①占有属善意者，由登记日起计继续达10年；②占有即使属恶意者，由登记日起计继续达15年。”“如属无依据之占有，或未就取得占有之依据做出登记，但已就单纯占有做出登记，则取得时效经过下列期间完成：①占有属善意者，由登记日起计继续达五年；②占有即使属恶意者，由登记日起计继续达10年。”第1221条规定：“不论占有是否属有依据，只要占有之依据及单纯占有均无作出登记，善意占有之取得时效仅在经过15年后方完成，而恶意占有之取得时效则仅在经过20年后方完成。”第四，和平占有。强暴占有或者隐蔽占有不会产生取得时效。〔5〕但占有人的善意或恶意及有无依据不影响取得时效的成就，只是判断取得时效期间长短的情节而已。第五，我国澳门法

〔1〕 Daniel F. Hinkel, *Practical Real Estate Law*, West Publishing Co., 1991, pp. 91～92.

〔2〕《澳门民法典》第1212条规定：“取得时效系指占有人对涉及所有权及其他用益物权之占有持续一定期间后，即可取得与其行为相对应之权利。”

〔3〕《澳门民法典》第1439条：“非表见之地役权，不得因取得时效而被设定；但占有属有依据，且系从供役地所有人取得者除外。”

〔4〕 需役地人对供役地的使用经过了取得时效期间，且在此期间内没有发生时效中断或中止的事由。

〔5〕《澳门民法典》第1225条规定：“如占有以强暴或隐秘之手段取得，则取得时效之期间仅自强暴手段终止或占有转为公然之时起计。”

律并不承认地役权的时效自动取得，权利人只是拥有可以请求登记为地役权人的权利。第六，我国澳门国有土地及其他公产的地役权不是取得时效的客体。因为《澳门土地法》（第6/80/M号法律）第8条确立的总原则是："在不妨碍本法律第5条之规定下，本地区的公产及私产不得以时效或不动产附合方式取得权利。"

3. 地役权时效取得之现实意义

尽管地役权的时效取得是传统民法中一项重要的法律制度，而且许多民法学专家在《物权法》的立法过程中均不约而同地提出我国应规定地役权的时效取得制度，但最终却未能得到立法者的采纳。基于时效取得之法理和我国的现实，我国应将时效取得确定为地役权的取得方式之一。

（1）地役权时效取得之法理

时效取得在其诞生时历经磨难，在其已成为"用以防止过于繁杂的一种让与制度所有的害处"〔1〕的私法上的重要制度之一时，仍然成为人们争论千年的问题之一。就其原因，主要是对时效取得的正当性基础理解不够。时效取得是在特定情形下排除真正权利人的权利，从而在一定程度上极大地动摇了"所有权神圣"的原则。正因为如此，时效取得成为"在所有的法律中，现代人最不愿意采用、不愿使他产生合法后果的原则，……虽然这个原则可以使人获益。"〔2〕

西方有谚语"Times cures"，时间可以治愈一切。为什么时间的经过可以取得他人的权利？法国学者认为，时效的这种效果充分反映了，"秩序胜于公正或胜于对所有权的尊重"的基本价值观念。〔3〕梅因在

〔1〕［英］亨利·萨姆奈·梅因：《古代法》，高敏、瞿慧虹译，九州出版社2007年版，第359页。

〔2〕［英］亨利·萨姆奈·梅因：《古代法》，高敏、瞿慧虹译，九州出版社2007年版，第356、357页。

〔3〕转引自尹田："法国民法上的取得时效制度"，载《法学评论》1998年第2期。

《古代法》中评价说："时效取得实在是一种最有用的保障"，[1]"法学专家制定的这个时效取得制度提供了一个自动的手段，通过这个手段，财产权利的缺陷就不断得到矫正，而暂时脱离的所有权又能够很短的延迟之后重新迅速地结合。"[2]霍姆斯从"最具根植性的人类本性"中找到了最好的正当化依据，并认为人们可以通过主张某人已经与其权利之间慢慢发生了分离而与另外一个人发生了关联，权利与其主体之间的分离与关联的现象就足以产生时效取得的法律后果。当然其前提之一是能够在法律上认定原权利人知道这种关联的发生。苏力教授同样认为，时效制度以及其他与时间的经过可以产生法律结果的制度所强调的都是，在人们的观念和行为模式形成过程中，在社会的一种制度和合法性的确立中，时间所具有的重要性。而时间本身不可能具有某些神力，它只是一种简便化的标记，它标记的是各种资源的累计、传统的承接或者转换、合法性的确立。[3]时间作为一种世界的客观演进，在时效制度中，因时间的经过使被占有的财产积淀了主体的人格内涵和信赖利益。这就是为什么时间的经过可以取得他人的权利的奥秘。

同样，地役权的时效取得在罗马法时也经过历练，最终被载入罗马法的史册，并已成为欧陆国家耳熟能详的法律制度。其本质在于法律对土地的原权利人意思表示的公然排斥，并以此为前提赋予地役权人享有权利。

（2）地役权时效取得之现实需求

鉴于地役权时效取得之法理以及国外地役权时效取得制度，在我国应当承认地役权的取得时效。这不仅仅是为了体系上的统一，即与消灭时效相对应，更是为了适应现实的需要。

第一，稳定土地使用秩序。地役权时效取得制度与保护真正权利

〔1〕［英］亨利·萨姆奈·梅因：《古代法》，高敏、瞿慧虹译，九州出版社2007年版，第359页。

〔2〕［英］亨利·萨姆奈·梅因：《古代法》，高敏、瞿慧虹译，九州出版社2007年版，第359页

〔3〕苏力：《法治及其本土资源》，中国政法大学出版社1996年版，第22页。

人的法律目的不符。但它作为一种建立在尊重事实状态的基础上的强制性配置物权的手段，有助于确定当事人之间的法律关系，避免冲突与争议。在现实生活中，民间存在着为自己土地的方便和利益而长期利用他人土地的情形，即无权利人以地役权人的意思表见、继续地利用他人的不动产并经过相当长的期间，且已得到大家的认可。尤其是我国社会正处于转型时期，许多财产关系归属不清，常常因此发生纠纷。而地役权时效取得制度的适用，使财产关系清晰，土地使用秩序稳定，纠纷必然大大减少。详言之，地役权的时效取得稳定了因相信事实并与之建立的各种法律关系，有助于尊重既存的新秩序。否则，将推翻这些已建立起来的法律关系，势必造成社会经济和法律秩序的混乱，从而违背法律维持人类共同生活的和平秩序之目的。

第二，平衡利益。在财产权问题上，民法许多制度的设计都以寻求利益平衡点为出发点，协调利益分配。地役权时效取得在某种程度上也不例外。进而言之，当以地役权人的意思表见、和平的继续利用他人的不动产并经过相当长的期间后，无权利人有权请求登记为地役权人，这是法律对权益的强制性分配。因为当地役权人可以表见的、继续的、长期的对他人土地加以利用时，表明了财产权利人已长期不行使其权利，或者说在该土地上有剩余利益（资源）可供地役权人利用。如果法律不保护积极利用资源者，有悖民法的宗旨。从功能上来看，法律本身虽不能直接创造财产，但是可以通过确认和保护财产权来鼓励财富的创造。地役权的时效取得正是通过维护地役权人与供役地人间发生的交易或其他关系的第三人的利益，平衡原权利人（供役地人）和地役权人之间的利益。

第三，节约成本。明晰的产权能保护人们投资和创业的积极性，从而促进经济增长。而模糊的产权制度是增加交易成本最基本的原因之一。地役权时效取得通过赋予继续、表见达一定期间的“使用人”以地役权，解决了模糊产权的问题，在很大程度上节约了当事人的交易成本。因为地役权人自然取得该权利，降低了当事人为获得地役权而不得不进行的谈判的成本，客观上也使整个社会资源得到充分的利用，并促使闲置资源得以重新配置与利用。当发生地役权纠纷时，时效取得使事实代替证据，既避免当事人举证的困难和法院判断证据的困难，确保法院结案依据的可靠性，保护当事人的合法权益，又降低了国家司法成本节约了当事人的诉讼成本。正如科斯所主张的“权利应该让于那些最能够具有生产性使用并激励他们这样使用的动力的人。而且要发现和维护这种权利分配，就应该通过法律的清楚规定，通过使权利让渡的法律要求不太繁重，而让权利让渡成本比较低”。

综上所述，我国应承认地役权的时效取得制度。然而，任何一项制度的实施都有利有弊，地役权时效取得也会产生负面结果。不过，其并非孤立的存在，其间有各种脉络关联。这些脉络相互依靠，相互制约，共同作用于社会。

第二节　地役权变动模式之修正

物权变动需要以一种客观上可以认定的方式加以公示，从而获得社会和法律认可的效力。自 19 世纪以来，关于物权的取得、丧失和变更，各国无不实行公示原则。一般在民法典物权编中设专章、专节或专条规定物权的公示制度和方法。地役权属于不动产物权，其之对世效力的实现，同样需要将其变动向外界明示。

地役权以登记为公示要件。至于登记的效力一般又与该国和地区关于物权变动的立法模式有关。而物权变动的立法模式取决于该国的经济、文化与社会背景。

一、地役权的变动模式

我国《物权法》第 6 条规定：“动产物权以交付为其变动的公示方法，不动产物权的变动以登记为其公式方法。”而基于法律行为的动产物权变动，以交付为生效要件，除非法律另有规定（第 23 条）。基于法律行为的不动产物权变动，以登记为生效要件，除非法律另有规定（第9条、第14条等）。由此可见，我国立法将登记规定为基于法律行为的不动产物权变动的公示方法，并在法律无特殊规定时，登记属于生效要件。

登记对于按常规难以推定得知的地役权之设定是非常必要的，我国地役权以登记为公示要件。至于地役权的登记效力，《物权法》第158条规定："地役权自地役权合同生效时设立。当事人要求登记的，可以向登记机构申请地役权登记；未经登记，不得对抗善意第三人。"据此不难看出，我国地役权的设立以地役权合同生效为要件。如果地役权人或者供役地权利人要求登记的，可以向登记机构申请办理登记，登记只是对抗要件。未经登记，只是不得对抗善意第三人。地役权的登记在我国物权法中是一个任意性条款，当事人可以在设立地役权合同中自己决定登记与否。

（一）实行地役权登记对抗主义的背景

《物权法》之所以选择登记对抗主义为地役权的变动模式，是因为：

第一，考虑到我国大量地役权发生在农村，特别是在设立了土地承包经营权、宅基地使用权的集体土地和农村私有房屋上，而我国农村尚未建立完善的不动产登记制度。80% ~90% 的地役权都是不登记的。根据我国的实际情况，为了方便群众、减少成本，实行登记对抗主义。[1]

第二，如果采取登记为生效要件主义，把本来简单的事项复杂化，办理登记手续麻烦。而登记对抗主义，既不损害善意第三人的合法权益，地役权的产生也简便。

（二）地役权登记对抗主义的检讨

我国地役权的设立采取了"意思成立—登记对抗主义"的规则。这一法条的弊端试分析如下：

第一，在学理上和法律适用上打破了物权和债权的区分。其一，

---

〔1〕 王胜明主编：《中华人民共和国物权法解读》，中国法制出版社2007年版，第341页。

如果当事人之间就不动产的利用达成协议，但没有办理登记的地役权合同，等同于以一方的不作为为标的的债权债务关系。其内容也是给付而非对他人之不动产的支配，并且只在当事人之间发生效力。于是其一，一旦设定了土地负担的土地被转让时，原地役权的合同效力不能对抗新的受让人（无论是新的地役权人或供役地人）。这一点与土地租赁合同并无差别。其二，由于未登记的地役权合同缺乏对世性，在需役地权利人转让其土地使用权时，地役权能否随同需役地一并转让，值得怀疑。因为对世性才是物权区别于其他权利尤其是债权的本质属性。虽然，地役权的从属性决定了地役权与需役地相伴而生，但在地役权没有办理登记的情况下，如认为其性质仍然是地役权而非不作为债权，这只是权利人的一厢情愿。地役权不随同需役地的使用权或者所有权一并转让，受让人无法律依据向对方主张原需役地所有权人或者使用权人与对方的约定。其三，如果供役地权利人将其设有地役权的土地使用权转让给第三人，第三人在受让该土地时，不知道该土地上已设立土地负担，并以无负担的价格购买，这样，受让人必然会遭受损失。地役权没有登记时，难以保证供役地上用益物权人的交易相对人之利益。其四，对于两个人之间以不作为为合同义务的约定，第三人一旦知悉（恶意）就要受该合同的拘束（地役权能够对抗恶意第三人）。尽管这种要求显然违反了合同相对性的规则。没有登记的地役权合同与不作为之债合同确实无法区别。但实质上不作为之债合同与地役权合同，〔1〕不作为债权与地役权截然不同。

〔1〕 不作为之债合同是指以“不作为”为合同标的合同。例如双方约定夜间不弹奏乐器，不为债权让与，实务中的营业禁止等。其类型主要有不作为给付义务，不作为的附随义务等等。而消极地役权合同是以禁止供役人在自己的土地上以一定方法或一定目的使用土地为其标的。其目的是要求供役地人于自己的土地上不作为，同时也要求地役权人本人也不能在供役地上为一定的行为。虽然设定地役权的约定也属债权行为，但该合同本质上不是债权合同，而是属于不动产物权合同。即地役权仅仅有约定还不够，还须以物权法的强制性法律规范的形式来对其加以确认，这是地役权的用益物权属性使然。只有这样，该合同才得以生效，进而取得对抗第三人的物权效力，同时以免蒙受未知的损害。

地役权与不作为债权的区别表现在：其一，法律规范适用不同。地役权变动的意思表示，受物权法律规范的调整，如当事人只能在地役权下创设具体的地役权类型。而债权变动受债权法调整，当事人可以设立任意债权。其二，合同标的不同。地役权的调整范围是不动产，地役权合同属于不动产物权合同。而债权合同的范围不限于不动产，其以意思表示真实合法，不违反国家法律法规为生效要件，不受物权合同之登记的制约。其三，法律后果不同。凡属合法有效的地役权合同，必然产生物权的发生、变更和消灭的后果。而债权合同的生效，只能引起债权债务关系的发生、变更和终止。其四，合同权利的实现方式不同。地役权合同中设定的权利，依权利人为一定行为或不为一定的行为来实现。如积极地役权合同一经生效，地役权人积极地作为，就能从中受偿，不需要供役地人的积极协助，只要供役地人及其他人不作为，即是对权利人尽了义务。与此不同，债权的实现需要债权人请求债务人为一定行为或不为一定行为，即债务人按照债权人的要求为相应的行为（义务），债权方能实现。债权人除主张请求权外，不得为任何行为来实现债权。当然，不作为之债合同也不需要债务人的积极作为，债权人便能实现债权。但这里的债务人只对合同中的债权人为不作为，这是由不作为债权的相对性决定的。契约上债权的相对性，无论是作为债权或不作为债权，均仅能向相对人请求给付，但不得对第三人主张。例如甲与乙约定，乙不在其地建筑，随后，乙将该地的所有权转让于丙时，丙非契约当事人，甲对丙无作为给付请求权，丙在该地建筑时，甲对丙也无救济之道。其五，合同效力的对象不同。虽然两者都针对特定的人，但不作为义务合同只对债权人和债务人有效。例如，约定债权人不为债权的让与，债务人不泄漏营业秘密，不为建筑等。地役权合同的效力不仅针对地役权人和供役地人，且还辐射到未来的需役地或供役地的受让人。如上述例子中，如果是地役权合同，土地受让人丙就须负不为建筑的义务。可见，地役权合同虽可依契约而产生，但其不仅有契约的相对性，更重要的，其是一种具有排他性的绝对权利的合同。

第二，地役权登记与否采取任意法的规定，导致了物权请求权行使条件的分歧。物权请求权的产生必须以物权为基础权利，旨在对正在进行的侵害进行排除或对将来有可能发生的侵害进行预防，从而保障物权人对物的支配权。地役权作为用益物权，理应适用物权请求权加以保护。但没有登记的地役权人无法行使物权请求权。从法理上讲，不具有对抗效力的物权受到侵害，权利人是不能向第三人主张物权请求权的。

上述弊端显示，地役权的设立采取登记对抗主义在法理上难以行得通，甚至可谓之为《物权法》所有登记对抗规则中最不具有存在合理性的一项。

二、地役权登记生效主义之实行

鉴于我国地役权变动模式之弊端，应对其进行修正，将登记对抗主义变更为登记生效主义，也即地役权的产生除了须具有双方当事人的物权合意之外还必须办理登记，否则地役权无法产生。这样，地役权合同的物权效力便清晰、明了。因为：

第一，我国土地公有制的经济基础。在土地公有制的条件下，地役权一般都是建立在土地使用权之上的，这样，从土地所有人开始，在设立地役权的土地上存在着三层权利义务关系，为避免权利的混乱和实践中的不便，采用登记生效主义，更有利于物权的公示公信，也有利于交易安全。

第二，《物权法》第9条第1款：“不动产物权的设立、变更、转让和消灭，经依法登记，发生效力；未经登记，不发生效力，但法律另有规定的除外。”既然登记生效是物权变动的要件，那么地役权最好也采取登记生效主义，避免我国物权变动模式的过于复杂化。多种登记模式与多种物权变动模式混合必然造成法理上的混乱。换言之，物权可以登记，也可以不必登记，这显然有悖法理。既然地役权是一项独立的物权，按照物权的公示原则，该项权利在设定时必须登记，才能为第三人所了解，从而产生对抗第三人的效力。否则，不能对第三人产生约束力，只能追究供役地人的违约行为，要求其承担违约责任，而不能确认供役地人与第三人的转让合同无效。特别是消极地役权，其往往不易被他人知晓，如果不能从其外部察悉地役权变动的情况，则会给第三人造成难以预测的损害，直接威胁交易安全。由于在土地上没有丝毫的痕迹，因此对于消极役权和限制性约据而言，这种困难就尤为真切。[1]

第三，我国地役权的设立无须登记就可成立，意味着，即使当事人进行了登记，在登记之前，合同生效后，地役权就设立。在地役权合同没有登记时难以保护供役地上交易相对人的利益。而改变地役权变动模式的效力就能避免此类问题的出现。

第四，地役权的意定性特征需要将登记生效作为其变动的要件。将登记作为地役权变动的一个必备要件，影响着地役权变动的效果，使当事人间的地役权交易向外彰显而客观化，防治意定性导致权利内容过分膨胀，发挥了不动产登记公示公信的权利证明作用，避免权利的瑕疵，符合《物权法》的法理，满足保障交易安全的需要。

需要注意的是，如果只有“地役权”登记，而没有具体内容及范围的登记，其结果会因权利过于含混而无法达到公示目的。即一般人不是不明就是不敢设定这样的权利，而只好遁入“债权”范畴。因此，地役权必须等各土地利用人就其具体功能约定以后，才可设定，并应为“具体内容”的登记。

总之，地役权的变动模式无论采登记生效主义还是登记对抗主义，该权利的变动均具有可取信于公众的外部表现形式。只是地役权的登记生效主义较登记对抗主义，更能使地役权法律关系公开透明，当事人及第三人直接从外部就可以知悉地役权的存在及其现状，从而维护不动产的交易秩序和交易安全，保护善意第三人的利益。为国家对房屋、土地等重要资源实行有效控制与管理提供条件和法律保障。

---

〔1〕 Richard A. Epstein, “Notice and Freedom of Contract in the Law of Servitudes”, *S. Cal. L. Rev.*, 55 (1981), p. 1357.

第三节　地役权之物权请求权

"乃为增加一定土地（需役地）之利用价值，使其支配及于他土地（供役地）之权利"的地役权是合法增加他人土地之负担，故较之其他用益物权，其更容易遭到侵害。于是，对其除予以一般意义上的保护之外，还需要得到物权请求权之庇护。这既是地役权的物权效力，也方合"权利应受保护"之基本私法理念，更是地役权制度的一个重要组成部分。所谓物权请求权，是物权之圆满状态被妨害或有被妨害之虞时，物权人为排除妨害或防止妨害之发生，得对现为妨害或将为妨害之人请求为一定行为或不为一定行为的权利。[1]一般认为，物权请求权的基本内容由返还原物请求权、妨害除去请求权、妨害防止请求权构成。[2]

作为一种实体权利的物权请求权始于1900年的《德国民法典》，经瑞典、意大利、日本等国民事立法和民法理论的发展而形成。是大陆法系国家民法特有的关于物权保护方法的概括而独立的制度，是物权法不可或缺的重要组成部分。

我国《物权法》不仅对物权请求权予以确立，而且将其编于总则编中。这种编排体例意味着我国的物权请求权也准用于他物权。在他物权作为财产多极利用机制的理念之下，这种简洁、明了地赋予他物权具有物权请求权效力的立法方式无疑是一个创举。其结束了长期以来关于用益物权是否具有物权请求权的效力之争。而且《物权法》无不例外的根据不同的妨害形态将回复物权之完满状态的物权请求权规定为：物权返还请求权（第34条）；排除妨害请求权（第35条）；消

〔1〕（台）黄宗乐："物权的请求权"，载《台大法学论丛》（第11卷），第2期。

〔2〕［日］我妻荣：《民法讲义2——新订物权法》，罗丽译，中国法制出版社2008年版，第19、20页。

除危险请求权（第35条）三种类型。

物权请求权于《物权法》中的地位，对强化物权的保护，厘清侵权责任和物权请求权的关系以及对形成实质意义上的绝对权请求权制度有着极其重要的意义。但此编排体例可能会引发理论上的困惑，导致实践中更多的纠纷。因为基于所有权而产生的物权请求权的三种形态是否完全准用于各类用益物权？特别是地役权？

一、罗马法地役权之诉权

罗马法没有形成明确的物权请求权的概念。因为罗马法中实体权利与诉讼权利并未区分。权利的一系列制度包括权利的保护都包含在诉讼制度中。诉讼分为对人的诉讼（actionesinpersonam）和对物的诉讼（actionesinrem）。“对物之诉是我们据以主张某个有形物是我们的或者主张我们享有某项权利（例如使用权、用益权、通行权、引水权、加高权或者观望权）的诉讼；或者说，在这种诉讼中对立方当事人提起的是排除妨害之诉。”〔1〕可见，“对物之诉”是以维护物权不受任何第三人侵犯的诉讼。其主要包括所有物返还之诉、所有权保全之诉（排除妨害之诉）、占有回复之诉以及他物权中的永佃权诉、抵押权诉、占有令状等诉讼。设定这些诉讼的初衷是为了保护所有权和占有，但在实施中，所有物返还之诉、所有权保全之诉不可避免地保护了所有权的负担——役权。

罗马法的地役权是土地所有权的负担，于是，所有人往往通过否认地役权人享有地役权，继而不允许其以通行等方式利用土地，或是实施影响或妨害地役权人行使地役权的行为。因此，罗马法规定地役权人应有类似于所有权诉权之诉权，许其请求地役权之确认，妨碍之除去及妨碍之防止。〔2〕这样，役权（人役权和地役权）人基于役权受

〔1〕［古罗马］盖尤斯：《法学阶梯》，黄风译，中国政法大学出版社1996年版，第288页。

〔2〕（台）史尚宽：《物权法论》，中国政法大学出版社2000年版，第240页。

到全部的或部分的侵害均可提起“役权确认之诉（actio confessaria)”——当役权人的役权遭到所有人的否认或其行使受到妨害时，役权人即可提起役权之诉（优帝一世之前称“役权返还诉”，后改称役权确认诉），以确认役权和恢复原状，及赔偿原告因此所遭受的损失。[1] 而且，役权确认之诉不仅仅是役权人享有，其他与役权标的物有物权关系的人，如永佃权人、地上权人、质权人、用益权等权利人，在其役权受到侵害时，也可以提起该诉讼。[2]至于所有权人对他人主张在其不动产上享有役权或滥用役权的，得提起“排除侵害之诉”或“所有权保全诉”。[3]

罗马法的所有物返还之诉、所有权保全之诉（包括妨害排除之诉、妨害防止之诉）和确认之诉构成了罗马时代地役权的诉讼保护体系，并成为后世基于地役权之物权请求权的渊源。

二、基于地役权的物权请求权保护的模式

物权请求权最初是为保护所有权而设的，然地役权是用益物权，于是，当其受到侵害时地役权人能否适用物权请求权，不同的国家和地区存在着立法差异。归纳起来大致有以下模式：

第一种模式。立法上明确承认地役权的物权请求权，不过，是以参照适用的方式规定地役权的准用条款，或只用较少的条文规定地役权的物权请求权。例如：

《德国民法典》在承继了罗马法对物之诉制度的基础上，详细规定了所有权的请求权，并将其类型化为：返还请求权、妨害排除请求权、妨害防止请求权三种类型。此类型化为以后各国立法所援引。值得注意的是，法典明确承认基于地役权的物权请求权。如法典第 1027 条

〔1〕 周枏：《罗马法原论》（上册），商务印书馆 1999 年版，第 410 页。
〔2〕 周枏：《罗马法原论》（上册），商务印书馆 1999 年版，第 411 页。
〔3〕 周枏：《罗马法原论》（上册），商务印书馆 1999 年版，第 411 页。

规定："地役权受妨害时，地役权人享有第1004条规定的权利。"〔1〕而该法第1004条仅涉及妨害排除请求权和妨害预防请求权两种类型。由此不难看出，如果第三人或者负担土地的所有权人侵害地役权，地役权人可以主张妨害排除请求权和妨害预防请求权。而法典第1029条又规定："土地所有人已将地役权登记于土地簿册者，土地占有人行使此项地役权而受妨害时，准用关于占有保护之规定，……。"这样，当土地的占有人行使经登记的地役权受到妨害时，其可以适用返还请求权。此外，有学者也认为，如果（地）役权人根据（地）役权例外地有权占有土地，就必须准用该法典第985条的请求权，即"所有人可以向占有人请求返还物"。〔2〕据此可知，德国民法典并没有绝对否认地役权人的返还请求权。

我国台湾地区的新、旧"民法"均规定：所有权人享有返还请求权、妨害除去请求权和妨害防止请求权三种类型的请求权；而除所有权之外的物权人也能准用三种类型的请求权。即新"民法"第767条第2款规定这三种类型准用于所有权以外的物权。〔3〕显然，我国台湾地区"民法"允许这三种类型的物权请求权均准用于地役权。此外，我国台湾地区大部分民法学者也认为地役权人享有物权请求权的三种类型。例如，梅仲协先生认为，"地役权人得行使物上请求权。盖地役权之行使，直接及于供役地，故对于无权占有，或侵夺供役地者，得请求返还。"〔4〕史尚宽先生也认为："就所有权及用益物权，均认有物

---

〔1〕 该法第1004条是关于所有权的妨害排除请求权和妨害预防请求权的规定，其条文内容为："所有权有受到除剥夺或者扣留以外的其他方式的妨害时，可以要求妨害人排除妨害。所有权有继续受妨害之虞的，可以提起停止妨害之诉。"见《德国民法典》，郑冲、贾红梅译，法律出版社2001年版，第244页。

〔2〕［德］沃尔夫：《物权法》，法律出版社2002年版，第472页。

〔3〕 该法第767条规定："1. 所有人对于无权占有或侵夺其所有物者，得请求返还之。对于妨害其所有权者，得请求除去之。有妨害其所有权之虞者，得请求防止之。2. 前项规定，于所有权以外之物权，准用之。"

〔4〕 参见（台）梅仲协：《民法要义》，中国政法大学出版社1998年版，第588页。

上请求权。“民法”就所有权及地役权，有明文规定。地上权、永佃权，用益物权及兼有用益物权性质之典权未直接设有规定，一见似有阙漏，然依“民法”第833条、第914条规定，有准所有权之地位，自可准用“民法”第767条之规定。”〔1〕谢在全先生也坚持：“除所有权及地役权，“民法”上已明定有物上请求权者外，其他物权亦应认为有物上请求权，方能符合物权之保护绝对性特质。”〔2〕就连旗帜鲜明的反对基于他物权的物权请求权的姚瑞光先生也承认返还请求权能准用于地役权，如“基于所有权而生之第767条所定各种请求权，除第858条有明文规定准用外，其他各种物权，应无准用之余地。……。”〔3〕

韩国的所有权返还请求权无准用于地役权。《韩国民法典》第301条规定，基于地役权的物权请求权准用第214条。而该条规定了所有物的妨害排除、妨害预防请求权。

《意大利民法典》在第948条、第949条、第950条和第951条中规定在“保护所有权的诉讼”基础上，于第1079条直接规定：“对否认地役权之人，地役权人可以提起确认地役权之诉，通过判决确认自己享有的役权，并且请求停止妨碍或干扰役权行使的行为。除损害赔偿外，地役权人也可请求恢复原状。”该法典将确认之诉、停止妨碍和恢复原状作为保护地役权的方法。

第二种模式。立法上既不规定基于所有权的物权请求权，也没有关于基于他物权的物权请求权之法条，更无基于地役权之物权请求权的规定，但学说上一致承认地役权的物权请求权。日本采取这种模式。日本民法对物权请求权不作规定，但理论界则一致承认基于地役权之物权请求权。我妻荣先生认为，“由于地役权是于一定范围内影响供役地直接支配之物权，所以，当其受到妨碍时，就产生了请求排除妨碍

〔1〕（台）史尚宽：《物权法论》，中国政法大学出版社2000年版，第11页。

〔2〕（台）谢在全：《民法物权论》（上册），中国政法大学出版社1999年版，第37页。

〔3〕（台）姚瑞光：《民法物权论》，海天印刷厂有限公司1993年版，第57、58页。

之物上请求权。不过由于并不伴随应该占有供役地之权利——因此，不符合所有权返还请求权，只是妨害除去请求权和妨害预防请求权。”〔1〕日本学者的通说也认为，地役权并不占有供役地，故对于标的物返还请求权采否定见解。〔2〕

上述国家的立法及其学者的观点均表明，当地役权的圆满状态受到侵害时地役权人有权行使物权请求权。只是在地役权人是否均能主张物权请求权的三种类型的问题上，各国立法和学者的观点存在差异，即我国台湾地区的物权请求权的三种形式均准用于地役权；韩国、日本和意大利的立法均不同意地役权人适用返还请求权。不过，意大利在此基础上增加了地役权人的确认请求权和恢复原状。而德国民法认为地役权的物权请求权，主要是妨害排除请求权和妨害预防请求权，而返还请求权在特殊情况下适用。

三、基于地役权之物权请求权的类型剖析

对于地役权的物权保护，传统民法经历了从独立诉权保护到请求权体系化保护的转变。而且无论怎样变化，各国各个时期对地役权的保护可以说都是以恢复地役权的圆满状态为目的，并且在一般情况下，以物权请求权为内容的物权性保护都规定于物权编中。

无救济即无权利。对地役权予以物权请求权这个救济防护网保护是地役权之特点的需要。尽管地役权人不能对供役地进行全面支配，但其于设定目的之范围内，对供役地有直接的支配权能，即有对物进行部分支配的权利，而且在其存续的时间和空间上，其之物权支配性可以对抗和排斥供役地人和第三人的干涉。“无论所有权或定限物权，均无不为权利人直接支配标的物（或标的物的交换价值）并享受其利益的权利”，故“无论所有权或定限物权，原则上均得发生物权请求

---

〔1〕［日］我妻荣：《民法讲义2——新订物权法》，中国法制出版社2008年版，第437页。

〔2〕（台）姚瑞光：《民法物权论》，海天印刷厂有限公司1993年版，第442页。

权”。[1]只要地役权人主张该物权请求权之目的在于通过回复地役权的完满状态，进而提高需役地的价值，那么，对其给予物权请求权的保护当然具有合理性和正当性。

在我国，基于地役权之物权请求权已得到充分肯定。只是在物权请求权的具体适用类型上发生分歧。从编排体例观之，物权请求权的三种类型均适用于地役权。但多数学者认为，根据地役权的功能和特点，其所享有的物权请求权只能包括妨害排除请求权和妨害防止请求权，即不包含返还请求权。此观点值得商榷。试分析如下：

（一）基于地役权的返还请求权

《物权法》第245条规定：“占有的不动产或者动产被侵占的，占有人有权请求返还原物；……”，即原物返还请求权。所谓返还请求权，是物权人对于无权占有或侵夺其所有物者，得请求返还其标的物的权利。该项请求权是由所有权所派生的，是物权请求权中的一项最具典型意义的请求权，并且是所有权效力的直接体现。[2]由于其最主要的特征是占有或所有物被侵夺，不论侵权人主观上有无恶意，只要侵权人没有足够的抗辩权，侵权人就应当应物权人之请求返还原物，以回复物权人对于物的完满支配状态。由此可见，原物返还请求权能否准用于地役权，关键问题在于地役权是否包含占有的权能。

地役权的设立目的与其他用益物权的最大区别是在不独占他人不动产的情况下，或者使用供役地，或者禁止供役地为某种使用进而提高自己不动产的效益。正是因为地役权的成立不以独占供役地为条件，才使其成为能最大限度提高资源利用率的最佳途径，也因此使得部分国家如韩国、意大利、日本立法认为原物返还请求权不能准用于地役权，我国大陆的多数学者亦持相同观点。其理由是：第一，既然地役权不包含占有的权能，那么地役权人不会发生丧失占有或占有被侵夺

〔1〕陈华彬：《物权法》，法律出版社2004年版，第103页。
〔2〕王利明：《物权法论》，中国政法大学出版社1998年版，第155页。

的情形；第二，即使供役地上出现了史尚宽先生所列举之情形，[1] 动用妨害排除请求权和妨害预防请求权足以保护地役权；第三，至于地役权人于供役地上保有一定的建筑物或工作物，如在供役地上搭建畜舍、引水管，或者在供役地上有取土、采石等权利，而该建筑物或工作物被他人无权占有或侵占，或者第三人擅自从供役地取土、采石等时所侵犯的是地役权人的财产所有权，地役权人若请求返还，实为行使所有权人的所有物返还请求权，而非基于地役权提起的返还请求权。[2]

上述理由是基于地役权不占有供役地的认识产生的。其实，地役权是否具有占有的权能不能一概而论。谢在全先生认为，地役权包括占有的权能。[3] 地役权的特征优势使其成为一个内容广泛，权利种类极其繁多的权利群。其包括了积极地役权和消极地役权、表现地役权和不表现地役权，继续地役权和不继续地役权等不同权利类型。其中积极地役权就具有占有的权能，只是其之占有不是独占。

在大多数的情况，积极地役权需要直接利用供役地，即在供役地人进行积极的作为，这就需要占有供役地，或者利用他人房屋，否则相应的积极地役权就无法实现。例如，引水地役权、排水地役权、管线铺设地役权、通行地役权等就需要占有他人土地；搭梁地役权等，就需要占有他人房屋；草场放牧地役权需要占有他人的草场。此类积极地役权就具有占有的权能。尽管，一般情况下类似地役权的占有没有独占性，即地役权人不仅可与供役地人共同使用不动产，而且也可

---

〔1〕 例如需役地为善意之非所有人占有，将供役地之引水设备毁弃，而易以其误认以为较好之设备。……又例如需役地之善意占有人，因地役权所取得之孳息。……例如引水地役权人于供役地有水管时，如被毁弃，……。（台）史尚宽：《物权法论》，中国政法大学出版社 2000 年版，第 241 页。

〔2〕 刘凯湘："论基于他物权的物权请求权"，载《法学论坛》2003 年第 2 期。

〔3〕（台）谢在全：《民法物权论》（中册），中国政法大学出版社 1999 年版，第 440 页。

以与其他地役权人或者其他用益物权人共同使用同一个不动产。[1] 但无论何种情形都不影响基于地役权的返还请求权。因为，积极地役权人和这些人共同占有性地使用该供役地时，他们属于共同占有人。我国《物权法》没有就这种情形进行规定，但我国台湾地区新、旧“民法”第963条均规定：“数人共同占有一物时，各占有人得就占有物之全部，行使第960条或第962条之权利。”[2] 谢在全先生也认为，在共同占有中，如其占有受第三人之侵害时，得行使我国台湾地区“民法”第962条之占有人物权请求权，此为保全共同占有物之行为，各占有人得单独为之。[3] 而台湾地区新“民法”第962条规定，占有人，其占有被侵夺者，得请求返还其占有物，……。因此，一旦该供役地被第三人无权占有或侵占时，只要这种占有影响地役权的实现，地役权人有权作为占有人行使其返还请求权。这是地役权人作为供役地的共同占有人应有的权利。

值得注意，正因为地役权的占有没有独占性，返还请求权对地役权人来说更显得重要，因为地役权更容易受到其他共同占有人的侵害。如共同占有人中的其他用益物权人独占该供役地，这种可能性不能排除。“地役权的行使直接及于供役地，如果供役地不存在，地役权自然无法实现满足需役地便利的目的。因此，对于无权占有或侵夺供役地者，地役权人得请求返还。”[4] 换言之，若地役权之内容需占有供役地，而其供役地又被他人无权占有，地役权人应有请求该人将供役地交还其占有或管领之必要，如供役地既在地役权人手中，被他人侵夺

---

〔1〕 温世扬、廖焕国：《物权法通论》，人民出版社2005年版，第471页；陈华彬：《物权法原理》，国家行政学院出版社1988年版，第553页。

〔2〕 台湾地区新“民法”第960条规定：“1. 占有人，对于侵夺或妨害其占有之行为，得以己力防卫之。2. 占有物被侵夺者，如系不动产，占有人得于侵夺后，即时排除加害人而夺回之。……。”

〔3〕（台）谢在全：《民法物权论》（上册），中国政法大学出版社1999年版，第6页。

〔4〕（台）梅仲协：《民法要义》，中国政法大学出版社1998年版，第588页。

去时，地役权人不单纯诉请其迁出（排除妨害），而请求将之交还地役权人，于理论上亦无不可。[1]此外“如地役权之占有本身与需役地之占有结合，同被他掌握时，则在地役权亦有援用返还请求权之必要，……。”[2]其实，积极地役权的占有也并非绝对没有独占性。如果当事人约定地役权人的占有具有独占性的，则占有权能即具有独占性。[3]

上述分析可见，基于地役权的物权请求权的类型不仅仅有妨害除去请求权和妨害防止请求权，返还请求权对于地役权依然有适用的余地。[4]

（二）基于地役权的妨害除去请求权

源于罗马法的所有权保全之诉的妨害排除请求权已成为许多国家保护地役权的一项非常重要的制度。关于这一点，我国学界没有争议，均认为妨害除去请求权可以准用于地役权，即当地役权人于其地役权之圆满状态被占有以外之方法妨害时，对于妨害人得请求其除去之妨害权利。

不过，基于地役权的妨害除去请求权的使用不是任意的，需要符合一定的条件。其一，相对人须以占有以外之方法妨害地役权的行使，致地役权的圆满状态受到侵害。例如，在已设立采光与通风地役权的他人房屋前安置巨大的广告牌，以至于影响该房屋的采光与通风效果；将已设置了通行地役权的道路阻塞，则必然妨碍地役权人的通行。类似情形地役权人自可对其行使妨害除去请求权。[5] 其二，妨害须处于

---

〔1〕（台）谢在全：《民法物权论》（中册），中国政法大学出版社1999年版，第442页。

〔2〕（台）史尚宽：《物权法论》，中国政法大学出版社2000年版，第241页。

〔3〕房绍坤：《用益物权基本问题研究》，北京大学出版社2006年版，第188、189页。

〔4〕（台）黄宗乐：“物权的请求权”，载《台大法学·论丛》（第11卷），第2期。

〔5〕（台）谢在全：《民法物权论》（中册），中国政法大学出版社1999年版，第441页。

继续状态。即短暂的、临时性的、一次性的妨害，甚至是转瞬即逝的，则不得请求排除妨碍。例如：某甲未经土地权利人乙之允许，仅一次擅自通过其土地，但影响了丙在乙地此时的通行地役权的实现；又如某丙为修理抛锚之汽车而暂时将车停于丁通过设定地役权而取得的车位上等。当然，因暂时性之妨碍而致地役权人有损害时，地役权人尽管不能提出排除妨害之诉，但得向相对人请求损害赔偿。不过，须相对人对妨害有行为或财产上的关联，且有除去之支配力。例如甲之广告被狂风刮倒并落入乙之庭院，甲无过错，但如果甲是与广告牌有某种关联的人，或是其所有人，或是其管理人，甲就需负担排除妨碍之义务。换言之，必须是能依据妨害原因追溯到相对人，而该相对人对形成妨害之物有除去之支配力。其三，妨害在客观上须属非法或不正当，即相对人之主观状态是否有过错，不影响排除妨害请求权的行使。排除妨碍旨在除去地役权人行使地役权的障碍或侵害，使地役权恢复其圆满状态。因此，此种请求权的行使不必适用过错责任原则，只要行为妨碍地役权现实的或未来的行使，地役权人都可要求行为人排除其妨碍。

（三）基于地役权的妨害防止请求权

地役权的妨害防止请求权也是保护地役权的一项制度。其在防患于未然、保全地役权之行使、避免地役权利纠纷的发生、降低纠纷解决成本等方面有着其他制度不可替代之独特作用。我国学者均承认地役权人对于有可能妨害其地役权之行使的妨害人，有请求妨害防止的权利。而且，无论妨害人有无故意、过失，只要存在妨害地役权人行使完整地役权的可能性，地役权人得行使此项请求权。

当然，妨害防止请求权对地役权的准用并非随意的，而是需要具备一定的实质要件：第一，须有受妨害之虞，即地役权尽管未有现实之妨害，但有遭受侵害之极大可能。如不予以预防，则将遭受现实之妨害，而致地役权的行使无失其完满状态。例如，如果某人的建筑物遇大雨时，有倒塌的可能，有阻塞通行地役权之道路的危险时，地役权人可对之行使地役权妨害防止请求权，请求为必要之预防措施。[1]不过，未发生的妨碍必须是可以确定的，而不是地役权人的臆想或猜疑。大多数观点认为，根据具体事实，“有生妨碍之可能性甚大”、[2]“有被妨碍之可能性极大，”[3]才有可能行使地役权妨害防止请求权。而且，妨碍的可能性主要是针对将来，至于过去是否发生妨碍与此无关。第二，妨害防止请求权的相对人是将危险加害于地役权人，且对危险物或危险行为有支配权之人。至于，对于造成妨害之危险的相对人有无故意或过失，抑或系不可抗力所致，则在所不问。第三，相对人消除可能引起妨害之危险的行为，可以是积极的作为，也可以是消极的不作为。这一点在物权请求权的三项请求权中是最具特色的。例如甲在自己原三层房屋的基础上又增加两层，致使乙将来不可能眺望大海，即有及眺望地役权实现之危险，为此，乙行使妨害防止请求权，请求甲停止建房，则甲的义务在于停止建房。

上述分析显示，在我国，基于地役权的物权请求权应由返还请求权、妨害除去请求权和妨害防止请求权构成。只有这样，才能保证地役权的圆满状态免遭侵害。不过，鉴于地役权的妨害除去请求权和妨害防止请求权的适用频率高于返还请求权，我国基于地役权的物权请求权应当采纳德国民法的做法，即以妨害除去请求权和妨害防止请求权为常态，而返还请求权为特殊情形。[4]

第四节　本章小结

一项法律制度要最大限度地发挥其应有的效用离不开系统的、完

〔1〕（台）谢在全：《民法物权论》（中册），中国政法大学出版社 1999 年版，第 441 页。

〔2〕（台）史尚宽：《物权法论》，中国政法大学出版社 2000 年版，第 66 页。

〔3〕（台）姚瑞光：《民法物权论》，海天印刷厂有限公司 1993 年版，第 57 页。

〔4〕张鹤：“我国地役权之物权请求权的思考”，载《法学杂志》2010 年第 10 期。

备的设计。地役权制度是我国用益物权中最有生命力的制度，其意定性的特点在现代社会中又有了新的功能和价值。为了最大限度地保障其新价值的发挥，除对地役权制度的内涵、客体、适用范围等要素进行完善之外，还需要在地役权的变动与保护方面予以修正。

权利的取得方式是权利实现不可或缺的要素。但我国现行地役权取得方式较为单一，有必要在现有取得方式基础上，将时效取得、法定取得、基于建设用地使用权之取得、继承取得等规定为地役权的合法取得方式。

物权排他效力的保证之逻辑基础是其变动必须向社会公开展示——公示。公示最根本的作用是可以给物权的各种变动提供有公信力的法律基础，进而使物权的绝对效力得到法律的承认和保护。地役权也不例外，其之变动也要登记，而且该登记应作为生效要件，这是权利保护的需要，即是以法定的登记制度对意定性的地役权加以审查，防止意定性过于膨胀，保证权利的效力。

由于地役权增加他人土地的负担，极易遭到侵害。需要给予强有力的物权保护。因此需赋予地役权之物权请求权的效力，并且涵盖物权请求权的三种类型。只是妨害除去请求权和妨害防止请求权为常态，而返还请求权在特殊情形下适用。

第九章
我国地役权类型之扩张：公共地役权

类型化是介于抽象概念与具体规范之间的一种思考形式，这种思考形式对于立法，以及正确理解、适用法律具有重要意义。抽象概括的方式可使适用者保有因地制宜的决定空间，而又不至毫无标准，这是其较之具体分类立法的优越之处。由于地役权的意定性决定了其权利内容具有种类繁多、内容复杂、个性大于共性等特点。这个特点往往会使地役权的设立有较大的“任意性”。因此，有的国家和地区关于地役权的规定采取抽象化与类型化并重的立法技术。

其实，早在罗马法时，地役权就被分为：乡村地役权和城市地役权。随着这两种地役权类型的进一步发展，罗马法又将其细化为十多种，并置于地役权名下。罗马法的抽象化与类型化结合的立法技术得到《奥地利民法典》的发扬。《奥地利民法典》在抽象规定的基础上，又把房屋地役权规定为12种类型，可谓地役权类型化的典型代表。澳门民法也采这种立法技术。法国民法上也是抽象与具体结合，如有的地役权已被命名。[1] 我国台湾地区新“民法”也朝着这种模式发展，第851条列举了部分情形。

---

〔1〕 法国民法的地役权有：城市役权、乡村役权通行地役权、汲水地役权、放牧地役权、取水地役权、排水放水地役权等类型。

从比较法来看，大部分国家都以抽象概括的方式来规定地役权，只有少部分国家在抽象之基础上，又予以类型化。鉴于我国的现实需要，我国立法有必要在抽象概括的基础上，对比较成熟的公共地役权予以类型化。这一方面，发挥适用上的引导功能；另一方面，便利交易及登记，减轻登记机关审查的负担。科学技术的有限性要求被登记的权利需要具备某种程度的类型化。

第一节　公共地役权类型化的背景及法理基础

一、公共地役权类型化的背景

我国城乡建设的大力推进，使城乡二元结构迅速改变，而与城乡经济发展相伴而生的是私人利益的被侵害。因为，与城市化和现代化发展并行的是大量且大规模的公益基础设施（铁路、公路、机场、电力、公园和公共娱乐场所、体育场馆，电力电信通讯线路、油气管道）的建设需要占用大量的土地，于是，限制甚至剥夺与其相邻或不相邻的某些集体或者私人的不动产利益。

公共利益与私人利益相互渗透、交叉，使公共利益的维护与私人利益的保护必然发生冲突，这是一种普遍的现象。问题是如何化解类似冲突？关于这个问题，也有学者指出，《物权法》的规定摒弃了"公共地役权"制度存在较大的缺憾。因现实中很多法律规则所体现的恰是公共地役权的内容，而我国现行民法制度中无公共地役权制度，实务上不得不将之解释为相邻关系，然相邻关系明显不足以涵盖其内容。[1]

如何既能实现公共目标又能维护当事人合法权益成为我们不能不

〔1〕 汤长极："对公共地役权立法的建议"，载《中国土地》2006年第12期。我国也有学者将之称为"公共役权"，而非"公共地役权"。

面临的问题。而公共（地）役权的类型化却是一个糅合公权与私权、公益与私益的法律现象，是解决此难题的捷径。

二、公共地役权类型化的法理基础

从法理上讲，当要求私法财产权人以持续承担某种负担为代价来实现公共利益的目的时，采用何种方式应依项目的性质而定。若该项目具有公共目的性，则通过征收征用或订立公共地役权（法定地役权）；反之，适用传统地役权（意定地役权）。

征收征用因强制性地取得他人不动产所有权或使用权，故能有效地保障公共利益的实现，但不能较好地维护集体或私人不动产的利益（前述已分析，在此不赘述）。至于公共地役权，世界上许多国家和地区都予以确定，我国没有关于公共地役权的直接规定。而传统地役权作为调节不动产利用的私法制度，主要服务于私人利益，能很好地保护私人不动产利益的最大化。但若以传统地役权之名实现公共利益，于民法的权利体系似乎存在逻辑上不能自圆其说的危险。不过，在很多情况下也用地役权实现公共利益（见第六章第二节）。“公权力承担者可能会尝试通过役权来保障公共利益，具体做法，例如可以是设立役权，同时禁止营利事业上的利用或者其在役权上禁止某些营利事业。”〔1〕

事实上，无论是大陆法系还是英美法系的国家，私法公法化或者公法私法化的现象都日趋加深。〔2〕“相邻法、建筑法和环境法的并行可以说是公法与私法相互作用的典型。”〔3〕所有权的“法律构造由公

---

〔1〕 Rolf Stürner, Dienstbarkeit heute, Archiv für die civilistische Praxis, Band 194. 1994/ Heft 2, 3/ Zeitschriftenteil, S. 293.

〔2〕 私法公法化表现在公平、正义、秩序等理念在私法规范中得以确认，公共利益理论影响并介入私法领域，个人权利本位向社会本位转变。公法私法化表现为相较于传统的公法规范，出现了以私法方式执行公法任务等运用私法理念规则所创造具体的法律关系。

〔3〕 ［德］M. 沃尔夫：《物权法》，吴越、李大雪译，法律出版社2002年版，第187页。

法规定的，并不少于由私法规定的”。[1] 而且有些国家和地区的民法典中已有为了公共利益而在私人不动产上设立役权的规定，比如《法国民法典》、《瑞士民法典》、美国《财产法》、《澳门民法典》等均有规定。为了平衡公共利益与私人权益冲突，实现社会和谐，我国立法有必要通过借助私法上地役权的概念和特点，甚至部分规则设计公共地役权，并将其类型化于地役权之名下。

价值目标是法律制度之灵魂，是立法的最高层次要求，指导着具体的制度构建。在制度设计中，既要坚持维护私法的基本精神，以尊重、维护、弘扬私权利为最高价值追求，又要保护公共利益。公共地役权从其产生的目的来看，包含着一定的公共利益，又具有传统地役权的潜质，集私利和公益为一体，呈现着公法与私法之融合的特征。

第二节　公共地役权的基本理论

一、公共地役权的概念

公共地役权对应于传统地役权（意定地役权），是为了公益事业、公共利益或公众便利而使相关不动产所有权人或使用权人容忍某种不利益或承受某种消极不作为的负担的权利。其调整的是国家或者不特定公众与不动产所有人或使用人之间的权利义务关系，即公共利益与私人利益之间的关系。

公、私法作为传统的法律分类对整个法律思想观念、制度设计发挥着重要的作用，使公权与私权、公益与私益相互对应。这种二元划分的结果厘清了各自适用的空间和对象。而用传统地役权实现公共利益，即公共地役权概念的出现，打破了传统的分类。其一方面说明了

〔1〕［德］拉尔·拉伦茨：《德国民法通论》（上册），王晓晔等译，法律出版社2003年版，第87页。

它的存在绝非纯粹的私益现象，暗示着它的产生是基于公权力运作的方式；另一方面也反映了它具有维护私利的目的。

二、公共地役权的特征

虽然公共地役权是地役权的特殊类型，但有其自身的特征。

第一，目的的公益性。传统地役权设立的目的是为了土地利用的方便，使土地发挥更多的经济价值。而公共地役权产生的目的在于维护公共的秩序，保障公共利益的实现，根本上是为了公众的利用。

第二，有偿性。能适用公共地役权的行业和建设项目是因为其含有公共利益的成份，所以需要国家或政府代表不特定的利益相关者对相对方的不动产加以一定的负担。又由于此类公共利益带有较强的营利性，故必须有偿取得。

第三，干预的适度性。公共地役权是国家从对所有权或使用权的限制与公共秩序的维护角度出发作出的适度干预，是用法律来平衡公共利益与个人利益的一种手段。在穷尽一切可能的协商手段和方式仍不能达成合意时，为了保证国家建设和公众需要，应允许公法介入，强制实行。孟德斯鸠关于“国家对个人私生活的干预越少越好”的论断已受到了越来越强烈的质疑。因为“在一个复杂的社会中，有许多相互冲突的利益需要调整，公共福利也必须加以保护，以免其受反社会的破坏性行为的侵害。因此，由政府直接采取行动进行管理也就成了势在必行之事了”。[1]

第四，集体性。公共地役权是一项集体性权利，其与地役权的差别之一在于，其是为了不特定之多数人的利益而设定。尽管每个公民对利益的主观要求不尽相同，但能够得到法律的承认和支持的，一般是具有普遍意义的集体性标准。

---

〔1〕［美］E. 博登海默：《法理学——法律哲学与法律方法》，邓正来译，中国政法大学出版社 1999 年版，第 369 页。

三、公共地役权的性质甄别

公共地役权是一个相对新的概念，其一般被看作私人应承受的对国家的义务。因此，几乎规定公共地役权的国家和地区都将其视为公法的领域，由行政法调整，属于法定权力（权利）。例如：法国的“行政地役权”、德国的“公用地役权”、《意大利民法典》的“强制地役权”、《澳门民法典》的法定地役权。

我国台湾地区“行政法院”以判例（“行政法院”1967年判字第8号判例）的形式承认公用地役权。但判例认为，民法中的地役权成立的基本要件为，需役地人必须要有需役地方能成立，而公用地役权不存在需役地。具体就既成道路公用地役权而言，虽历经数十年，但土地登记簿上并无此项登记，土地所有人也无须承担此项负担。再有，此处的权利主体，名义上为行政机关，但实为不特定之公众，是不特定之公众加在私人土地上的一定负担。因此，此种情况与民法中的地役权概念相差甚远，不得以民法中的地役权时效取得为由解释对私人土地的公共通行权。这属于公法上的关系，是行政法上的物权，不应以民法的规则为准据法。[1]而有的学者认为这种行政地役权应视为一种类似于征用私人财产的准征用行为。[2]

《澳门民法典》规定了法定地役权。此外，我国澳门地区政府印刷署　　法令第12/92/M号第十条规定了行政地役权：“为了实现公共利益的目的，对不动产方面可以构成必需的地役权。”这种地役权合同是无须协商而是必须订立的。澳门的公共地役权也属于公法范畴。

在我国，关于公共地役权的性质，在理论界有不同的观点。其一，法定地役权说。该观点认为，公共地役权的设立是基于公共利益的需求，是为了保障公众和社会整体的利益，因此公共地役权的设立不宜

---

〔1〕（台）谢哲胜：“从美国法上的土地准征收论既成道路公用地役权之妥当性”，载《经社法制论业》1994年第14期。

〔2〕（台）谢哲胜：《财产法专题研究》，三民书局1995年版，第200～240页。

依约定，而应基于法律规定直接取得，由此把公共地役权定性为法定地役权。〔1〕其二，相邻关系说。此学说坚持，公共地役权与传统地役权的特征不同，如果将其归入地役权制度会破坏地役权理论的统一性，其性质更应纳入相邻权。〔2〕其三，准征用行为说。该学说则认为“公共地役权与征用行为都是为了公共利益，因此把公共地役权定性为准征用行为”。〔3〕“这种行政地役权究其实质，应视为一种行政机关依公共利益而对私人利益的剥夺、征用，属于一种类似于征用私人财产的准征用行为。”〔4〕

如果认为公共地役权反映的是公共利益，不是私人土地的利益，因此其只能依行政法规直接设定；或者说行政机关依公共利益而剥夺私人财产的公共地役权仅仅是借用了民法上的地役权的名称而已，实质上是行政法或公法上的一项独立制度的观点无可厚非，但这种立法定性不甚健全：

第一，公共地役权因公共利益而产生，就一定属于公法范畴的命题太片面。因为公共利益至今仍然是个众说纷纭的概念。即使按照最普通的观念来理解，公共利益不仅包括国家利益或全民族利益，还包括一定区域的公众利益。而国家利益与公众利益在实现的具体规则上有所不同。虽然公共地役权以公共利益为目的，但主要是一定区域的公共利益。

第二，大陆法系国家普遍认为，公法调整国家或公共利益，它的一方主体应当是国家，与另一方主体一般是不平等的隶属或服从关系。而公共地役权的设立主体不是国家。设立公共地役权的目的是为了保证公共利益的实现。它的设定是由行政机关所为，但实际受益者为不

---

〔1〕邓乐、李文婷：“关于公共地役权相关问题的思考”，载《黑龙江省政法管理干部学院学报》2011 年第 5 期。

〔2〕郭洁：《土地资源保护与民事立法研究》，法律出版社 2002 年版，第 16 页。

〔3〕（台）谢哲胜：《财产法专题研究》，三民书局 1995 年版，第 205 页。

〔4〕王利明：《物权法专题研究》（上册），中国政法大学出版社 2002 年版，第 730 页。

特定的公众。详言之，公共地役权法律关系的主体一方是国家（行政机关），另一方是特定的不动产所有人或使用人，但此时的行政机关仅仅是代表不特定的公众强令供役地负担一定的不利益而已。行政机关代表社会公共利益是行政权力的应然要求。是故，不能因此认为公共地役权就是公法上的权利。

第三，从公共地役权的产生及其内容来看，虽在某些方面与传统的意定地役权不同，但从其通过对不动产所有权人或使用权人权利的限制，进而使其他公众获益的本意来看，与意定地役权并无二致。例如，两者均加重了被利用土地的负担，导致了被利用土地之人对自己不动产利用的不便利，而被利用土地的权属并没有发生变更，仍属于原权利人。因此，如果将公共地役权定位于行政法（公法）的领域，其结果是：将极大地影响公共地役权的法律适用；形式上不平等的主体关系使不动产所有人或使用人很难保障自己的财产权利；公权力机关介入私人利益很容易产生权力的滥用，不公平现象必然大量发生，土地征收的负面效果必将重演。因为“一切有权力的人都容易滥用权力，这是万古不易的一条经验”。

上述分析可见，公共地役权和传统地役权订立的目的不同，前者为了公共利益，具有公益目的性；后者为了私利。至于取得方式，前者不以合意设立，而基于法律的规定直接取得，设立程序具有强制性；而后者是意定设立。但不能因此证明公共地役权属于行政法或公法上权力。公共地役权与传统地役权二者的本质是相同的，都是对他人的不动产享有一定的使用、收益的他物权。因此公共地役权应属于传统地役权（意定地役权）的下位权利，规定于《物权法》里。《法国民法典》第649条、第650条就是对法定地役权（公共地役权）的指引性、统率性规定。

第三节　我国公共地役权类型化的规范基础

虽然，世界上有些国家和地区都建立了公共地役权制度，并且已较成熟，但对于我国而言，却是一个相对新型的权利类型。

在法国，可以为了公共利益、市镇行政区利益可以订立法定地役权（公共地役权）（《法国民法典》第649条）。至于因为公共或者地方区域需要而设立的，有关河流、公路和公共设施建立等的役权，由特别法律进行规定（《法国民法典》第650条）。可见，法国的法定地役权（公共地役权）制度由民法作总体规定，行政法律法规予以具体化。在某些情形下，需要依特别法律（行政规章）设定。正因为如此，法国理论界称之为“行政地役权”。

美国的公共地役权是指为了实现特定行政目的、对抗第三人而要求私法财产权人持续承担某种负担的权力或权利。〔1〕除此之外，美国的公共地役权还体现在公共信托理论中，即国有财产也需要接受公共地役权的限制。再有，在美国文化遗产、自然资源与环境保护等领域也广泛存在着为了整个社会共同利益的公共地役权 。美国的公共地役权之范围较为广泛。

香港地区的公共（地）役权是由制定法规定，是普通法地役权之外的地役权体系，其隐藏在法定地役权制度之中。这些制定法包括《供电网络（法定地役权）令》、〔2〕《地下铁路（收回土地及有关规定）条例》、〔3〕

〔1〕 See Jeffrey M. “Tapick, Threats to the Continued Existence of Conservation Easements”, *Colum. J. Envtl. L.*, 27（2002）pp. 285～286.

〔2〕 香港地区1980年第39号法律公告，具追溯力的修订见1998年第29号法律公告第70条。

〔3〕 香港地区1974年第66号法律公告，具追溯力的修订见1998年第29号法律公告第55条。

《污水隧道（法定地役权）条例》、[1]《土地排水条例》、[2]《机场管理局条例》、[3]《道路（工程、使用及补偿）条例》[4]和《东涌吊车条例》[5]，等等。

《澳门民法典》用法定地役权代替公共地役权。法典第五编（地役权）规定了法定地役权，包括：法定通行地役权、水之法定地役权。除民法典之外，澳门地区还通过了一些单行的特别法令创设了被称为"役权"和"地役权"的类型。包括"航空役权"、"制图役权"和"无线电役权"等。其所针对的，或为待建的公共设施，或为已建的公共设施。总之，与公共设施紧密相联，而与人的关系较为松散。大陆学者多称之为或建议称之为公共（地）役权。

在我国，虽然公共地役权没有被《物权法》明确规定，但很多法律规则所体现的恰是公共地役权的内容，部分学者也坚持现行许多条例、规则。如《电力设施保护条例》及其实施细则，国务院2001年颁布实施，2010年已经废止的《石油天然气管道保护条例》，一些有关水力、邮电通信等的规范均暗含着公共地役权的内容。

国外和境外关于公共地役权之立法例为我国公共地役权的确立起到示范作用；而本国体现公共地役权内容的条例、规则却是制定我国公共地役权的直接基础。不论哪个国家都有自己的特点，没有特点的国家和民族是没有的。因而在继受外国法时，辨别自己的特点也是一个重要问题。机械地、盲目地照搬外国的法律，当然不一定好；强调甚至借口自己的本土特点，而拒绝接受先进的外国法律，也是不可取。要敢于接受，善于研究，不断修改，这是继受外国法律很重要的原则。[6]

---

〔1〕香港地区1993年第74号法律公告，具追溯力的修订见1998年第29号法律公告第84条。

〔2〕香港地区1994年第20号法律公告。

〔3〕香港地区1995年第71号法律公告。

〔4〕香港地区1982年第37号法律公告。

〔5〕香港地区2003年第20号法律公告。

〔6〕谢怀栻：《谢怀栻法学文选》，中国法制出版社2002年版，第451页。

第四节　公共地役权的适用条件与范围

一、公共地役权的适用条件

（一）以公共利益为目的

公共地役权是调整公共利益和个体利益的一种法律手段，它要求牺牲某些个体利益，促成公共利益实现。因此，适用公共地役权的项目必须具有公共利益的内容。

（二）获利主体是不特定之多数人

公共地役权的权利主体是与公共利益有关的不特定之多数人，不是行政机关。行政机关只是形式上的权利主体，其在该法律关系中仅仅起到协调公共利益与私人利益之间的关系之作用。

（三）不以需役地的存在为必要条件

公共地役权是为了公共基础设施，例如：供电、通信、无线电和电视台、公安、消防、市政、航空等的安设、使用和安全等而使用他人土地的。此时，使供役地承担容忍义务的基础是公共利益的需要，因此不需要需役地。

（四）取得方式

公共地役权的取得方式应是二元化，即以基于法律规定直接取得为主，约定取得为例外。这里的基于法律规定直接取得与依行政法的取得不同。在基于法律规定的直接取得的情形中，供役地人和行政机关是平等主体，彼此可以就其中的权利义务等内容进行协商。而在依行政法的取得的情形中，供役地人和行政机关不是平等主体。此外，当公共地役权涉及的不仅仅是一般的容忍义务，而是在其土地或房屋上安设公益设施时，不能直接设立，而应当采取约定方式，即在征得土地使用权人或房屋所有权人的同意后才能设定该公共地役权。

至于公共地役权是否可依时效取得，我国台湾地区学者持否定态度。其理由为公共地役权被视为公法上的关系，故公共地役权不可能因时效而取得。此结论较为合理，但理由不够充分。民法中取得时效制度调节的是特定当事人之间的法律关系，这种关系与公共地役权调整不特定的公众利益与私人利益之间的关系不同，因而不可类推适用时效取得制度。其实，公共地役权的性质与取得方式关系不大，不能依时效取得并不影响公共地役权的私法性质。此外，地役权的时效取得并不均适用于地役权的各种类型，其仅适用于表见的且是连续性的地役权。在种类繁多的地役权类型中，有相当部分都不能依时效取得，所以，并非对公共地役权另眼看待。

（五）补偿

公共地役权的设立也应以有偿为原则。为了公共利益之需求，而让不动产所有人或者使用权人做出了特别牺牲，自应依法律规定给予补偿。补偿标准应由第三方进行评估，以保证评估结果的客观真实。当然，也可以举行听证会，以反映相关当事方特别是供役地权利人或其代表的意愿和利益。[1]

二、公共地役权的适用范围

公共地役权只能运用于与公共生产、生活和社会经济发展息息相关的公共基础设施和公共事业的建设中。

（一）公共基础设施的建设

公共基础设施是为公众设置的，公众都可以共享，不允许某个人独占或排他性地使用的基础性设施，如城市公共交通、电力、水利、桥梁、港口码头、机场、铁路、公路等。其一方面为本国市民创造良好的生活条件，提高生活品质；另一方面，可以刺激该国的工业发展，经济增长。一个国家的公共基础设施建设的好与否，折射出一个国家的文明程度。

[1] 耿卓："地役权的现代发展及其影响"，载《环球法律评论》2013年第6期。

尽管，公共基础设施的建设和发展直接影响到民众生活和城市建设，是利国利民造福整个社会的建设，受益主体为不特定的普遍公众，具有社会公益性。但是，在市场经济条件下，公共基础设施建设并非纯公益性事业。换言之，公共基础设施的建设企业对不动产的利用目的不仅关涉国家建设和人民的生产生活，也事关企业自身的利益，在很大程度上带有营利的成分。因此，当公共基础设施建设需要利用的土地属于集体所有时，不应当采用先征收、再出让的方法。而应当依法通过公共地役权获得土地，以此有别于私人间的意定地役权。通过公共地役权解决公共基础设施建设用地的必要性和可行性（见第六章第二节）。

（二）土地与市镇规划

城市规划合理能增进经济的发展。否则，浪费土地资源，阻挠经济的增长。在我国，经济和社会的发展加重了城市的负担，以至于交通拥挤，建筑物容积率高等问题日趋突显，小区内业主私搭滥建的现象比比皆是，这些问题已成为城市的普遍现象。除此之外，有的市镇规划无序，以至于城市随时处于建设之中。

我国土地的开发、利用管理及市镇规划是由《土地管理法》、《城市规划法》、《城市房地产管理法》以及各种相关的法律法规等公法予以规范。公法规范之必要性不证自明，但其缺陷也是不言而喻的。如果在公法管理之外，引入地役权的管理，不但有公法的宏观调控，而且还有私法意义上的地役权制度作保障，使被利用不动产的权利人享有对不遵守规则的乱开发项目之停止请求权，改变以往市民和业主面对违规开发项目而无能为力、无所适从、维权无法可依的状况。反之，市民和业主也有遵守市镇规划地役权中的义务。英国法上的限制性约据要求供役地人负有不违反城乡规划的义务，美国衡平法上的地役权也以服务于城市规划为己任。

概言之，土地管理、城市规划的地役权的介入使政府通过私法机制实现对不动产使用的规划，而且被利用的不动产所有人或利用人也因地役权机制实现自身不动产的增值。

（三）生态环境资源保护

当可持续发展成为社会共同的理念，保护生态环境资源成为维护公共利益的当务之急时，运用地役权保护环境显得非常必要。美国法上就有保护湿地、景观、农田的保存地役权。英国法上的限制性约据要求供役地人负有不实施有损环境的行为等不作为义务，从而使地役权制度为实现环境资源的可持续利用具有公法色彩，融入生态学观念。[1]因为地役权本身极具特色的法技术构造可以转化为环境保护的工具和政策手段。[2]

人类面临着既要保护人类赖以生存和发展的环境，又不能完全禁止对人类生存和发展具有同样作用的经济活动之两难选择。在传统的严格划分公法与私法的法学观念下，很难建立一种有效的解决这两难的机制。而公共地役权正好可以平衡两者的冲突。首先，公共地役权承认环境资源的财产权性质，并且肯定它是一种当代人和后代人所共同的财产；同时也承认这种财产不同于其他私人财产，即任何个人对它的使用都不得侵犯他人利益，更不能侵犯公共利益。表现在对生态环境资源的开发利用时，必须限制在公共地役权的目的之内。这样，既可以平衡公民个人与国家的利益，也可以解决公民个人的财产权与环境权的问题。其次，公共地役权不是直接对不动产最大限度的利益调节，而是从人类或人群的整体的综合利益角度考虑，在最大可能的范围内维持生态平衡、保护环境和资源。也即公共地役权是以人类生存的需要为目的，更好地利用整个地球或某个地区的生态环境资源。为此，需要通过地役权对相邻的或相关的生态环境资源利用人予以限制，这是地役权的物权属性在保护环境资源目标时的功能所在。

（四）文物古迹保护

我国有数千年的悠久历史，遗留下来的传统建筑古迹都是珍贵的民族财富，需要得到有力的保护。现在对传统建筑古迹的保护，通常

---

〔1〕关涛：“作为生存法的不动产物权制度”，载《中国法学》1999年第1期。

〔2〕耿卓：“地役权的现代发展及其影响”，载《环球法律评论》2013年第6期。

是为了旅游的需要。然而，传统建筑古迹不仅是个体私人利益的载体，更是地方传统发展的经济支柱，传统文化产业的经济来源。它凝聚着祖辈的建筑智慧，承载着前人传统文化的精华，过度开发会有损其文化特性的保存。

由于文物古迹本质上也是属于整个社会所享有的福利，具有公众需要的目的，因此应当被纳入公共地役权的保护范围。将公共地役权运用于传统建筑古迹的保护中，文物管理机构与私权利人可以协议，要求私权利人，根据不同的传统建筑古迹的价值，维护传统建筑古迹原貌；让传统建筑古迹向公众开放，弘扬传统文化保存历史遗迹；基于传统建筑古迹的公益属性，应限制传统建筑古迹的过度利用；明确私权利人承担的诸如保护、修缮传统建筑古迹的义务；保障公权机构对传统建筑古迹的利用。当然，私权利人有得到合理补偿的权利，传统建筑权利人有权对建筑古迹进行商业化利用，实现传统文化的长足发展。

第五节　本章小结

“法律人首先必须真正扎根于我们这个时空。因为我们只能生活在这一时空，我们遇到的问题也都必定来自这一时空，得出的答案及回应的办法都必须是这一时空的资源所可能支撑的。”〔1〕鉴于我国城市化进程的用地需求、生态环境资源的严重破坏等现实，有必要引入地役权予以调整和保护。

由于地役权在我国不为大众所知，应当仿照罗马法地役权的法技术——抽象与具体并重。根据我国的现实，应将较为典型的且已成熟的地役权类型——公共地役权抽象出来，加以类型化，并规定于《物

〔1〕苏力：“面对中国的法学”，载《法制与社会发展》2004年第3期。

权法》的“地役权”章之中。《物权法》可以概括规定公共地役权的内涵、设立条件和补偿原则。至于公共地役权的具体内容则授权特别法予以规定。这种统领性规定，不仅可以起到指引作用，而且可以节约设定地役权的交易和登记成本，也符合物权法定原则的要求。

法律是利益限制或致损的正当、正式的方式和手段。公共地役权的类型化能在公共基础设施的建设、市镇规划、生态环境资源的保护以及文物古迹保护等方面，在通过牺牲少数人的利益，实现更多人的公共利益的同时，很好地平衡个人利益与公共利益，避免冲突。

第十章
本书结语

缘于古罗马法，并是古罗马法用益物权雏形的地役权，因其独树一帜的特点得到两大法系众多国家和地区的传承与发展，并由此形成了各国的地役权制度。同样，地役权也曾为中国古代、近代的土地利用率的提高发挥了应有的光和热。可以说，地役权自产生至今，因其意定性等制度优势为人类社会与经济的发展，特别是土地等不动产资源的高效利用作出了卓越的贡献。当下，其与时俱进的功能，同样能很好地满足现代社会经济发展的需要。

传统观念认为，地役权是意定之私权，仅能作用于私的领域。事实上，在现代社会发展的进程中，地役权在传统的公法范畴里，也大有用武之地。社会的变迁，需要地役权的活动舞台超越私法领域，渗透到传统理论上只能是法定的公权力才能介入的境地。这使地役权既是一个纯粹的私法意义上的意定权利，又是一个具有公益性的、法定的私权利，从而为私法介入公法领域架起一座桥梁。

地役权之所以能突破私法实现公共利益的藩篱，游离于意定与法定之间的原因在于：地役权的意定性所固有的功能能弥补法定的制度缺陷与漏洞，如相邻关系制度，物权法定原则，土地征收等。尤为重要的是，随着社会的发展，地役权应被赋予新的任务。换言之，不能死死固守地役权的传统功能，而应充分挖掘其潜在的新功能，进而高效地提高不动产资源的利用率，为现实中不动产之间的役使，公民环境利益的实现提供多元的法定路径，与征收制度一道构成公益用地的二元模式，从而平衡公益与私利之间的利益。地役权的制度优势对于任何用益物权来说都是望尘莫及的。

然而，欲充分地释放在意定与法定之间的地役权的正能量，保证其新功能的发挥，有必要对我国现行地役权制度的内部构造、变动与保护模式进行矫正、完善，界分地役权与相邻关系的适用范围，并从现实出发将公共地役权予以类型化规定。这是地役权为我国社会、经济建设作出贡献的必要的制度保障。

第一节　本书可能的贡献

在公法和私法不断地相互渗透到对方领域的现代社会，研究在意定与法定之间的地役权，揭示地役权制度的复杂性，展现出受我国经济、历史、文化、人口等诸多因素影响的既具有意定性，也不乏法定性的地役权风貌，具有一定的理论价值。具体贡献如下：

第一，丰富地役权的内涵。社会的变迁以及我国无人役权之规定的现实，决定了我国地役权的内涵不能局限于传统的大陆法系的属地地役权。而应当借鉴美国的做法，让地役权有属地和属人之分。不过，属人地役权的确定需要突破地役权的成立要件，即不以需役地为要件。

第二，探讨地役权的适用空间。既然《物权法》采用了地役权与相邻关系并列的立法模式，那么，就应当通过司法解释对两者的适用范围进行界分，以便权利人知道自己的单位权利界线。

第三，提出公共地役权的类型化。为了保障公共利益的实现不损害私利，有必要使地役权从私法领域进军本属于公法调整与保护的领域。为此，需要《物权法》将已经成熟的公共地役权予以类型化规定，使其成为地役权的下位权利。这样，公共地役权与土地征收一道构成二元公益用地模式，保护生态自然环境以及文物古迹等。

第四，扩展地役权的取得方式。我国现行地役权之取得方式较为单一，难以适应现实的需要，故应规定多样化的取得方式。主要增加基于法律行为以外的事实而取得之方式，这是维护社会的整体利益的需要。

第五，对地役权适用物权请求权的三种保护类型进行了剖析。由于地役权极易遭到侵害，因此，地役权不仅需要被赋予妨害除去请求权和妨害防止请求权之效力，而且还应有返还请求权之效力。只是妨害除去请求权和妨害防止请求权为常态情形下的请求权，而返还请求权为特殊情形下的请求权。

第六，本书挖掘了中国古代以及近代的地役权制度，为研究中国地役权制度史提供了素材。

第二节 本书之局限性与不足

由于地役权首次成为新中国的法定物权，因此民众对其知之甚少，加之制度本身的不完善，以至于其在实践中未能得到充分的利用，严重影响了本书的实证研究。因此：

第一，个别问题的解释略微牵强，如对通过设立地役权实现公共利益时的需役地的解释。

第二，在研究方法上，社会实证研究的方法运用不够，即没有很好地、大量地进行实证调查。

第三，语言的局限，使本书的写作没有直接运用德文、法文资料，从而影响了视野的进一步拓展。

参考文献

一、中文部分（著作类）

[1]［古罗马］查士丁尼：《法学总论——法学阶梯》，张企泰译，商务印书馆 1989 年版。

[2]［意］彼德罗·彭梵得：《罗马法教科书》，黄风译，中国政法大学出版社 1992 年版。

[3]［意］朱塞佩·格罗索：《罗马法史》，黄风译，中国政法大学出版社 1994 年版。

[4]［意］桑得罗·斯契巴尼：《物与物权》，范怀俊译，中国政法大学出版社 1999 年版。

[5]［古罗马］盖尤斯：《法学阶梯》，黄风译，中国政法大学出版社 1996 年版。

[6]［德］沃尔夫：《物权法》，法律出版社 2002 年版。

[7]［德］K. 茨威格特、H. 克茨：《比较法总论》，潘汉典等译，贵州人民出版社 1992 年版。

[8]［德］费里德里西·卡尔·冯·萨维尼：《论占有》，朱虎、刘智辉译，法律出版社 2007 年版。

[9]［德］鲍尔、施蒂尔纳：《德国物权法》（上册），张双根译，法律出版社 2004 年版。

[10]［德］罗伯特·霍恩、海因·科茨、汉斯·G. 莱塞：《德国民商法

导论》，楚建译，中国大百科全书出版社 1996 年版。

［11］［德］迪特尔·梅迪库斯：《德国民法总论》，邵建东译，法律出版社 2001 年版。

［12］［德］卡尔·拉伦茨：《德国民法通论》（上册），王晓晔等译，法律出版社 2003 年版。

［13］［法］罗迪埃文：《比较法概论》，陈春龙译，李泽锐校，法律出版社 1987 年版。

［14］［英］F. H. 劳森、B. 拉登：《财产法》，施天涛译，中国大百科全书出版社 1998 年版。

［15］［英］巴里·尼古拉斯：《罗马法概论》，黄风译，法律出版社 2004 年版。

［16］［英］亨利·梅因：《古代法》，高敏、瞿慧虹译，九州出版社 2007 年版。

［17］［美］杰弗里·C. 哈泽德、米歇尔·塔鲁伊：《美国民事诉讼法导论》，张茂译，中国政法大学出版社 1998 年版。

［18］［美］约翰·G. 斯普兰克林：《美国财产法精解》，钱书峰译，北京大学出版社 2009 年版。

［19］［美］理查德·A. 波斯纳：《法律的经济学分析》，蒋兆康译，中国大百科全书出版社 1997 年版。

［20］［美］E. 博登海默：《法理学——法律哲学和方法》，张智仁译，上海人民出版社 1992 年版。

［21］［美］E. 博登海默：《法理学——法律哲学与法律方法》，邓正来译，中国政法大学出版社 1999 年版。

［22］［美］罗伯特·考特、托马斯·尤伦：《法和经济学》，张军等译，上海三联书店、上海人民出版社 1994 年版。

［23］［日］牧野英一：《法律上之进化与进步》，朱广文译，孟祥沛点校，中国政法大学出版社 2003 年版。

［24］［日］我妻荣：《民法讲义 II：新订物权法》，罗丽译，中国法制出版社 2008 年版。

［25］［日］我妻荣：《日本物权法》，有泉亨修订，李宜芬校订，五南出

版公司1984年版。

［26］［日］我妻荣：《新订物权法（民法讲义）》，转引自谢在全：《民法物权论》，中国政法大学出版社1999年版。

［27］［日］舟桥淳一：《物权法》，有斐阁1960年版。

［28］［日］原岛重义、高岛平减：《民法讲义2·物权》，有斐阁1982年版。

［29］［日］星野英一：《民法概论2·物权1》。转引自（台）谢在全：《民法物权论》，中国政法大学出版社1999年版。

［30］［日］稻本洋之助：《民法2·物权》，青林书院新社1983年版。

［31］［日］大须贺明：《生存权论》，林浩译，法律出版社2001年版。

［32］周枏：《罗马法原论》（上册），商务印书馆2004年版。

［33］黄风：《罗马私法导论》，中国政法大学出版社2003年版。

［34］江平、米健：《罗马法基础》，中国政法大学出版社1991年版。

［35］江平：《罗马法基础》，中国政法大学出版社1987年版。

［36］（台）丘汉平：《罗马法》，中国方正出版社2004年版。

［37］（台）史尚宽：《物权法论》，中国政法大学出版社2000年版。

［38］（台）郑玉波：《民法物权》，三民书局2007年版。

［39］（台）王泽鉴：《英美法导论》，元照出版公司2010年版。

［40］（台）王泽鉴：《民法物权：通则·所有权》（第一册），中国政法大学出版社2001年版。

［41］（台）王泽鉴：《民法学说与判例研究》（第一册），中国政法大学出版社1997年版。

［42］（台）王泽鉴：《民法物权：用益物权·占有》（第二册），中国政法大学出版社2001年版。

［43］（台）王泽鉴：《民法物权》（第二册），三民书局2001年版。

［44］（台）王泽鉴：《民法概要》，中国政法大学出版社2003年版。

［45］（台）谢在全：《民法物权论》，中国政法大学出版社1999年版。

［46］（台）姚瑞光：《民法物权论》，海天印刷厂有限公司1993年版。

［47］（台）谢哲胜：《财产法专题研究》，三民书局1995年版。

［48］李宜琛：《民法总则》，中国方正出版社2004年版。

［49］胡长清：《中国民法总论》，中国政法大学出版社 1997 年版。

［50］（台）梅仲协：《民法要义》，中国政法大学出版社 1998 年版。

［51］中共中央马克思恩格斯列宁斯大林著作编译局：《马克思恩格斯选集》（第 3 卷），人民出版社 1977 年版。

［52］中共中央马克思恩格斯列宁斯大林著作编译局：《马克思恩格斯选集》（第 4 卷），人民出版社 1977 年版。

［53］中共中央马克思恩格斯列宁斯大林著作编译局：《马克思恩格斯全集》（第 25 卷），人民出版社 2001 年版。

［54］江平主编：《民法学》，中国政法大学出版社 2007 年版。

［55］江平、张佩霖：《民法教程》，中国政法大学出版社 1989 年版。

［56］江平主编：《物权法教程》，中国政法大学出版社 2007 年版。

［57］江平主编：《物权法》，法律出版社 2009 年版。

［58］梁慧星：《中国民事立法评说：民法典、物权法、侵权责任法》，法律出版社 2010 年版。

［59］梁慧星：《中国物权法研究》，法律出版社 1998 年版。

［60］梁慧星：《民法解释学》，中国政法大学出版社 1995 年版。

［61］梁慧星主编：《迎接 WTO——梁先生主编之域外法律制度研究集（第 2 辑）》，国家行政学院出版社 2000 年版。

［62］梁彗星主编：《民商法论丛》（第 7 卷），法律出版社 1997 年版。

［63］梁慧星主编：《民商法论丛》（第 18 卷），金桥文化出版（香港）有限公司 2001 年版。

［64］王利明：《物权法研究》（下册），法律出版社 2007 年版。

［65］王利明：《物权法论》（修订本），中国政法大学出本社 2003 年版。

［66］王利明：《物权法专题研究》（上册），吉林人民出版社 2002 年版。

［67］王利明：《物权法基本原则探讨》，载吴汉东：《私法研究》，中国政法大学出版社 2002 年版。

［68］孙宪忠：《德国当代物权法》，法律出版社 1997 年版。

［69］孙宪忠主编：《中国物权法：原理释义和立法解读》，经济管理出版社 2008 年版。

［70］尹田：《物权法理论评析与思考》，中国人民大学出版社 2004 年版。

［71］尹田：《法国物权法》，法律出版社 1998 年版。

［72］杨振山主编：《罗马法·中国法与民法法典化》，中国政法大学出版社 2001 年版 。

［73］梅夏英：《财产权构造的基础分析》，人民法院出版社 2002 年版。

［74］梅夏英：《物权法·所有权》，中国法制出版社 2005 年版。

［75］陈华彬：《物权法原理》，国家行政学院出版社 1998 年版。

［76］陈华彬：《物权法》，法律出版社 2004 年版。

［77］马新彦：《美国财产法与判例研究》，法律出版社 2001 年版。

［78］屈茂辉：《用益物权论》，湖南人民出版社 1999 年版。

［79］高富平：《土地使用权和用益物权》，法律出版社 2001 年版。

［80］高富平：《英美不动产法：兼与大陆法比较》，清华大学出版社 2007 年版。

［81］吴一鸣：《英美物权法：一个体系的发现》，上海人民出版社 2011 年版。

［82］孔庆明等：《中国民法史》，吉林人民出版社 1996 年版。

［83］张敏玉主编：《新中国民法典起草五十年回顾》，法律出版社 2010 年版。

［84］法学研究编辑部：《中国民法学研究综述》，中国社会科学出版社 1989 年版。

［85］谢怀栻：《谢怀栻法学文选》，中国法制出版社 2002 年版。

［86］王俊：《相邻关系纠纷案件审判要旨》，人民法院出版社 2005 年版。

［87］［南］斯韦托扎尔·平乔维奇：《产权经济学》，经济科学出版社 2001 年版。

［88］（台）苏永钦：《走入新世纪的私法自治》，中国政法大学出版社 2002 年版。

［89］李开国：《民法基本问题研究》，法律出版社 1997 年版。

［90］温世扬：《物权法要论》，武汉大学出版社 1997 年版。

［91］中国法制出版社：《〈中华人民共和国物权法〉辅导读本》，中国民主法制出版社 2007 年版。

［92］房绍坤：《民法间问题研究与适用》，北京大学出版社 2002 年版。

［93］周林彬：《物权法新论》，北京大学出版社 2002 年版。

［94］邓曾甲：《日本民法概论》，法律出版社 1995 年版。转引自陈华彬：《物权法》，法律出版社 2004 年版。

［95］张俊浩主编：《民法学原理》，中国政法大学出版社 2000 年版。

［96］刘志歇：《民法物权编》，中国政法大学出版社 2006 年版。

［97］李步云：《法理学》，经济科学出版社 2000 年版。

［98］上海社会科学院法学研究所编译：《国外法学知识译丛》，知识出版社 1984 年版。

［99］吕忠梅：《环境法》，法律出版社 1997 年版。

［100］程燎原、王人博：《权利及其救济》，山东人民出版社 1998 年版。

［101］蒋文军：《矿产物权疑难法律问题解析与实务操作》，中国法制出版社 2008 年版。

［102］吕世伦：《法理念探索》，法律出版社 2002 年版。

［103］杨立新：《物权法》（第二版），中国人民大学出版社 2007 年版。

［104］［德］马克思：《1844 年经济学哲学手稿》，人民出版社 1985 年版。

［105］苏力：《法治及其本土资源》，中国政法大学出版社 1996 年版。

［106］王胜明主编：《中华人民共和国物权法解读》，中国法制出版社 2007 年版。

［107］程洁：《高级法律英语选读：宪法学与行政法学》，外文出版社 2000 年版。

［108］李永军：海域使用权研究，中国政法大学出版社 2006 年版。

［109］房绍坤：《用益物权基本问题研究》，北京大学出版社 2006 年版。

［110］崔建远：《物权：规范与学说——以中国物权法的解释论为中心》，清华大学出版社 2011 年版。

［111］［日］川岛武宜编集：《注释民法》(7)，有斐阁 1968 年版，转引自梁慧星：《中国物权法研究》（上册），法律出版社 1998 年版。

［112］（台）陈忠五主编：《新学林分科大书·民法》，新学林出版有限公司 2011 年版。

二、中文部分（论文类）

［1］尹田：“论物权法定原则的解释及其根据”，载《河南省政法管理干

部学院学报》2000 年第 4 期。

［2］尹田：“物权法定原则批判之思考”，载《法学杂志》2004 年第 6 期。

［3］尹田：“法国民法上的取得时效制度”，载《法学评论》1998 年第 2 期。

［4］（台）谢在全：“不动产役权之诞生—地役权之蜕变”，载《月旦法学》2010 年第 4 期。

［5］（台）苏永钦：“重建役权制度—— 以地役权的重建为中心”，载《月旦法学》2000 年第 10 期。

［6］房绍坤等：“用益物权三论”，载《中国法学》1996 年第 2 期。

［7］马新彦：“美国衡平法上的地役权研究”，载《吉林大学学报》2000 年第 2 期。

［8］谢怀栻：“大陆法国家民法典研究”，载《外国法译评》1994 年第 3 期。

［9］王申义：“论物权的社会化”，载《法学评论》1999 年第 1 期。

［10］彭诚信：“现代意义相邻权的理解”，载《法制与社会发展》1999 年第 1 期。

［11］张鹏、曹诗权：“相邻关系的民法调整”，载《法学研究》2000 年第 2 期。

［12］李建华 、冯彦明：“地役权制度的价值分析及框架设计”，载《河南省政法管理干部学院学报》2005 年第 1 期。

［13］张翔：“论支配利益的多样性与物权法定主义之协调”，载《河北法学》2006 年第 2 期。

［14］张鹤：“我国物权法定原则与地役权：宏观法定与微观意定之融合”，载《法学杂志》2007 年第 6 期。

［15］张鹤：“采矿用地使用权的取得　以地役权解‘采矿用地’之结”，载《昆明理工大学学报》2009 年第 11 期。

［16］张鹤：“我国地役权之物权请求权的思考”，载《法学杂志》2010 年第 10 期。

［17］袭燕燕：“国外矿业用地制度面面观”，载《中国国土资源报》2005 年 3 月 3 日第 3 版。

[18] 李富成："物权法定的意义与法律政策原则"，载《民商法学》2005年第5期。

[19] 崔建远："住房有限产权论纲"，载《吉林大学学报》1994年第1期。

[20] 杨玉熹："论物权法定主义"，载《比较法研究》2002年第1期。

[21] 梁上上："物权法定原则：在自由和强制之间"，载《法学研究》2003第3期。

[22] 申卫星："地役权制度的立法价值与模式选择"，载《现代法学》2004年第5期。

[23] 赵红梅："环境权的法理念解析与法技术构造"，载《法商研究》2004年第3期。

[24] 周训芳："论公民环境权的发展趋势与特点"，载武汉大学环境法研究所网站，http://www.riel.whu.edu.cn. 访问日期：2007年2月15日。

[25] 夏光："当前环境形势该如何评价"，载《中国环境报》2013年7月9日。

[26]（台）谢哲胜："从美国法上的土地准征收论既成道路公用地役权之妥当性"，载《经社法制论业》1994年第14期。

[27] 汤长极："对公共地役权立法的建议"，载《中国土地》2006年第12期。

[28] 刘凯湘："论基于他物权的物权请求权"，载《法学论坛》2003年第2期。

[29] 张建文："公共役权的概念和性质"，载《美中法律评论》2008年第2期。

[30] 邓乐、李文婷："关于公共地役权相关问题的思考"，载《黑龙江省政法管理干部学院学报》2011年第5期。

[31] 关涛："作为生存法的不动产物权制度"，载《中国法学》1999年第1期。

[32] 耿卓："地役权的现代发展及其影响"，载《环球法律评论》2013年第6期。

[33] 苏力："面对中国的法学"，载《法制与社会发展》2004年第3期。

[34]（台）黄宗乐："物权的请求权"，载《台大法学论丛》（第11卷），第2期。

[35] 张鹏："役权的历史溯源与现代价值定位"，载梁慧星主编：《民商法》（第18卷），金桥文化出版（香港）有限公司2001年版。

[36] 段匡："德国、法国、日本法中的物权法定主义"，载梁彗星主编：《民商法论丛》（第7卷），法律出版社1997年版。

[37] 马新彦："美国不动产法上的地役权研究"，梁慧星主编：《迎接WTO——梁先生主编之域外法律制度研究集（第2辑）》，国家行政学院出版社2000年版。

[38] 马俊驹、梅夏英："罗马法财产权构造的形成机制及近代的演变"，载杨振山主编：《罗马法、中国法与民法法典化》，中国政法大学出版社2001年版 。

[39] [德] 赫克："利益法学"，津田利治译，庆应大学法学研究会1985年版，转引自王洪：《司法判决与法律推理》，时事出版社2002年版。

[40] [日] 我妻荣：《民法讲义Ⅱ：新订物权法》（日文版），中国法制出版社1984年版，转引自（台）谢在全：《民法物权论》，中国政法大学出版社1999年版。

[41] 陈华彬："法国近邻妨害问题研究"，载梁慧星主编：《民商法论丛》（第5卷），法律出版社1996年版。

[42]（台）李秀清：《中国移植苏联民法模式考》，载何勤华主编：《中国法学史精萃》，复旦大学出版社1999年版。

[43] [意] 阿尔多·贝杜奇："地上权·从罗马法到现行意大利民法典"，载杨振山、[意] 桑德罗斯奇巴尼主编：《罗马法、中国法与民法法典化》，中国政法大学出版社2001年版。

三、外文类

[1] D. H. Van. Zyl , *History and Principles of Roman Private Law*, Durban/Pretoria: Butterworths Press, 1983.

[2] Gyorgy Diosdi , *Ownership in Ancient and Pre-classical Roman Law.*

[3] *International Encyclopedia of Comparative Law*, vol. 6, Ch. 2, p. 3.

[4] Jesse Dukeminier, James E. Krier, *Property*, Boston: Little, Brown and Company, 1981.

[5] Jop Harcup, Green and Henderson, *Land Law*, Boston: Sweet and Maxwell Press, 1988.

[6] F. H. Lawson, Bermard Rudden, *The Law of Property* , 3rd ed. , revised by Bermard Rudden, London: Oxford University Press, 2002.

[7] S. H. Goo, Alice Lee, *Land Law in Hong Kong*, LexisNexis, 2010.

[8] The American Law Institute, *Restatement* (*Third*) *of Property*: *Servitudes*, St. Paul, Minn: American Law Institute Publishers, 2000, § 1. 2.

[9] Joseph William Singer, *Property Law*: *Rules Policies and Practices*, New York: Aspen Law & Business, 2002.

[10] Richard R. Powell, *Powell on Real Property* , New York: Matthew Bender & Company Inc. , 2009.

[11] G. C. Cheshire, E. H. Burn, *Cheshire and Burn's Modern Law of Real Property*, 16th ed. , London: Butterworths, 2000.

[12] Joseph William Singer, *Introduction to Property*, Peiking: Citic Publishing House, 2001.

[13] S. J. Stoliar, *Problems of Codification*, Canberra: The Australian National University Press, 1977.

[14] Md. Zafar Mahfooz Nomani, "The Human Right to Environment in India: Legal Precepts and Judicial Doctrines in Critical Perspective", *Asia Pacific Journal of Environmental Law*, 2 (2000), pp. 114 ~ 115.

[15] Jefirey M. Tapick, "Threats to the Continued Existence of Conservation Easements", *Colum. J. Enrtl. L.* , 27 (2002), pp. 285 ~ 286.

[16] Daniel F. Hinkel, *Practical Real Estate Law*, West Publishing Co. , 1991.

[17] Richard A. Epstein, "Notice and Freedom of Contract in the Law of Servitudes", *S. Cal. L. Rev.* , 55 (1981), 1357.

[18] Rolf Stürner, *Dienstbarkeit heute*, Archiv für die civilistische Praxis, Band 194. 1994/ Heft 2, 3/ Zeitschriftenteil, S. 293.

四、其他

[1] [英] 戴维·M. 沃克:《牛津法律大辞典》,邓正来等译,光明日报出版社 1998 年版。

[2]《元照英美法词典》,法律出版社 2003 年版。

[3]《2012 中国环境状况公报》,载中国政府网,网址:www. gov. cn,访问日期:2013 年 6 月 4 日。

[4] 李连成:"加快解决公路基础设施建设的用地问题",www. xinhuamal. com. 访问日期:2008 年 12 月 04 日。

[5] 王洪:《司法判决与法律推理》,时事出版社 2002 年版。

后　记

地役权是我国的一个新型的用益物权，也是一个需要发展、完善的制度。自我念博士期间开始了对地役权制度的研究，之后，这份兴趣和热忱就一直伴随着我。近几年，关于地役权的研究如雨后春笋，如火如荼。学者们如此高涨的研究热情激起了我将自己就地役权的研究整理成书的念头，以此与正在研究地役权的同仁们分享心得。本书以我的博士论文为基础，经过较大修改而成。较之念博士期间青涩的理解，本书又增加了近些年我对地役权新的想法。旨在为国内地役权的深入研究抛砖引玉。

主体部分接近尾声之时，后记的内容就一直萦绕在我的脑海里。后记写什么？仅仅是表达作品完成之后的心情吗？我想，除了这个内容之外，更重要的是倾诉博士论文所承载的感激与歉疚。论文的完成不仅有我自己的努力，更凝聚着老师的指导，同学的帮助，饱含着朋友和家人的关心。在此，请允许我向你们致以最真诚的谢意。

感谢我的导师马俊驹先生。本书的写作，使我回想起多年前撰写博士论文时一幕又一幕的情景。入学半年多，我参与了先生主持的“可再生能源法律制度创新研究”课题，随课题组到云南调研。途中先生不慎摔伤。先生在住院卧床期间，还惦记着我的博士论文选题。不仅嘱咐我尽早确定题目，更亲自为我斟酌适合我的题目。最后，在先生的建议下，我从众多选题中敲定了地役权——一个在罗马法乃至近现代两大法系的民法上较为重要的物权。接踵而至的困难是，由于当时地役权还不是我国法定的用益物权，不仅国内鲜有学者问津，既成的外国研究文献也零零星星。资料的稀缺成为当时研究这个选题的一个困难。幸得先生点拨，通过多种研究方法并用，我的博士论文得以突破瓶颈。先生给予我的指导并不仅限于研究方法，还在对论文的宏观把握以及观点的形成。跟随先生不到五年（其中一年多是国内高级访问学者），先生渊博的学识、严谨的治学风格、正直的品格、豁达宽厚的人格魅力以及平和的心态，已然言传身教地影响着我。在此，我表示深深的感谢。同时还要衷心地感谢清华大学法学院的曹南屏教授（先生的夫人）。读博期间，曹教授在精神和生活上给予我极大的鼓励和关心。

感谢西北政法大学民商法学院教授张翔博士，北京第二外国语学院法政学院法学系副教授申海恩博士。无论是我的博士论文，还是本书的撰写，他们都给予了专业的帮助。张翔师弟就框架结构的调整提出了有益的建议；申海恩师弟对本书的书名及标题的确定提供了宝贵的意见。他们的帮助是完成本作品不可或缺的。

感谢北京大学法学院副教授肖江平博士，清华大学法学院副教授程啸博士和王洪亮教授。他们对地役权的见解以及提供的资料给予了我很大的启发和帮助。

感谢天津大学法学院副教授蓝蓝博士，暨南大学法学院副教授赵克祥博士，大连海事大学法学院的王文军博士，北京师范大学法学院副教授宋刚博士以及其他师妹师弟，在论文的校对和排版中给予我很多技术支持。感谢来自台湾的黄荺懿师妹不辞辛苦地从台湾给我带资料。

感谢中国政法大学出版社的责任编辑魏星先生。魏星先生为本书的修改提供了宝贵的意见，以及对作者延期交稿予以理解和宽限。

感谢我最爱的，也是最爱我的父母和家人。当年是你们的支持，使我顺利完成博士论文。今天，以博士论文为雏形完成的本书同样也离不开家人的理解和支持，特别是我深沉慈爱的父亲和豁达能干的母亲。虽然父亲已于2013年1月辞世，但父亲在天堂同样能收到女儿献给他的礼物。感谢我的丈夫薛明先生对我报考博士以及读博期间给予的支持，还有我的宝贝女儿对我因忙于工作而照顾不周的体谅。

一本小册子难于承载所有的内疚与谢意，大恩不言谢！

张鹤

2014年6月7日于春城

图书在版编目（CIP）数据

地役权研究:在法定与意定之间/张鹤著.—北京:中国政法大学出版社，2014.6
ISBN 978-7-5620-5488-7

Ⅰ.①地…　Ⅱ.①张…　Ⅲ.①物权法—研究—中国　Ⅳ.①D923.24

中国版本图书馆CIP数据核字(2014)第140727号

出版者　中国政法大学出版社
地　址　北京市海淀区西土城路25号
邮寄地址　北京100088信箱8034分箱　邮编100088
网　址　http://www.cuplpress.com（网络实名：中国政法大学出版社）
电　话　010-58908285(总编室)　58908433（编辑部）58908334(邮购部)
承　印　固安华明印业有限公司
开　本　880mm×1230mm　1/32
印　张　9.125
字　数　260千字
版　次　2014年6月第1版
印　次　2015年3月第2次印刷
定　价　28.00元